FRIEDRICH SIEBURG

GOTT IN FRANK-REICH?

EIN VERSUCH

SOCIETÄTS-VERLAG

Mit 16 Bildtafeln

Erste Auflage 1927 1.–25. Tausend
Zehnte Auflage 1978 135.–140. Tausend

Reprographische Druckherstellung von Elektra, Niedernhausen
Buchbinderei Wochner, Horb
Printed in Germany 1978
ISBN 3 7973 0320 3

Einst hab ich die Muse gefragt, und sie
Antwortete mir
Am Ende wirst du es finden.
Vom Höchsten will ich schweigen.
Verbotene Frucht, wie der Lorbeer, ist aber
Am meisten das Vaterland. Die aber kost'
Ein jeder zuletzt.

HÖLDERLIN

Verzeichnis der Abbildungen

Inhaltsverzeichnis

FRANKREICH UND KEIN ENDE

1954

Das Gespräch, an das ich denke, fand einige Monate vor dem Krieg statt, also jenseits eines tiefen Abgrunds, der sich seitdem aufgetan hat. Und doch ist mir, als sei es gestern gewesen. Wir sprachen über mein Buch „Gott in Frankreich?“, und ich muß gestehen, daß ich diesem Buch damals viel ferner stand als heute. Seine Problematik, so glaubte ich, ging mich nichts mehr an, denn ich hatte mich inzwischen anderen, weiteren Horizonten zugewandt; sein großer Erfolg begann auf mir zu lasten, da ich nicht als der Fachmann für das Thema Frankreich gelten wollte; seine Begriffe und Bilder waren zu Schlagworten geworden und tauchten in fremden Händen als Redensarten auf, deren summarische Allgemeinheit meinen Widerspruch hervorrief. Ich war, mit einem Wort, dem eigenen Werk längst entfremdet. Und doch mußte ich, wohin ich auch kam, immer wieder Rede stehen und mich auf eine jener endlosen Unterhaltungen über Frankreich und sein Verhältnis zu Deutschland einlassen, in deren Verlauf ich entweder eine haltlose Schwärmerei für Frankreich zu dämpfen oder einer nicht minder heftigen Abneigung gegen das Wesen dieses Landes zu widersprechen hatte. Oft dachte ich dabei: „Warum muß gerade ich ein Land erklären, verteidigen oder kritisieren, das nur eines von vielen Ländern und nicht das meine ist!“ Damals war mir noch nicht genügend klar, daß der Schriftsteller den Ideen, die er in die Welt gesetzt hat, nicht entlaufen kann, daß er zu den von ihm in Umlauf gebrachten Wahrheiten und Irrtümern stehen muß, ob er will oder nicht, und daß er den Menschen, die er einmal durch das Medium des Buches angesprochen hat, durch unsichtbar feine Fäden verbunden bleibt. Es liegt nicht in seiner Hand, ob und wann diese Fäden sich straffen und lockern. Auf dem Umweg der künstlerischen Gestaltung den Sinn des Lesers in Anspruch nehmen, bedeutet eine

Bindung, die lästig und hold sein kann. Das erfuhr ich immer wieder, wenn die Rede auf Frankreich kam. Das Stichwort brauchte bloß zu fallen, und alle Blicke wandten sich mir zu, als ob ich der leichtfertige oder verdienstvolle Erfinder dieses Landes sei. „Deine Franzosen!“ sagten die Leute zu mir, und sie sagten es leider öfter, wenn sie mit Frankreich nicht zufrieden waren, als wenn sie es priesen. So ist es denn mein Schicksal geworden, Frankreich häufiger verteidigt zu haben, als ich eigentlich wollte.

BLAUE GEWITTER

Ja, diese Gespräche mit ihren seltsamen Verstrickungen wurden mir schließlich zu einer geheimen Plage, die ich, so hoffe ich, mit Anstand trug. Aber der Wunsch, ihnen aus dem Wege zu gehen, mag an meinem Drang, dem europäischen Lebenskreis zu entrinnen und ferne Länder aufzusuchen, nicht unbeteiligt gewesen sein. Aber was half es, die deutsch-französische Problematik holte mich überall ein, und ich hatte oft Gelegenheit, darüber nachzudenken, wie viele Menschen auf beiden Hemisphären sich für diese Problematik interessierten und ihr eine oft überraschende Deutung gaben. Das Gespräch, an das ich dabei zuerst denke, hatte einen malaiischen Küstenstrich zum Schauplatz, ein undurchdringlich grünes Flußufer, das unter der Düsterkeit einer fahlen Sonne zu seufzen schien. Die triefende Hitze, die fast greifbar um die Menschen und Dinge stand, war einem kultivierten Meinungsaustausch keineswegs günstig und forderte eher zu jammernder Gereiztheit heraus.

Mein Gastgeber war indessen auf eine gute Unterhaltung sehr erpicht. Die Wachheit seines Blicks und seine lebhafte Stimme straften alle Vermutungen Lügen, die sich etwa an die Blässe seines unrasierten Gesichtes, an die gleichsam mutlose Ungepflegtheit seines weißen Anzuges und an die große Zahl der vor uns stehenden Flaschen mit alkoholischen Getränken knüpfen mochten. Wenn einer von uns beiden erschlafft und stumpfsinnig war, dann war ich es. Die klebrige Hitze ging mir maßlos auf die Nerven; die grüne, formlose Finsternis dieser Ufer, der träge Fluß, dessen lehmiges Strömen alle Frische verleugnete, die sonst vom Wasser ausgeht, die seltsame Schattenhaftigkeit der Eingeborenen, die mich aus allen Winkeln anstarrten, ohne selbst je richtig zum Vorschein zu kommen, alles das versetzte mich in eine ungesellige Stimmung. Ich wünschte mich in die saubere Unpersönlichkeit des schneeweißen Dampfers zurück, der im fernen Singapore auf mich wartete. Aber was half es, der Gastfreund hatte unter den wenigen Büchern, die er besaß, die englische Ausgabe von „Gott in Frankreich?“ im Haus, und nun wollte er reden.

Es dauerte nicht lange, bis mein Interesse an dem zufälligen und etwas unordentlichen Gegenüber wach wurde. Zunächst war ich durch die Betrachtung der winzigen Eidechsen abgelenkt, die an der Decke der Veranda hingen und ab und zu ein Stückchen ihres Schwanzes zwischen unsere Gläser fallen ließen. Dann horchte ich plötzlich auf, denn der Mann sagte: „Ich spreche nicht von dem deutsch-französischen Gegensatz. Er geht mich nichts an und erscheint mir aus der Perspektive des malaiischen Archipels recht entrückt. Aber dieser Gegensatz geht weit über das Politische hinaus. Manchmal kommt es mir vor, als ob er die zwei äußersten Möglichkeiten des menschlichen Verhaltens überhaupt darstellte. Was ihr in Europa als die Spannung zwischen zwei Völkern seht, erscheint mir in meinen lichten Augenblicken als der natürliche Kampf zwischen den zwei Seelen in einer Menschenbrust. Ich bin weder Deutscher noch Franzose, einmal war ich Holländer, und jetzt habe ich einen englischen Paß. Was bin ich eigentlich? Eine gebrechliche Existenz in einer tropischen Welt, die Beute des heißen Monsuns und der riesigen Gewitter, geschlagen mit Angst vor dem maßlosen Wuchern des Pflanzendickichts rings um mein Haus. Mein Gedächtnis nimmt ab, meine Hände zittern. Was mein Herz und mein Hirn nachts treiben, hat kaum noch etwas mit Schlaf zu tun. Aber trotzdem bin ich Europäer geblieben, das ist mir wieder einmal klar geworden, als ich Ihr Buch las. Das deutsche und das französische Wesen verkörpern zwei verschiedene Arten des Menschseins, – nicht die einzigen Arten, aber die beiden Pole. Wenn ich in mich selbst hinein horche und die Zwiespältigkeit meiner Natur rumoren fühle, dann bin ich beides, Deutscher und Franzose. Ewig möchte ich bleiben, was ich bin, ewig möchte ich die Welt in dem gleichen festen Zustand sehen. Gleichzeitig aber auch erhöht es mein Lebensgefühl, daß alle Dinge im Fluß sind und daß mein Wesen selbst nie seine endgültige Form erreichen wird. Vielleicht wäre es bequemer für mich und meine Umwelt, wenn ich nicht zu schwanken brauchte, doch mir scheint, daß es keine Entscheidung gibt. Das ist weder politisch noch völkerpsychologisch von Belang, aber es kann vielleicht die merkwürdige Ruhelosigkeit des deutsch-französischen Verhältnisses und sein irritierendes Pendeln zwischen dem Drang nach Verbrüderung und dem nach tödlicher Austragung des Widerspruches erklären."

Der Mann auf der Veranda am malaiischen Ufer sagte noch vieles, was von einsamem und versponnenem Nachdenken zeugte, und leerte dazu mehr als ein Glas. Wenige Tage darauf war ich schon sehr fern von ihm, aber seine merkwürdige Deutung eines scheinbar politischen Phänomens, das er so entschieden auf seine Person bezog, ist mir für immer im Gedächtnis geblieben. Die Erinnerung an diese Deutung hat dazu beigetragen, mich für den Neudruck von „Gott in Frankreich?" zu erwärmen. Das Buch ist im Jahre 1929 vor die Öffentlichkeit getreten und seitdem ununterbrochen gelesen worden, bis die Verlagseinrichtungen und Vorräte 1944 den Bomben zum Opfer fielen. Aber diese Zerstörung zog keinen Schlußstrich, sondern schuf, was die Teilnahme an dem Werk und den in ihm ausgebreiteten Fragen angeht, lediglich eine Unterbrechung. Längst bin ich aus den weiten Räumen, für die ich mein Leben einmal bestimmt glaubte, in die deutsche Enge zurückgekehrt, und dabei soll es bleiben, wenn ich die Winke des Schicksals recht verstehe. Gewiß, die Welt hat sich inzwischen mit einer Gründlichkeit geändert, die den Liebhabern der Katastrophen das Ende der Zeit anzukündigen scheint. Aber ist es nicht seltsam, daß Frankreich in unseren Vorstellungen, Befürchtungen und Hoffnungen fast wieder den gleichen Platz einnimmt wie einst? Ist man nicht versucht, zu sagen, am Verhältnis der beiden Völker zueinander habe sich kaum etwas geändert?

Ich weiß wohl, daß der Begriff von Europa nicht mehr der alte ist und daß ihm heute eine fast lebensgefährliche Dringlichkeit innewohnt. Aber innerhalb dieses Begriffes gibt es Impulse und Schwierigkeiten, die von Frankreich kommen und denen von damals verzweifelt ähnlich sehen. Fünfundzwanzig Jahre sind eine lange Zeit, die endlos erscheint, wenn man bedenkt, wie schlecht wir sie genutzt haben. Aber sie verkürzt sich unheimlich, sobald wir entdecken, daß unser Grübeln über das Wesen Frankreichs noch die alten Wege geht. Was bedeutet das für uns? Daß auch das Grübeln über Deutschland uns kaum vom Fleck gebracht hat. Alle Betrachtungen über unseren Nachbarn sind eitel und überflüssig, wenn sie uns nicht zu einer Konfrontierung mit dem deutschen Wesen führen. Mag das, was uns zu Frankreich hinzieht und von ihm abstößt, auch einen völlig veränderten weltpolitischen Hintergrund haben, es führt uns, ob wir wollen oder nicht, auf uns selbst zurück. Der Eigenbrötler an dem malaiischen Küstenstrich hatte recht, und darum hat der Gedanke an ihn auf diesen Seiten seinen natürlichen Platz.

Kein Mensch guten Willens wird daher behaupten können, daß mit dem Neudruck eines Werkes, dessen äußeres Leben im Jahre 1944 abgerissen schien, ein Abgrund übersprungen oder gar geleugnet werden solle, dessen Tiefe voll auszumessen unsere tägliche Pflicht ist. Unser Bild von Frankreich ist ohne dies Buch nicht denkbar, und da die Grundzüge dieses Bildes durch die Ereignisse nicht widerlegt worden sind, so hat „Gott in Frankreich?“ nach wie vor seinen Standort in unserer Weltvorstellung. Man mag es als bloßes Dokument oder als lebendigen Bestandteil unseres Denkens nehmen, man mag ihm Idyllisierung oder Verschärfung, verliebtes Verweilen bei den versöhnlichen Zügen oder polemische Zuspitzung der trennenden Elemente vorwerfen – beides ist und wird geschehen – die Deutung Frankreichs, die ich zu geben versucht habe, ist in ihren großen Zügen nach wie vor gültig. Das umfangreiche Schrifttum, das nach meinem Buch gekommen ist, hat diese Deutung entweder stillschweigend benutzt oder bewußt fortgeführt, aber niemals außer Kraft gesetzt. Vieles von dem, was mit „Gott in Frankreich?“ unter die Leute kam, ist inzwischen zu billiger Scheidemünze geworden. Mir selbst ist bei den späten Wiederbegegnungen dieser Art nicht ganz wohl, ob es sich nun um die Antithesen zwischen dem statischen Frankreich und dem dynamischen Deutschland, zwischen Sein und Werden oder zwischen Dauer und Bewegung handle. Jede Verallgemeinerung verletzt den Sinn für die Nuance und vermindert die Möglichkeit des geistigen Spiels. Kein Wunder also, daß meine Formeln von damals den Kenner, also auch mich, oft verdrießen und den Hochmut des professionellen Völkerpsychologen herausfordern.

Aber ich wüßte nicht, was wir diesen Allgemeinheiten, mögen sie auch hier und da abgegriffen wirken, bei der Ordnung unseres Frankreichbildes entgegensetzen sollten. Ich habe den Stoff, aus dem die Münze gemacht ist, nicht erfunden, aber ich habe sie geprägt.

In der Einleitung zu der sogenannten Volksausgabe des Buches von 1935 warnte ich vor dem Glauben, „daß die sittlichen und kulturellen Vorräte des alten Frankreich erschöpft seien" und wies darauf hin, daß es immer noch Mittel habe, sich gegen die Überflutung durch neue Strömungen, gegen die Störung seiner Lebensformen zu schützen, und sagte: „Frankreich, so scheint es mir, wünscht noch lange das Land des Individualismus und der persönlichen Freiheit im landläufigen liberalen Sinne zu bleiben, es wünscht noch lange so zu leben, daß seine Ideen gleichzeitig auch als Menschheitsideen gelten können. Wenn es wahr ist, daß die gesamte weiße Zivilisation heute im erbitterten Kampf zwischen Persönlichkeit und Gemeinschaft begriffen ist, so ist Frankreich fest entschlossen, die Rechte der Persönlichkeit, so wie es sie versteht, zu verteidigen." Als im Jahre 1940, also nach dem Zusammenbruch Frankreichs, eine weitere Ausgabe des Buches erschien, gab ich ihr abermals eine Vorrede mit, in der ich sagte: „Nicht nur Frankreich, sondern auch die von ihm dargelebte Vernunft ist unterlegen. Die Niederlage geht also über Frankreich hinaus und trifft Lebensformen und Ideen, die in jedes menschliche Dasein eingewoben sind." Soll man heute über die Lage Frankreichs und über die besondere Form seines Lebenswillens anders urteilen? Und ist es nicht nach wie vor so, daß Frankreich in der auf ein neues, enger verbundenes Europa gerichteten Weltströmung ein Element des Widerstandes, ja ein Hindernis bildet? Es verteidigt seine Auffassung vom Menschen und dessen absolut souveräner Stellung in der Gesellschaft, besonders gegenüber dem Staat. Weiß es nicht, daß die Persönlichkeit allenthalben auf dem Rückzug ist, daß die moderne Staatsauffassung vom Einzelnen ebensogut Abstriche an der Autonomie der Person fordert, wie das internationale Zusammenleben den fortschreitenden Verzicht auf die Unantastbarkeit der nationalen Souveränität voraussetzt?

Frankreich ist klug und spürt diese Notwendigkeiten, aber es zögert, sich ihnen zu unterwerfen, denn der Abschied von der uneingeschränkten Freiheit des Menschen fällt ihm schwerer als irgendeinem anderen Volke. Können wir ihm deswegen grollen, müssen wir nicht vielmehr froh sein, daß der kleine Platz, der dem Einzelnen heute noch übrig gelassen ist, so hartnäckig und beredt verteidigt wird? Wir Deutsche sind nur allzu bereit, Stück für Stück von unserer Freiheitssphäre zu opfern und dem Staate mehr zu geben als was des Staates ist. Nur so kann es geschehen, daß wir plötzlich die politischen Musterknaben eines internationalen Systems geworden sind, das mit Ungeduld die Einordnung, das Opfer und die Zusammenlegung der Interessen fordert. Frankreich macht gegenüber solchen Forderungen keine gute Figur, es sträubt sich, es finassiert, es stellt Bedingungen und verlangt Privilegien, überwiegend auf Kosten Deutschlands. Aber wir wollen den tieferen Ursprung dieses Widerstandes nicht einen Augenblick vergessen, in ihm wirkt eine eigensinnige, aber noble Auffassung vom Menschen und seiner Oberhoheit. Das war damals so, als ich es unternahm, mein Bild von Frankreich zu zeichnen, und so ist es heute noch.

Seit Jahrhunderten sind Schicksal und Form Europas von dem deutsch-französischen Widerstreit bestimmt, oft in Gestalt fruchtbarer geistiger Auseinandersetzungen und Einflüsse, aber nicht minder oft als sterile politische Fehden, die dann schließlich die bösartige und zerstörende Form bewaffneten Zusammenpralls annehmen. Darüber spannt sich das gebrechliche und darum drohende Gebäude der gegenseitigen Anklagen und der historischen Vorhaltungen, wer zum erstenmal und wer am wirkungsvollsten die Grenze des anderen Landes überschritten hat, wer mit dem Verbrennen von Städten, der Schändung von Kathedralen, dem Raub von Provinzen und dem Stehlen von Uhren angefangen habe. Der Verzicht auf diese jammervollen Aufzählungen bedeutet für die Franzosen mehr Entsagung als für uns, denn ihre Erinnerungen sind frischer und stehen im Höllenschein einer technischen Perfektionierung, die den uniformierten Plagegeistern Ludwigs XIV. und Napoleons noch versagt war. Die Franzosen haben in der jüngsten Geschichte viel von uns zu leiden gehabt, und es würde uns übel anstehen, über die tiefen Wunden hinweggleiten zu wollen, die wir ihnen im letzten Krieg zugefügt haben. O ja, es ist leichter, das Unrecht zu vergessen, das man getan hat, als jenes, das man erlitten hat, und darum soll dem Nachbarn keine psychologische und praktische Beihilfe zur Überwindung seines Grolls versagt werden. Was aber, wenn die Wachhaltung der Affekte dem bedrohten Selbstgefühl unentbehrlich erscheint?

Die schlechte Aufführung des Hitler'schen Gewaltapparates gegenüber Frankreich ist wahrlich keine Legende, aber sie hat dazu beigetragen, die Befreiungslegende von 1944 zu stärken, ja sie ist ein entscheidender Teil von ihm geworden. Der ganze Komplex, der in Frankreich unter der Bezeichnung „Deutsche Greuel“ zusammengefaßt wird, ist für die Fiktion des französischen Sieges so wichtig, daß die Franzosen vorläufig noch nicht auf ihn verzichten können. Zu der echten menschlichen Bitterkeit, die zu achten ist, tritt das politische Bedürfnis, die Wunde mit Hilfe von Prozessen und anderen justizförmigen Vergeltungsmaßnahmen noch eine Weile offen zu halten. Ein Schlußstrich ist den Franzosen zur Stunde offenbar noch nicht zuzumuten. Ich glaube nicht an den angeblichen französischen Minderwertigkeitskomplex, aber ich weiß, auf welch gebrechlichen Grundlagen die anstrengende Großmachtspolitik unseres Nachbarn steht. Das Maß, in dem ihm Unrecht geschehen ist, muß von ihm möglichst hoch gehalten werden. Jede andere Haltung würde von ihm eine Selbstentsagung verlangen, die zu fordern nicht unsere Sache ist. Aus diesem Grunde halte ich eine wirklich gründliche und aufrichtige Erörterung der deutsch-französischen Frage einstweilen für untunlich, ja für gefährlich. Erst wenn der politische Weltanspruch Frankreichs wieder in voller Harmonie mit seinen Mitteln steht, kann ein wirkliches Gespräch anheben. Möge sich bis dahin die Jugend beider Länder jene Kenntnis vom Nachbarn erwerben, die für die Wiederaufnahme dieses Dialogs unerläßlich ist.

Die beste Vorbereitung ist freilich nüchternste Wahrhaftigkeit gegenüber den eigenen Fehlern und den fremden Möglichkeiten, die nicht durch herkömmliche Redensarten verschleiert werden dürfen. Ich sage dies auf die Gefahr hin, die angenehme Stimmung zu stören, die sich bei der offiziellen Erwähnung des deutsch-französischen Problems so gerne einstellt und mitunter so hübsch verlogen ist. Das Redensartliche bietet sich ja von selbst an, seine hartnäckigen Halbwahrheiten lassen sich nicht von der Schwelle der Kongresse und Bankette weisen, auf denen es gilt, die Verständigung zu preisen, die – wenn man den Rednern glauben darf – unmittelbar vor der Tür steht. „Selten war der Augenblick der Verständigung so nahe" lese ich soeben in dem deutsch-französischen Sonderheft eines ernsthaft arbeitenden Bildungsinstitutes. Da komme ich mir freilich mit meiner Mahnung zur Nüchternheit wie ein rechter Störenfried vor, obwohl ich doch auch für die Verführungen der westlichen Zivilisation nicht unempfindlich bin und mir sogar einmal die Zuweisung eines vielversprechenden Assistenten von staatswegen verweigert wurde, weil man den jungen Mann nicht dem Verderb durch meine „vom französischen Leben angekränkelte Atmosphäre" aussetzen wollte. Trotzdem gestehe ich, daß die besondere Verständigungsrhetorik und die damit häufig verbundene Form von Vereinsmeierei mich immer verdrossen haben. Daß wir beiden Völker im gleichen Boot sitzen, daß wir uns wundervoll ergänzen, daß wir zusammen das eigentliche Abendland bilden, daß es doch von Mensch zu Mensch so vorzüglich geht und die privaten Beziehungen zwischen hüben und drüben noch nie so gut waren, und was sonst noch bei erhöhter geselliger Temperatur unter allgemeinem gerührtem Kopfnicken vorgebracht wird, alles das sollte zwischen Leuten, die sich ernsthaft um die Frage mühen, ebenso verboten sein wie die historischen Zänkereien. In unseren Bibliotheken stehen sie alle nebeneinander, diese vielen wohlmeinenden und oft auch nur leichtfertigen Schriften, die in den Jahren von 1924 bis weit in die Zeit des Nationalsozialismus hinein bewiesen, daß die Verständigung nicht nur notwendig sondern auch leicht ist, ja, daß sie noch nie so nahe war und daher unmittelbar bevorstehe. Wieviel guter Wille, hochherzige Tölpelei und unpolitische Naivität sind dabei nicht entfaltet worden, – und wie leicht und gründlich waren die Spuren in wenigen Augenblicken verwischt!

Es ist so angenehm und verführerisch, sich den Genüssen der französischen Zivilisation hinzugeben und zu glauben, daß die politische Arbeit damit schon halb getan sei. Es ist so leicht, mit der Vorstellung zu spielen, wie wundervoll die beiden Völker miteinander harmonisieren könnten, wenn nur irgendwelche ungreifbaren bösen Mächte es zuließen. „Ja, wenn die beiden Völker nur dürften, wie sie möchten!" – wie oft habe ich diesen Satz aus festlich begeistertem Munde gehört. Und auch den rauschenden Beifall habe ich gehört; wahrlich, man hätte mich niedergeschlagen, wenn ich aufgestanden wäre und gesagt hätte, daß die Völker im entscheidenden Augenblick nur mögen, was sie dürfen, und ihren Führern und Verführern folgen, wohin diese wollen. Gewiß, nur ein Narr kann gegen die deutsch-französische Verständigung sein; er könnte dann ebenso gut behaupten, gegen den Frieden oder gegen günstige Witterung zu sein. Daraus mag sich die gähnende Langeweile erklären, die von den geläufigen Verständigungsreden ausgeht. Aber wen engagiert diese Phraseologie, wen verpflichtet sie? Sie zwingt weder die politischen Mächte noch die Regierungen, sie lenkt weder die Interessen noch die materiellen Begehrlichkeiten, sie dauert ahnungslos bis zum Vorabend des Krieges und hebt unmittelbar nach Einstellung der Feindseligkeiten dickfellig wieder an. So wird die Freude an den geistigen Gütern und der Glaube an ihre Wirksamkeit zur Sackgasse anstatt zum Ausweg aus dem politischen Gestrüpp. Welcher Gebildete möchte ohne die unermüdlichen Beiträge Frankreichs zur Gestalt des Abendlandes leben! Aber man muß fest im Auge behalten, daß der Kulturgenuß den Menschen zwar zu humanisieren, aber nicht zu leiten vermag. Im Hintergrund eines Europa, das mit Tränen der Trauer und des Entzückens seinen geistigen Bestand betrachtet, geht die praktische Interessenpolitik erbarmungslos ihren Weg. Sie bedient sich des Geistes oder mißbraucht ihn, aber sie verweigert ihm das Primat. Die politischen Mächte gleichen Barbaren, die sich mit den Trümmerstücken kostbarer Tempel bewerfen.

HEIMWEH DER VÖLKER

„Politique d'abord" hat ein französischer Denker gesagt. Immer habe ich mir gewünscht, daß dieser Satz auch für das Problem Deutschland-Frankreich gelten möge, damit es nicht auf das Feld der Bildungsgüter abgeschoben werde. Man mißtraue denen, die sich laut zum Geist bekennen, weil sie sich heimlich seiner Unverbindlichkeit sicher fühlen. Was zwischen den beiden Ländern an geistigen Erfahrungen und Erfüllungen möglich ist, ist zu schön und zu beglückend, als daß ich leichten Herzens zusehen könnte, wie es zum toten Gleis wird. Meine Freude an den Lebensformen Frankreichs, an der Harmonie seines Geschichtsbildes, an der Vollendung seiner geistigen Mittel, an der Natürlichkeit seiner Literatur und an dem überwältigenden Lebenstriumph seiner Malerei ist durch keine politische Wahrnehmung zu trüben. Jede Seite dieses Buches legt Zeugnis davon ab, ja das ganze Buch ist von dieser Freude getragen und kann sich gerade darum heute wieder vor die Augen der Leser wagen. Ich stehe nicht an zu bekennen, daß in ihm mein großes „Bildungserlebnis" offenbar wird.

Der Mensch hat nicht allzu viele Erlebnisse dieser Art, es liegt in seiner Natur, früh nach einem Mittel zu suchen, mit dem er die geistigen und kulturellen Erfahrungen, die ihm elementar zuströmen, ordnen und seinem Wesen einfügen kann. Oft hilft ein Lehrer, ein Buch oder eine Doktrin, oft auch eine Landschaft, ein beseelter Raum oder ein Volk. Bei mir hat Frankreich diesen durch nichts zu entlohnenden Dienst versehen. Nicht, daß seine Vorbilder und Überzeugungen die meinen geworden wären! Ich bin im Gegenteil durch die unermüdliche Art, in der ich mich an Frankreich maß, gleichsam immer deutscher geworden.

Aber ist es nicht natürlich, daß der Mensch einem solchen Maß eine Anhänglichkeit, um nicht zu sagen Dankbarkeit zuwendet, die nicht zu zerstören ist! Als Sohn eines Volkes, das sich auf fast alles versteht, aber leider am wenigsten auf den Menschen, lernte ich beim Nachbarn die Bedeutung des Sittlichen, nicht für die eigene Lebensführung, wo diese Kenntnis vielleicht vorausgesetzt werden darf, sondern für den Geist. Ich weiß wohl, daß Goethes Gewißheit „Neue Erfindungen können und werden geschehen, allein es kann nichts Neues ausgedacht werden, was auf den sittlichen Menschen Bezug hat", daß diese Gewißheit von den Naturwissenschaften her bedroht werden kann, daß sie aber dem französischen Weltbild eine Menschlichkeit ohnegleichen gibt und es zum Grundtyp aller Humanitätsvorstellungen macht. Die hohe Kunst, als Mensch unter Menschen zu leben, um die das Denken der Moralisten kreist, ist einem ungeneigten Sinn gewiß nicht vollständig erlernbar. Aber die bloße Ahnung von dem absolut zentralen Wert dieser moralistischen Lebensbetrachtung kann den Deutschen mit Licht überschwemmen und ihn lehren, daß kein Gedanke, keine Einrichtung, keine Kunst wirklich beglückend ist, wenn sie sich nicht nach dem Menschen richtet. Der Mensch ist freilich ein unvollkommenes Wesen und zu bösen Anschlägen geneigt, aber – so möchte man scherzhaft sagen – wir haben nichts besseres. Diese Betrachtungsweise führt zwar nicht in die äußersten kosmischen Zonen, sie führt nicht ins All, aber dafür leitet sie uns zu den Brennpunkten der bewohnten Erde und tief in das so offen zu Tage liegende Geheimnis des menschlichen Zusammenlebens.

Das ist, in wenigen andeutenden Worten, mein „Frankreicherlebnis", also eine zugleich sittliche und kulturelle Erfahrung, die sich vielleicht, wenn mein Lebensweg anders verlaufen wäre, an einem anderen Anlaß entzündet hätte. Denn Frankreich ist durchaus nicht die einzige Gelegenheit, die sich dem Lernbegierigen, der von Menschenliebe geplagt ist, im Umkreis des Lebens bietet. Aber für mich lag nun einmal das Land Pascals, Flauberts und Manets an der entscheidenden Wegbiegung, und ich habe auch in den Augenblicken tiefster politischer Verfinsterung nie Lust verspürt, es zu verleugnen. Doch an den Illusionen, die eine Verständigung leicht und nahe erscheinen lassen, weil man sich so schnell über den Reiz der Kulturgüter einigen kann, habe ich nicht mitgewirkt. Darum ist „Gott in Frankreich?“ trotz seiner vielen jugendlichen Übertreibungen ein realistisches Buch, das den Leser über die politische Misere, die nun schon so lange über den Beziehungen zwischen hüben und drüben waltet, nicht hinwegzutäuschen versucht.

Nur so ist es zu erklären, daß das Buch, als es in Frankreich erschien, sogleich die Frage auslöste, ob es „für oder gegen Frankreich“ sei. Wahrlich eine im doppelten Sinne des Wortes eitle Frage, denn es ist weder das eine noch das andere. Aber unser Nachbar ist nun einmal auf Selbstbestätigung aus und will in jedem Zeugnis, das ein Fremder von ihm ablegt, alles das wiederfinden, was er an sich selbst so liebt. Er versteht es zwar, an sich Kritik zu üben und seine Mitmenschen und Einrichtungen zu zausen, aber wehe, wenn ein Fremder es wagt, in diesen Ton einzustimmen. Seine Selbstzufriedenheit wird durch seinen scharfen analytischen Sinn gedämpft, aber wie er sich auch beurteilen möge, er ist überzeugt, daß er den Typus Mensch in der Vollendung darstelle und daß er darum der Menschheit ein Vorbild sei. Um des Körnchens Wahrheit willen, das in dieser Form der Bespiegelung steckt, verzeiht man ihm immer wieder seine heftigen Ansprüche und seine

Klagen darüber, daß ihm Unrecht geschehe. Das fast Unzerstörbare des französischen Prestiges, das doch grade in den letzten Jahren so viele Belastungsproben erfahren hat, beruht in der Ahnung der Völker, daß die französische Lebensform, so hinderlich sie sein kann, einen hohen Grad von Menschenwürdigkeit aufweist. Die Menschheit trauert um den schier unaufhaltsamen Verlust ihrer privaten Sphäre und denkt mit einer Art von Heimweh an Frankreich, das sich dieser Verminderung widersetzt und sie auch da nicht mitmachen will, wo sie als Opfer an die Entwicklung des menschlichen Zusammenlebens unerläßlich ist. In den Boden des abendländischen Kulturgewissens ist die Saat der Sympathie mit Frankreich für immer eingelassen, und auch ich habe in aller Bescheidenheit einen Keim gesät. Darum ist es zu verantworten, daß „Gott in Frankreich?“ wieder vor den Leser tritt.

„Ist Gott Franzose?“, so habe ich das Kapitel überschrieben, in dem ich die religiösen Elemente des französischen Sendungsbewußtseins behandle. In der zugespitzten Frage lag nicht nur Ironie, sondern auch ein leises Erschrecken, von dem mein Verleger Grasset, als er die Übersetzung des Buches schlechthin „Dieu est-il français?“ betitelte, freilich kaum einen Hauch verspürte. Ihm, dem weltlich gestimmten Nationalisten, kam diese Fragestellung ganz natürlich vor. Das Wort „Gott“ war für ihn eine Vokabel, die den höchsten erreichbaren Rang andeutet. Bei mir war doch ein wenig von dem Blasphemischen angeklungen, das die Vermischung von theologischen und Machtbegriffen für jeden Menschen mit einiger religiöser Erfahrung haben muß. Immerhin, der Titel, den Grasset der Ausgabe seines Verlages mitgab, war an der großen, fast heftigen Wirkung des Buches nicht unbeteiligt. „C'est la gloire!“ sagte mir der geistvolle Verleger, als die ersten Auflagen schon in wenigen Tagen erschöpft waren. Nun, so einfach lagen die Dinge nicht. Nicht alles am Erfolg des Buches war Verdienst des Autors. Der Augenblick kam ihm zu Hilfe, denn wenn man die deutsch-französische Spannung einer Woge vergleichen darf, so war diese Woge im Jahre 1930 auf ihrem höchsten Punkt und drohte umzuschlagen. An einem noch freundlichen Himmel erschienen die ersten, nicht ohne weiteres erkennbaren Zeichen des Unheils. Stärker als je zuvor wurden Vernunft und Freiheit, wie sie in den Lebensformen der Franzosen bis zur Ausschreitung geübt wurden, von einer krisenhaft gestimmten Welt angezweifelt. Der Liberalismus fand Vergnügen daran, sich die ersten Totenreden zu halten. Frankreich begann, mit einer Intensität über sich nachzudenken, wie man es seit den Anfängen der III. Republik nicht mehr erlebt hatte.

Um so stärker mußte die Darstellung eines Deutschen wirken, der mit Unbefangenheit bekannte, daß er schwach genug sei, sich „in einem altmodischen und unordentlichen Paradies lieber aufzuhalten als in einer blitzblanken und trostlosen Musterwelt". Gleichzeitig aber erregte diese humoristisch daherkommende Antithese viel Verdruß, weil man die Wahl zwischen Paradies und Musterwelt nicht gelten lassen wollte. Daß schließlich die französische Lebensform, so würdig und angenehm sie auch sei, auf dem Wege der Völker auch zum Hindernis werden könne, wollte niemandem einleuchten. So machte ich es keinem recht und gab allen etwas. Niemand verspürte Lust, den Ton der Sympathie zu überhören, der in meiner Darstellung mitschwang. Jeder konnte seine Meinung zu dem Buche sagen, ohne sich selbst zu verleugnen. Und wahrlich, die Stellungnahmen blieben nicht aus, sie durchliefen die ganze Skala französischer Selbstbespiegelung, von der begeisterten Zustimmung bis zur gekränkten Ablehnung. „Der Autor könnte beinahe ein Franzose sein!" war das höchste Lob, das ich, trotz des belustigenden „beinahe", erringen konnte. Eine glanzvollere Auszeichnung hatte die öffentliche Meinung nicht zu vergeben, sie regte mich um so mehr zum Nachdenken an, als sie von einem Kirchenfürsten stammte, der es an Demut mit jedem aufnahm. Andere wieder glaubten, in mir den unverbesserlichen Deutschen zu erkennen, dem es an Reue fehle. Die nobelste Zustimmung kam von Edouard Herriot, die sachlichste Kritik leistete der alte Poincaré in einer Rede bei der Einweihung eines Universitätsinstitutes und in einem Aufsatz in der „Jllustration", der gröbste Angriff entsprang den endlosen Zeitungsspalten des tobenden

Monarchisten Charles Maurras; es fehlte nicht viel und er hätte nach dem rächenden Küchenmesser gerufen, das er später seinen Anhängern zur Beseitigung Léon Blums empfahl. Die unzweideutigste Form der Anerkennung wurde mir dadurch zuteil, daß ein Chor leicht bekleideter Mädchen in einem Revuetheater den Titel des Buches als Refrain vortrug. Von den zahlreichen Nachahmungen in Buch- und Broschürenform, die die Frage aufwarfen, ob der Teufel ein Deutscher oder Gott dies oder jenes sei, will ich gar nicht erst sprechen.

Bernard Grasset lieh dem Buch nicht nur seine Talente als Verleger, sondern auch seine schriftstellerischen Gaben, indem er ihm ein ausführliches Nachwort anhängte. Der kluge Mann hatte zu dem Thema viel zu sagen, aber auch er konnte der Versuchung nicht widerstehen, das, was ich an Frankreich bejaht hatte, zu verdoppeln und die kritischen Partien wohlwollend abzulehnen. Er wollte in dem Buch, wie fast alle französischen Kritiker, um jeden Preis eine Liebeserklärung an Frankreich sehen und sich dadurch das schönste Vergnügen bereiten, das der Franzose kennt, nämlich eine Liebeserklärung zurückzuweisen, die man ihm niemals gemacht hat. Allerdings hatte er listigerweise aus meinem Text vieles weggelassen, was seinen Landsleuten hätte mißfallen können. „C'est de la bonne guerre!" meinte er lächelnd, als ich die Lücken in dem fertigen Band verblüfft feststellte. Später hat er dann den vollständigen Text wiederhergestellt und es dadurch dem ausgezeichneten Übersetzer, Maurice Betz, ermöglicht, seinen Namen zu nennen. Das geschah freilich erst, als die deutschen Truppen in Paris eingezogen waren und der Autor an der Verbreitung seines Buches in Frankreich kein Interesse mehr hatte.

Die Vertreibung der deutschen Okkupation im Jahre 1944 machte allem ein Ende, sowohl der Karriere des

Buches, das heute in Paris nicht mehr zu haben ist, als auch der Tätigkeit des Verlages. Grasset wurde als „collaborateur" verhaftet, eine Gruppe kommunistischer Interessenten setzte sich in den Besitz seines Unternehmens, das ein Millionenobjekt darstellte. Zur Legalisierung dieses Raubzuges wurde dem Verleger der Prozeß gemacht, in dessen Verlauf als Belastungsmaterial auch einige Briefe verlesen wurden, die Grasset während der Besetzung an mich geschrieben hatte. Ich habe diese Briefe indessen nie erhalten, obwohl ich während der fraglichen Jahre mehr als einmal in das verstaubte, winklige Verlagshaus der Rue des Saints-Pères kam. Der Staatsanwalt sprang mit dem armen Grasset recht grausam um und forderte seinen Kopf, weil er die Bücher „des Verräters Sieburg" verlegt habe. „Haben Sie je eines dieser Bücher gelesen?", fragte der Verteidiger, der offenbar nicht verstand, wen und was ich verraten haben sollte. „Nein", antwortete der Staatsanwalt, „ich verliere nicht meine Zeit damit, diese Schmutzereien zu lesen!" Das leuchtete allgemein ein, Grasset wurde zu einer schweren Strafe und zum Verlust seines Unternehmens verurteilt. Seine Lage war hoffnungslos, aber nicht ernst, denn bald darauf saß er wieder an seinem alten Platz, und heute leitet er seinen Verlag wie einst.

WAS DER ARZT SAGT

Ich bin weit davon entfernt, den Ausdruck „Verräter“ als einen albernen Scherz zu nehmen. Gewiß war der besagte Staatsanwalt ein Mann von geringen Geistesgaben, und eine auffallende Laufbahn war ihm trotz seiner strammen Gesinnungstüchtigkeit nicht beschieden. Aber seine Kennzeichnung meiner Person in diesem Zusammenhang entstammte tiefen, wenn auch trüben Quellen, zu deren Beschreibung man gewisser psychoanalytischer Begriffe kaum entraten kann. Diejenigen, die zu mir sagen: „Deine Franzosen!“, wundern sich vielleicht darüber, daß ein Deutscher, der nie eine feindselige Handlung gegen Frankreich begangen, sondern im Gegenteil viel zum Prestige dieses Landes beigetragen hat, nicht nur nicht geehrt, sondern beschimpft und verdächtigt wird, ohne daß auch nur eine Stimme sich erhebt, die den wahren Zusammenhängen gerecht zu werden versucht. Soweit ein einzelner Mensch sich überhaupt mit einem Lande messen und dieses gleichsam als Person behandeln kann, darf ich sagen: ich habe Frankreich in guten wie in bösen Tagen nur Freundschaft erwiesen.

Aber was bedeutet eine solche Regung guten Gewissens gegenüber den Fluten schlechten Gewissens, die immer noch über das im Jahre 1944 von den Amerikanern befreite Frankreich hinweggehen und bereits ein gutes Teil des geistigen Humus davongetragen haben! Das Schauspiel der Denunziation und Verleumdung, der Feigheit und des Meuchelmordes, das Frankreich in dem Augenblick bot, als die Welt, von dem Alpdruck Hitler befreit, sich zu erneuern versprach, diese elende Selbstzerfleischung hat auch mich betroffen und mir auf eine jammervoll posthume Art bewiesen, daß mein Denken und

Schreiben offenbar einmal ein Stück dieses Frankreichs, das sich nun selbst ins Gesicht spie, gewesen ist. Der blutigen Farce der Säuberung – als ob man sich selbst befreien könnte, indem man sich erniedrigt! – folgte die Besetzung deutschen Gebietes durch französische Truppen. Nun ja, es war eine Episode, die trotz des „Rhin et Danube", das die Soldaten am Ärmel trugen, nicht ausreichte, um die seelische Verletzung, die durch die Niederlage von 1940 entstanden war, zu heilen.

Denn wenn wir das heutige Frankreich und seine Politik überhaupt verstehen wollten, müssen wir daran denken, daß sein Zustand von der Jahreszahl 1940 und nicht 1944 bestimmt wird. Die glanzlose und von kaum einer tröstlichen Episode aufgehellte Niederlage war von der Mehrheit des Volkes erwartet und von einem Teil der Intelligenz sogar für notwendig erachtet worden. Ohne innere Überzeugung, schlecht gerüstet und die eigene Führung verachtend trat Frankreich in einen Krieg ein, den Hitler angerichtet hatte und leicht hatte anrichten können, weil grade Frankreich seit Jahren internationale Engagements einging, für die ihm die Machtmittel fehlten und die es daher nicht blutigernst nahm. Es mußte seine östlichen Verbündeten im Stich lassen, ohne mit diesem peinlichen Versagen mehr als eine Frist zu gewinnen. Es hatte dem Menschenfresser das, was dieser verlangte, Stück für Stück hingeworfen in der Hoffnung, er werde von der Fährte ablassen. Dem drohenden und rasenden Verächter der französischen „Verderbnis" waren in kurzer Frist mehr Konzessionen gemacht worden, als die arme Weimarer Republik in Jahren gebraucht hätte, um alle Stürme zu überleben. Mit dem Gefühl, von vornherein verloren zu sein, traten nun die echtesten aller Abendländer gegen den Techniker der

Massenzerstörung an, weil sie sich in ihren gewitzten Köpfen ausgerechnet hatten, daß diese Technik, entwicklungsgeschichtlich gesehen, nun an der Reihe sei und daß der Humanismus sich als Ideal für Hausmeister, Schrankenwärter und Angler erwiesen habe, dem keine Chance mehr zukomme. So ging Frankreich 1939 in einen Krieg, den – anders als 1914 – niemand wünschte und niemand zu gewinnen erwartete. Es wurde genau so schnell und eindeutig geschlagen, wie es vermutet hatte, und war nicht weit davon entfernt, in diesem Ereignis den Sieg der Jugend über das Alter, des Frühlings über den Winter zu sehen.

Wir wollen bei diesem Ereignis nicht lange verweilen, denn der Anblick geschlagener Männer ist immer herzzerreißend. Es genügt festzustellen, daß Frankreich nicht nur sich selbst, sondern den ganzen Kontinent verloren sah und den Waffenstillstand, der absolut rechtmäßig und nach allen Spielregeln der Demokratie verlangt wurde, mit Erleichterung hinnahm. Niemand freute sich über die Kapitulation, aber die erdrückende Mehrzahl des Landes begrüßte sie als den einzig vernünftigen Ausweg aus einer hoffnungslosen Lage. Ohne Pathos und Tränen, aber mit dem Gefühl, diese von unreiner Hand erteilte Lehre der Weltgeschichte verdient zu haben, zog man den Schlußstrich und gab sich der unheroischen Notwendigkeit des Überlebens anheim.

Die Weigerung des Generals de Gaulle und der Seinen, die Niederlage als endgültig anzuerkennen, war eine historische Tat, die Frankreich schließlich in die Reihe der Sieger zurückgeführt hat. Aber die seelische Verletzung durch die Niederlage, das Trauma, hat auch dieser außerordentliche und in gewissem Sinne so unfranzösische Mann nicht zu heilen vermocht. Seine Politik hat in diesem Punkt vielmehr alles schlimmer gemacht und das Land abermals gezwungen, eine Haltung einzunehmen, an die es innerlich nicht glaubt und die über seine Kräfte und Mittel geht. Fast ganz Frankreich war im Augenblick der Landung der Alliierten, also zu Beginn des Sieges, auf der „falschen" oder doch jedenfalls nicht auf der „richtigen" Seite gewesen. Es war für die Bevölkerung eine Frage auf Leben und Tod, die skeptischen Sieger glauben zu machen, daß sie sich mit der Niederlage nie abgefunden und den Krieg weitergeführt habe. So begann das neue Leben Frankreichs mit einer gewaltigen und tragikomischen Lüge. In den Köpfen setzten sich drei Fiktionen als eiserne Tatsachen fest: Frankreich ist nie geschlagen worden, die „Résistance" hat das Land vom Feind befreit, jeder Franzose hat zur „Résistance" gehört. So wurde der bitteren Wirklichkeit einer unbefriedeten Welt, deren Gewichte sich soeben tragisch verschoben, völlig der Garaus gemacht. Frankreich schuf sich eine eigene Welt der Illusionen und des Selbstbetruges. Die drei Fiktionen führten sofort zu blutigen Reibungen mit den Tatsachen: obwohl Frankreich immer gesiegt hatte, zeigten die Alliierten wenig Neigung, die Früchte des Sieges mit ihm zu teilen; obwohl jeder Franzose im „maquis" gelebt und die Deutschen bekämpft hatte, erschien es doch zweckmäßig, Hunderttausende von Landsleuten zu verhaften und Tausende eiligst umzubringen, – das Land, das seit Jahren angeblich so geschlossen gegen den Feind stand, wimmelte gleichzeitig auch von Verrätern; obwohl die „Résistance" den Feind verjagt hatte, erwies sich die amerikanische Kriegsmaschinerie in einem überwältigenden Ausmaß als die alleinige Siegerin, im Vergleich mit der die Leistungen des „maquis" zwar ehrenhaft, aber militärisch bedeutungslos waren. Fügt man diesem Chaos von Illusionen und Fakten noch den schnell sichtbar gewordenen Umstand hinzu, daß ein großer Teil der Résistance aus Kommunisten bestand, die zwar das Vaterland befreien, es aber gleichzeitig an die lenkende Gewalt Moskaus ausliefern wollten, so wird man sagen müssen, daß auch eine härtere und stumpfere Nation als die französische dieses Gewimmel von Unlösbarkeiten nicht ohne tiefe Schäden hätte überstehen können.

Die Wahrheit mußte begraben werden, ohne tot zu sein. Man scharrte sie unter der Schwelle des Bewußtseins ein und ließ sie dort rumoren und sich geisterhaft regen. Aus diesen unkontrollierten Regionen, zu denen die Vernunft keinen Zugang haben durfte, stieg die Verfälschung der politischen und moralischen Lage Frankreichs wie ein betäubender Nebel herauf. Die Nation sah sich in den Reihen der Sieger, sie konnte deren Vokabular übernehmen, aber nicht deren sichere Haltung gewinnen. Sie begann, den echten Siegern ebenso zu grollen wie den Deutschen, unter deren Herrschaft sie gelitten hatte. Eine antiamerikanische Gefühlswelle kam ins Rollen, die man nur als einen Komplex bezeichnen kann. Gleichzeitig aber mußte Großmachtpolitik betrieben werden, und Frankreich leistete darin das Äußerste, wenn man seine falsche Lage bedenkt. Seine hohe Intelligenz und seine fast unbegrenzte Fähigkeit zu glücklichen Formulierungen schufen ihm eine Position, vor der die Unzulänglichkeit seiner Leistungen und Mittel immer wieder in den Hintergrund trat. Die geistigen und kulturellen Schätze des Landes hatten ihre verführerische Kraft noch nicht verloren und erzwangen eine Rücksichtnahme, die keinem anderen Lande der Welt zugebilligt worden wäre. Und so ist es heute noch, Frankreich erfreut sich im internationalen Leben einer Ausnahmestellung, an der die gefällige Besonderheit seiner

Daseinsform, die Schönheit seiner Hauptstadt, der Geschmack seiner Künste und der Reiz seiner Beredsamkeit entscheidend mitwirken. Das Land fühlt sich politisch auf schwankem Boden, denn es will keine zärtliche Nachsicht, sondern eine echte Autorität. Es hat sich nicht gestattet, den Sinn seiner Niederlage auszuschöpfen und die historische Tatsache zu begreifen, daß jede Niederlage einen positiven Inhalt hat. Man muß wissen, warum man besiegt worden ist, und nur dies Wissen kann zur Überwindung der Einbuße führen. So war es nach 1871, als für das Land ein neuer strahlender Aufstieg begann. Heute herrscht das Trauma und verfälscht jedes Wort und jede Geste dieses sonst so klaren Volkes.

Nun gut, aber was hat das alles mit „Gott in Frankreich?“ zu tun? Zum mindesten ist in diesen Zusammenhängen die Erklärung dafür verborgen, daß mich der Staatsanwalt einen Verräter nannte und ein Narr mir im Jahre 1946 in einer Pariser Zeitung zurief: „Sie haben das französische Gewissen in Unordnung gebracht!“ Du lieber Gott, wie verworren muß die Gewissenskrise sein, wenn zu ihrer Erklärung das Wirken eines deutschen Autors herangezogen wird! Aber jener hohe Geistliche, der mir ein Kompliment machen wollte, indem er versicherte, daß ich „beinahe“ ein Franzose sein könnte, hat mich nachträglich viel verstehen lassen. Sie haben mich zu den Ihren gerechnet und geglaubt, daß einer, der sie so gut kennt und so freundschaftlich schildert, nun auch ihre Sache teilen müsse. Das wurde mir besonders in den Jahren nach 1944 klar. Das, was den Franzosen widerfahren war, hatte ich weder herbeigewünscht, noch je mit dem kleinsten Wort gedeckt, – wohl aber durch meine bloße Existenz! Ein so genauer Freund Frankreichs gehörte plötzlich zu einem Volk, dessen feldgraue Soldaten durch Paris geschlendert waren? Ja, das war es, die Verbindung war eben zu eng gewesen. Wir hatten uns zu gut gekannt. Jahrelang war ich ein Zeuge des französischen Versagens und Irrens gewesen, freilich ein diskreter, ein wohlgesinnter Zeuge, aber ich hatte zuviel gesehen.

Ich hatte ja nicht nur den humanistischen Triumphen Frankreichs, sondern auch seinen Skandalen und Korruptionsfällen beigewohnt. Ich hatte sein Liebäugeln mit den hochkommenden totalitären Mächten gesehen, sein modisches Interesse für Hitler und dessen „Ordnung“, den Hohn über die III. Republik, die doch wahrlich ein bequemes und großzügiges Staatswesen war, die Verachtung der eigenen Obrigkeit, die Lust, den Staat zu übertölpeln, den Egoismus von oben und unten, die Leichtfertigkeit gegenüber den sozialen Veränderungen, die Gewissenlosigkeit der Rüstungsinstanzen, kurzum, ich sah alles das, was zum Zusammenbruch von 1940 führte und was dann kam. Vieles von dem, was ich sah, verschwieg ich meinen Lesern, ja manches beschönigte ich, weil ich das zu Hause aufkommende Freudengeheul über die französische „Verrottung" einfach nicht ertragen konnte. Bis zum letzten Augenblick versuchte ich denen zu widersprechen, die händereibend diagnostizierten, daß Frankreichs Lebenskraft am Ende sei. (Ich widerspreche ihnen heute noch.) Ja, ich war ein Zeuge, und Gott weiß, daß ich kein hämischer oder auch nur befriedigter Zeuge war. Das fortdauernde Versagen Frankreichs hat mich jahrelang getroffen, als wär's ein Stück von mir, was denn ja wohl auch der Fall war. Nun hörte ich mit Melancholie die Flüche herüberschallen: „Er hat uns zu gut gekannt und zu liebevoll beschrieben, also muß er heute ein Verräter sein!" Von allen Alibis war dies das überraschendste. Mir blieb nichts anderes zu tun, als mir das Wort zu eigen zu machen, das Philine, glaube ich, zu Wilhelm Meister spricht: „Wenn ich dich liebe, was geht es dich an!"

Wo Frankreich irrt, da irrt die Vernunft, und darum wird jeder Europäer, der noch nicht den Mut verloren hat, auf Irrtümer und Torheiten, die von drüben kommen, mit der Empfindlichkeit eines Seismographen reagieren, der künftige Erschütterungen anzeigt. Der Leser wird in „Gott in Frankreich?" viele Seiten finden, auf denen gegen Machtverhältnisse protestiert wird, die nicht mehr bestehen. Damals war der Versailler Vertrag das Symbol der Stagnation, aber auch der Sicherheit, wie man sie in

Frankreich verstand. In meiner Darstellung war er nicht viel mehr als ein Ausdruck für jede Art, die Unveränderlichkeit der Welt zu erzwingen. Aber hat Frankreich mit seinen Befürchtungen gegenüber Deutschland nicht recht behalten? War es nicht tatsächlich so, daß ihm seine Garantien und Sicherheiten Stück für Stück entrissen wurden, bis Deutschland wieder Macht besaß und sie mißbrauchte?

Warum also lasse ich Äußerungen bestehen, denen die Jahre ein so blutiges Dementi erteilt zu haben scheinen? Nun, weil ich auch heute noch der Ansicht bin, daß Frankreich nicht so oft recht behalten hätte, wenn es nicht soviel befürchtet hätte. Seine Politik bestand stets darin, der Weimarer Republik, also einem gutwilligen und loyalen Staatswesen, jeglichen politischen und moralischen Kredit zu verweigern und sich dabei auf seine Befürchtungen und Erfahrungen zu berufen. Aber weil uns dieser Kredit stets verweigert wurde, konnte sich kein Vertrauensverhältnis bilden. Wir erinnern uns nur zu deutlich daran, wie jammervoll wenig Unterstützung die friedlichen Bemühungen Stresemanns und Brünings erfahren haben. Gewiß, Briand traf oft den rechten Ton, aber den entscheidenden Schritt tat er nie. Er fühlte sich aufrichtig als Europäer, aber wenn es darauf ankam, schwenkte er in die traditionelle Linie der Sicherheitspolitik ein und spann weiter an einem System, dessen Verpflichtungen schließlich über die Kräfte seines Landes gingen. Erst als die bittende und beschwörende Stimme von Drohungen und Vertragsbrüchen abgelöst wurden, kam die Starrheit in Fluß. Was Männern guten Willens hartnäckig verweigert worden war, das fiel Hitler in den Schoß. Jetzt erst, als das Mißtrauen gegen Deutschland berechtigt wurde, gab man das alte Zwangssystem Stück für Stück preis. Erst Frankreichs

Verhalten ermöglichte die diabolische Beweisführung, daß ohne Machtanwendung keine internationale Politik zu treiben sei. Die Abrüstungspolitik, die zur Niederhaltung Deutschlands dienen sollte, hatte ihre flagrante Widerlegung erfahren. Die guten Kräfte in unserem Lande wurden entmutigt und schließlich ausgeschaltet, sie waren tragikomische Figuren geworden. Frankreichs Befürchtungen erwiesen sich wieder einmal als gerechtfertigt.

Das war der qualvolle Höllenzirkel, in dem die deutsch-französische Frage sich zu drehen verurteilt war. Ist dieser Zirkel heute gebrochen, – heute, wo das Mißtrauen gegen unser Land sich aus furchtbaren Erfahrungen der jüngsten Vergangenheit nährt? Heute ist die französische Politik im Grunde nur mit dem einen Problem beschäftigt: wie kann verhindert werden, daß Deutschland wieder zur Großmacht wird? Der Kelloggpakt, Locarno, die Abrüstungskonferenz, die kollektive Sicherheit, alle diese Veranstaltungen, von denen ich in meinem Buche spreche, sind kaum noch dem Namen nach bekannt. Aber der Leser wird sehen, daß es auch für die Gegenwart nicht überflüssig ist, sich an diese Dinge zu erinnern und von ihrer Vergeblichkeit zu lernen.

LASST SIE DOCH

Wahrlich, wir sollten nicht müde werden, zu lernen. Aber wir wollen uns hüten, der Welt, insbesondere den Franzosen, Lehren zu erteilen. Es ist eine Binsenwahrheit, daß weder eine Ordnung Europas noch gar ein politischer Zusammenschluß unseres Kontinents ohne gutwillige Teilnahme Frankreichs möglich ist. Wenn diese aber auf sich warten läßt, wenn sie im Augenblick nicht herbeizuführen ist, sollten wir dann auf Europa verzichten und die Hände in den Schoß legen? Man hört es gern, wenn unsere Staatsmänner von der Notwendigkeit der Verständigung sprechen. Sie sagen damit etwas Natürliches und Selbstverständliches, und sie sagen es mit Überzeugung. Aber über allem, was zu dieser Frage geäußert werden kann, liegt der Schatten einer Vergangenheit, deren Last abzuschütteln wir kein Recht haben. Jeder kann Frankreich gut zureden, nur wir Deutsche nicht, denn wir haben keine praktische Möglichkeit, das Mißtrauen gegen uns, das drüben im Rhythmus unseres wirtschaftlichen Aufstiegs eher wächst als abnimmt, zu widerlegen. Ist eine direkte, eine zweiseitige Lösung überhaupt wünschenswert? Ist es nicht durch Takt und Erfahrung geboten, auf jedes Drängen zu verzichten und die Verständigung im tête-à-tête nicht erzwingen zu wollen? Es ist meine Überzeugung, daß die deutsch-französische Frage nur in einem größeren Zusammenhang gelöst werden kann. Die Verständigung muß eine Folge Europas und nicht seine Vorbedingung sein. Frankreichs Mißtrauen ist heute noch so groß, daß es sich gezwungen fühlt, eine Vormachtstellung zu verlangen, die jedes Risiko mit einem erstarkenden Deutschland ausschließen soll. Da es aber nicht die Kräfte und Mittel hat, um eine solche Stellung zu behaupten, da der Ertrag seiner Volkswirtschaft nicht ausreicht, um seinem Führungsanspruch die solide Grundlage zu geben, würde es sich in einem direkten Gespräch mit Deutschland sofort bedroht fühlen, es würde eine Abwehrstellung einnehmen, die hervorzurufen nicht unsere Sache ist. Noch weniger steht es uns an, den Nachbarn zu planvolleren Anstrengungen zu ermuntern. Das Leistungsdefizit ist nicht wegzuleugnen, es würde die zweiseitige Partnerschaft von vorneherein mit unabsehbaren Schwierigkeiten belasten, es würde uns zwingen, den französischen Stand der Produktion und militärischen Abwehrbereitschaft als den Höchststand hinzunehmen, also auch uns auf einen geringeren Ertrag einzurichten. Oder sollen wir abermals den Störenfried spielen, der durch seine größere Produktionsenergie – und durch seine geringere Lebenskunst – das Nachbarvolk zwänge, anders zu leben, als es bisher gelebt hat?

Nein, diese Rolle kommt uns wahrlich nicht gegenüber einem Lande zu, dessen Wunden, die es von uns empfing, noch nicht vernarbt sind. Was man drüben fürchtet, ist ein von außen kommender Zwang, die menschlichste aller Lebensformen zu ändern. Achten wir diese Besorgnis, die angesichts der fortwährenden Einschrumpfung der persönlichen Freiheitssphäre überall in der Welt wahrlich nicht grundlos ist. In diesem Buche, das ich dem Leser in seiner alten Form wieder vorzulegen wage, ist viel von dem Lebensgefühl des Nachbarn die Rede. Ihm wohnt, so heißt es da, ein Streben nach Dauer inne, während im Deutschen der Trieb waltet, im Fluß zu bleiben und Welt wie Leben in Bewegung zu halten. Daraus ergeben sich Befürchtungen, die nach wie vor lebendig sind. Wir glauben, daß Frankreich unser natürliches und nationales Leben zum Stocken bringen, hemmen und einengen will.

Frankreich hingegen fühlt seinen Zustand, sein Ideal der Dauer und seine auf Festigkeit bedachte Gestalt von uns bedroht und lebt in dem Glauben, daß die deutsche Unberechenbarkeit darauf abziele, es um die Früchte seiner Arbeit und um seinen vertrauten Lebensstil zu bringen. So habe ich die Spannung damals beschrieben und so muß sie heute noch verstanden werden. Sie kann durch den Versuch einer zweiseitigen Lösung nur wachsen. Lassen wir daher voneinander ab, um uns wieder zu finden! Nur in einem größeren Rahmen, welche Bezeichnung man ihm auch geben mag, kann sich aus dem alten Gegensatz eine Gemeinsamkeit entwickeln, bei der Franzosen und Deutsche sich nicht mehr allein gegenüberstehen. Einer der wenigen Franzosen, die sich um eine ernsthafte Definition Deutschlands bemüht haben, der inzwischen verstorbene Pierre Viénot, hat meine Ansicht eindeutig geteilt. Er beschäftigte sich 1931 in einer Berliner Zeitschrift mit meinen Gedankengängen und kam zu dem Schluß: „Der Konflikt kann nur gelöst werden durch gemeinsame Arbeit an einer neuen Ordnung, die uns, Frankreich und Deutschland, mit all unseren Verschiedenheiten in sich einschließt, aber die über uns hinauswächst und in der unser Gegensatz sich auflöst."

Es ist vielleicht an der Zeit, daß ich noch einmal jenes Mannes auf der malaiischen Veranda gedenke, der mir in einer schwülen Tropennacht seine Auffassung vom deutsch-französischen Problem mitteilte. Noch heute bewegt mich die Vorstellung, daß ein Europäer seine abendländische Denkweise an einem Buche wie „Gott in Frankreich?" gefestigt und so den Zerrüttungen jener exotischen Welt besser widerstanden hat. Ihn ging die politische Tragweite des Problems nichts an, aber er fühlte, wie sehr es jeden Menschen, der darüber nachdenkt, in einen ganz persönlich gefärbten Konflikt stürzt, der sich als unlösbar und daher als eine natürliche Lebensspannung erweist. Für jeden Menschen, der diesen Namen verdient, kommt der Augenblick, wo er sich zwischen der französischen und der deutschen Daseinsform hin- und hergerissen fühlt, wo er nicht weiß, in welcher Gestalt er sich die Zukunft der Menschheit vorstellen soll. Was eben noch deutsch oder französisch hieß, verwandelt sich dann in Antithesen, die das Politische weit hinter sich lassen. Freiheit, Vernunft, Menschenwürde, aber auch Egoismus und Unordnung stehen dann dem Gemeinsinn, der Einordnung, der Leistung, aber auch der Unterwerfung, dem Mangel an Lebenskunst und dem Robotertum gegenüber. Es ist das eigentliche Entweder – Oder unserer Zeit, das nicht entschieden werden kann und darf, und es ist wahrlich keine Phrase, wenn man sagt, daß sich in diesem Gegensatz der eigentliche Kampf um den Menschen, um seine Autonomie, um seine Rechte und Pflichten ausdrückt. Diese Erwägung ist denn auch der eigentliche Anstoß für den Neudruck meines Buches gewesen.

SEIT DAMALS

Verlag und Autor sind sich klar darüber, daß es nicht anging, das Buch zu verändern, es den heutigen Verhältnissen anzupassen oder auch nur solche Stücke fortzulassen, die endgültig in die Vergangenheit gerückt sind. Entweder mußte auf Befriedigung der steten Nachfrage nach dem Werk gänzlich verzichtet werden, oder das, was unwichtig geworden und überholt war, mußte in Gottes Namen mitgehen und sich der Nachsicht des Lesers anvertrauen. Wer der Entwicklung auch nur einigermaßen gefolgt ist, wird keine Mühe haben, diese Nachsicht aufzubringen. Denn diejenigen Urteile, Angaben und Schilderungen, die der Zeit nicht widerstanden haben, sind so deutlich erkennbar, daß sie keine Lust zum Besserwissen aufkommen lassen. Das Buch ist im Jahre 1929 geschrieben worden, damals war der Versailler Vertrag noch die Charte der Welt, damals hatte jedes politische Wort, das in Paris gesprochen wurde, Einfluß auf das deutsche Schicksal, damals konnte man noch darüber lächeln, daß die französische Regierung die Kommunisten so ernst nahm, damals war die Rente noch das eigentliche Rückgrat der sozialen Struktur Frankreichs, und alles, was die Vorsilbe „klein" trug, war heilig. Die Radikalsozialisten waren die klassischen Träger des politischen Denkens und Fühlens, und Namen wie Poincaré und Briand waren auf dem ganzen Erdball jedem Kind geläufig. Mir scheint, daß das Stück jüngste Historie, das aus diesen Zuständen und Namen spricht, der Erinnerung wert ist. Es wäre ein leichtes gewesen, die Angaben über die Bevölkerungsbewegungen, über die innere Staatsschuld, den Export und den Kapitalmarkt auf den heutigen Stand zu bringen, aber damit wäre das innere

Gefüge des Buches gestört worden und des Änderns wäre kein Ende gewesen.

Auch meine scherzhaften Betrachtungen über den Pariser Verkehrstrubel und die französische Art des Autofahrens würden heute nicht mehr Stich halten. Ist es doch dem Franzosen vielleicht als einzigem Volk der Welt gelungen, gegenüber dem Götzen Verkehr seine Freiheit zu bewahren, und zwar nicht nur die Freiheit seiner Bewegungen, sondern auch die seines Denkens. Die Dämonisierung des Verkehrs, wie sie in Deutschland betrieben wird und sich in den hieratischen Bewegungen unserer Verkehrspolizei symbolisiert, ist in Frankreich an der vernunftvollen Überlegenheit des Individuums gescheitert. Nirgendwo wird der Verkehr so zweckmäßig und schnell abgewickelt wie in Paris, nirgendwo ist er so völlig dem Menschen dienstbar und unterworfen, während er bei uns eine Macht, fast ein Idol ist, vor dem der Einzelne sich zu beugen hat. Einige der Scherze, die ich über das Autofahren in Frankreich gemacht habe, spiegeln, so scheint mir heute, hauptsächlich meinen eigenen Zustand als Anfänger am Steuerrad wider. Dankbar bekenne ich, wie viel ich drüben gelernt habe, vor allem habe ich mich mit der Kunst durchdrungen, ein Mensch zu bleiben und kein „Verkehrsteilnehmer" zu werden.

Eine ähnliche Bewandtnis hat es mit dem Pariser Fernsprechwesen, auf dessen damaliger Unzulänglichkeit ein mir nach wie vor wichtig erscheinendes Kapitel des Buches aufgebaut ist. Außer meinem bescheidenen Versuch, gegen den Terror der Hausmeisterinnen aufzumucken, hat mir nichts einen so stürmischen Beifall der Pariser Leser eingetragen wie das dramatische Jammergeschrei meines Arthur über das Chaos der Telefonvermittlungen, die damals noch von weiblichen Wesen bedient wurden.

Diese Damen traf keine Schuld, denn sie unterlagen noch mehr als das Publikum der technischen Misere, gegen die kein Kraut gewachsen schien. Da in Frankreich die Politiker zu allen Zeiten starke Bücherleser gewesen sind, hatte auch der damalige Postminister „Gott in Frankreich?“ oder vielmehr „Dieu est-il français?“ studiert und schrieb mir nun in hübscher Handschrift einen vier Seiten langen Brief voll geistreicher Liebenswürdigkeiten, in dem er seinen Bereich verteidigte und die demnächstige Vollautomatisierung in Aussicht stellte. Dann ging er sichtlich erleichtert zu wichtigeren Fragen über und warf mir in bewegten Wendungen vor, daß ich der heiligen Johanna eine zu große Bedeutung beilegte, Victor Hugo überschätzte und Voltaire nicht gerecht würde. Er fügte hinzu, daß er mir alles das gern telefonisch gesagt hätte, daß es ihm aber nicht gelungen sei, die richtige Verbindung zu bekommen. Heute arbeitet das Pariser Netz automatisch, aber ich habe das Gefühl, daß die Einwohnerschaft der Obrigkeit dafür nicht den gebührenden Dank weiß und sich heimlich nach den Zeiten zurücksehnt, wo man mit den Telefondamen zanken oder plaudern und gemeinsam mit ihnen die Postbehörden verdächtigen konnte. Das riesige Netz ist heute in noch mehr Ämter aufgeteilt als damals; sie tragen hübsche Namen, gewöhnlich nach Schlachten, die niemand genau kennt, manchmal auch nach Astronomen und Dichtern, deren Anfangsbuchstaben auf der Wählerscheibe zu drehen jedem Gebildeten Vergnügen macht.

Welch schreckenerregende Sprünge die Zeit seit jenen sorglosen Tagen gemacht hat, da ich die Lebensmelodie dieser einzigartigen Weltstadt Paris in Worte und Bilder einzufangen suchte, spüre ich am deutlichsten, wenn mir die Vergleiche mit dem Berlin von 1929 wieder vor

Augen kommen. Damals konnte man diese beiden Hauptstädte tatsächlich nebeneinander betrachten und jeder in ihrer Art gerecht werden. Meine Liebe zu Berlin ist seit dem Tage, da jeder Vergleich hinfällig geworden ist, nur noch gewachsen und hat eine persönliche Wärme gewonnen, wie man sie sonst nur einem Menschen entgegenbringen mag. Die Berliner jener Jahre waren ungewöhnlich frische Leute, die trotz ihrer Gabe der Selbstironie täglich von den Fortschritten ihrer Stadt begeistert waren und vor allem für ihren „Verkehr" eine naive Bewunderung hegten. „Da sollten Sie einmal unseren Verkehr sehen!" rief mir ein Berliner zu, der das scheinbare Chaos des Pariser Straßenlebens, die unbekümmerte Gewandtheit der Fußgänger und die fixe Heftigkeit der Autofahrer verdutzt beobachtete. Als er gar ein Liebespaar erblickte, das sich sozusagen unter der Verkehrsampel umarmte und dafür noch die wohlwollenden Blicke der Vorübergehenden erntete, da schüttelte er ratlos den Kopf. Heute würde niemand mehr auf den Gedanken kommen, die beiden Städte nebeneinander zu halten. Die Unwirklichkeit der Berliner Lage, die dünn gewordene Lebensluft, die diesen einst so kräftigen Lungen knapp zugemessen wird, die gespenstige Stille, in die man immer wieder hineingerät, als ob man ein Krankenzimmer beträte, alles das weist schmerzhafter auf den Gang der Zeit hin als das Grau unserer Haare. Was das Menschengeschlecht an Selbstzerstörung geleistet hat, auf welchen lebensgefährlichen Paradoxen der heutige Weltzustand aufgebaut ist, das wird an der Verödung Berlins deutlich. Man kann die hartnäckige Unveränderlichkeit der Pariser Atmosphäre nicht feststellen, ohne zugleich nicht auch an den naturwidrigen Zustand Berlins zu denken, dem die Dauer ebenso versagt ist wie das Wachstum, dessen es einst so kindlich froh war. So möge denn der Name Berlins auf den Seiten dieses Buches seinen Platz behalten und uns an das erinnern, was seitdem geschehen ist.

Frisch und jung wie am ersten Tag sind die Bilder, die ich dem Buche beigab und die auch in diesem Neudruck zu finden sind. Es sind keine Illustrationen, sondern eher Zeugnisse, die das verdeutlichen sollen, was Worte nie ganz ausdrücken können, nämlich die geheimnisvolle Vieldeutigkeit einer Volksart, die der Erzählende in seinem Streben nach Klarheit gern vereinfacht. Wenn die großartig-abweisende Totenmaske Pascals erscheint, wenn Delacroix's fleischlich triumphierende Revolutionsszene neben Corot's tiefsinniger Brückenlandschaft zu sehen ist, so ist damit die französische Spannweite greifbar gemacht. Die kindliche Poesie des Malers Vivin, die sich am Stein erfreut, und schließlich das gemalte Wunder Manets, die Bar in den Folies-Bergère, ein Bild, in dem Jugend und Vergehen einen ergreifenden Bund eingehen, das alles veranschaulicht die Dimensionen einer Lebenshaltung, die sich auf dieser Erde zu bewähren wünscht und doch in die Tiefe der menschlichen Möglichkeiten weist, dorthin, wo Dunkelheit ist, die in Licht zu verwandeln Sache des Abendländers ist.

AUF SCHMALEM GRAT

Das lange Leben, das mein Buch nun schon hinter sich hat und das ich gerne um eine weitere Generation von Lesern verlängert sähe, hat ihm einige Wunden zugefügt, auf die hinzuweisen meine Pflicht ist, mögen sie auch schon lange vernarbt sein. Im Laufe der Jahre von 1933 bis zum Zusammenbruch erschienen immer neue Auflagen, obwohl mein jugendlich aggressives Lob des französischen Liberalismus sich täglich anstößiger ausnahm. Die „trostlose Musterwelt", in die das nationalsozialistische Deutschland sich verwandelte, begann sich mit Blut zu beflecken, aber die Zahl der Menschen, die sich in die französische „Fragwürdigkeit" versenken wollten und in ihr nach den Zeugnissen der eigensinnig aufrechterhaltenen Menschenwürde suchten, nahm eher zu als ab. Die Leser zogen sich in meine Schilderungen wie an einen windstillen Platz zurück und verglichen das, was die Mächtigen jener Tage überheblich und mit deutlich spürbarem Neid die französische „Verderbnis" nannten, mit ihren eigenen Bedingungen. Wahrlich, es war ein qualvolles Kunststück, dies Buch eines Autors, der angeblich ganz der liberalistischen Zivilisation des Nachbarlandes verfallen war, durch die Jahre zu bringen. Grade, als eine neue Auflage, die sogenannte Volksausgabe, in Vorbereitung war, wurden zwei meiner Bücher verboten und vernichtet. Lauter schwarze Mäntel hingen im Korridor des Verlagshauses, während in den Lagerkellern die Bücherballen von stämmigen jungen Leuten herausgesucht und auf Lastwagen geladen wurden, um dem Feuer überantwortet zu werden. So gründlich wurde die Vernichtung betrieben, daß jahrelang kein Exemplar der beiden Werke mehr aufzutreiben war. Es waren „Die rote Arktis", eine Beschreibung meiner Expedition mit dem sowjetrussischen Eisbrecher „Malygin" und „Es werde Deutschland", in dem ich versucht hatte, ein deutsches Gegenbild zu meinen Schilderungen des französischen Lebens zu entwerfen. „Die rote Arktis", die übrigens auch in der Sowjetunion in Acht und Bann getan wurde, enthielt kritische Bemerkungen über die Hitlerjugend, während das Deutschlandbuch den bei uns hochkommenden Antisemitismus mit einer Heftigkeit verwarf, die von dem damaligen Staatswesen in der Tat nicht überhört werden konnte.

Unter diesen Umständen war es nötig, den Text von „Gott in Frankreich?" genau daraufhin zu prüfen, ob er den Weltanschauungspolizisten nicht weitere Handhaben gegen den Autor und sein Werk biete. Dieser Prüfung fielen drei kleine Stellen zum Opfer, die der heutige Leser leicht wiedererkennen wird, einmal ein Wutausbruch gegen den „vernunftwidrigen Scheitel", der damals in Erinnerung an die schöne Militärzeit bei vielen Deutschen in Mode war und von den Mitgliedern des „Stahlhelms" bevorzugt wurde, zum anderen ein Klagelied über die Isolierung des geistigen Lebens in Deutschland, in das die Schlußfolgerung verwebt war, daß der Staat sich gegen den Geist entwickle, und schließlich einige Zeilen über das Rassengefühl hüben und drüben, die mit dem Ausruf schlossen, unser Land werde gerettet sein, wenn es keinen Antisemitismus mehr habe. Es war klar, daß Verlag und Autor sich für oder gegen die Existenz des Buches zu entscheiden und auch an den Bestand der „Frankfurter Zeitung" zu denken hatten, mit der Verlag, Autor und Buch auf Gedeih und Verderb verbunden waren. Die drei Streichungen sicherten „Gott in Frankreich?" das Weiterleben und ermöglichten dem Werk, weiter von der helleren

Gegenwelt und der Unzerstörbarkeit der menschlichen Person Zeugnis abzulegen. Daß dies am Beispiel Frankreichs vorgeführt werden konnte, daß es überhaupt noch möglich war, im Bereiche der nackten Gewalt von Menschen und Zuständen mit Sympathie zu sprechen, die vom Hauch der Freiheit umwittert waren, daß die Heiligkeit der privaten Sphäre, die in unserem Lande täglich beschränkter wurde, noch einmal beschrieben werden konnte, das alles mag das Bild Frankreichs unter dem Druck des Vergleichs mehr idealisiert haben, als meine Absicht gewesen war, aber es hat doch ein wenig Licht in einen Alltag geflößt, der täglich finsterer wurde.

Wie wäre es möglich, daß aus dieser Perspektive nicht auch heute noch ein Strahl der Versöhnlichkeit auf die Spannungen fiele, die zwischen unserem und dem französischen Volke walten! Das Wesen des Nachbarn anschauen und verstehen lernen heißt Selbsterkenntnis gewinnen, und so wird auch der Leser von „Gott in Frankreich?" am Ende mehr über die eigene Art als über die französische nachdenken. Genau das wünsche ich mir, denn was hätte alle Betrachtung der Welt für einen Sinn, wenn sie nicht in die eigene Brust zurückführte! Wenig bleibt uns in der Hand, wenn wir alle Räume durchmessen haben, mögen wir auch das All durchschweifen, mit Dämonen Umgang pflegen und auf dem schmalen Grat wandern, der den Menschen von Erleuchtungen und Untergängen scheidet. Wir Deutschen haben die Welt seit je mit hochexplosivem Licht überschüttet, das alle Dunkelheiten des Schicksals in sich barg. Unser Genius ist gewaltig genug, um den Kosmos zu verwandeln und die Grenzen der Natur zu durchbrechen, er ist es von alters her gewohnt, in Götterdämmerungen und Weltabenden zu hausen, zu den Müttern hinabzusteigen und die Sprache der Vögel zu verstehen. Aber in unseren besten Stunden begreifen wir den Sinn der Zähmung und neigen uns dem Dienst am irdischen Dasein zu, der ein geduldiges Furchenziehen, Säen und Ernten ist. Die Kunst des Zusammenlebens erweist sich schließlich als die schwerste Aufgabe, denn mit ihr kann man keiner Weltanschauung zum Siege verhelfen, man kann durch sie höchstens eine Haltung gewinnen, mit der sich leben läßt und mit der man andere leben läßt. Wenn das nicht höchste Sittlichkeit ist, dann ist auch der Friede nicht sittlich. Die Zeit der Triumphe ist vorüber, aus unseren Erschütterungen erhebt sich schließlich eine Wahrheit, die sehr unscheinbar klingt und doch der einzige Ausweg in die Freiheit ist. Goethe hat sie ausgesprochen:

„Lieb und Leidenschaft können verfliegen,
Wohlwollen aber wird ewig siegen."

WARUM ICH ÜBER FRANKREICH SCHREIBE

weil ich dem Fortschritt der Ideen vor der Idee des Fortschritts den Vorzug gebe,

weil ich noch einmal den Atem anhalten und verweilen möchte, ehe die Welle mich der alten Welt entreißt und jenem Schicksal zuschleudert, das mich aus einem Genießer in einen Konsumenten verwandelt,

weil es mir schwerfällt, in der Entwicklung von der Schlamperei zur Hygiene das menschliche Glück zu erblicken,

weil ich nur dann Zeit gewinnen möchte, wenn man die also gewonnene Zeit zu meiner freien Verfügung läßt, wenn man mir erlaubt, das durch Hetze erworbene Kapital an Stunden in aller Ruhe aufzuzehren, also am liebsten auf einer Wiese durch Nichtstun,

weil ich schwach genug bin, mich in einem altmodischen und unordentlichen Paradies lieber aufzuhalten als in einer blitzblanken und trostlosen Musterwelt,

weil ich die Träne verewigen möchte, mit der ich von einem eigensinnigen und überholten Frankreich Abschied nehme, ehe ich mich ohne Begeisterung, aber wider schlechteres Wissen als tätiges Mitglied in die europäische Gemeinschaft einschreiben lasse,

weil ich meinen Mitmenschen etwas von jenem Schmerze mitteilen möchte, den ich empfinde, wenn ich von der Ewigkeit zur Tagesordnung übergehen muß,

weil ich einen hemmungslosen Glauben an die Zukunft für eine Gefahr halte, solange er nicht von der Liebe für eine verlorene, aber unverlierbare Sache, nämlich die Vergangenheit, gedämpft ist,

weil in Frankreich jeder Mensch eine handgearbeitete Seele in sich trägt, die häufig von zweifelhafter Qualität ist, während anderswo selbst die edelsten Empfindungen Gefahr laufen, eines Tages in Serien hergestellt zu werden, weil in Frankreich der Wagen der Zeit aufgerissene Polster hat, aus denen das Seegras herausschaut, und mit einem franziskanischen Eselchen bespannt ist, während er anderswo auf Schienen läuft, elektrisch betrieben wird und mit Inschriften „Nicht ausspucken“ verziert ist,

weil es ein Land in der Welt geben muß, das einen kompakten Widerstand, ein solides Bollwerk gegen die Vervollkommnung der Menschheit bildet, dergestalt, daß die private Glückseligkeit auf Schritt und Tritt über die der Allgemeinheit triumphiert,

weil ich allen Ländern außer Frankreich immer wieder Gelegenheit geben möchte, auf ihre Ordnung, Sauberkeit, Disziplin und Organisation stolz zu sein und sich dadurch über den traurigen Mangel an falschen Telephonverbindungen, verbummelten Postsendungen und unzuverlässigen Handwerkern zu trösten,

weil ich nicht zu entscheiden wage, was besser ist: ein vollkommenes System der sozialen Fürsorge oder ein unerschöpflicher Vorrat an Weißbrot und Rotwein,

weil in Frankreich zwar alle Statistiken falsch, aber alle Maße richtig sind,

weil die Schuhmacher in Frankreich zwar unfähig sind, einen Riester richtig und in der gewünschten Zeit aufzusteppen, dafür aber während des ganzen Monats August ihren Laden zumachen und in die Sommerfrische gehen, um zu angeln,

weil die Franzosen zwar Ordnung im Kopf, aber Unordnung auf ihren Bahnhöfen haben, während bei uns alles wie am Schnürchen geht,

weil Frankreich eine tapfere Nation ist und trotzdem vor den Deutschen und Kommunisten Angst hat,

weil man die sanfte Röte des Feierabends, dem Frankreich sich hingibt, auf der Stirn tragen muß, um unbeschadet durch den kalten Werkmorgen unserer Zeit zu gelangen,

weil über das Wesen des Paradieses noch keine Einigkeit besteht, solange Frankreich behauptet, es komme auf die Summe des privaten Wohlbefindens an, und andere meinen, daß man sich gefälligst nach der Idee der allgemeinen Eudämonie zu richten habe,

weil Frankreich, das meistens, aber auf eine versöhnliche Art unrecht hat, denen, die immer, aber auf eine unangenehme Art recht haben, die Gewißheit bietet, daß im Wettstreit der Nationen alle einmal darankommen,

weil der Mensch zwar glücklich ist, wenn er seinen höheren Zweck erfüllt, aber niemals so glücklich ist, wie wenn er unter Mißachtung dieses Zweckes sich einen guten Tag macht, den Laden schließt, die Kunden verjagt und den Stuhl vor die Haustür rückt, um den ersten Stern zu erwarten,

weil die großen Städte nur so lange menschenwürdig sind, wie ihre Bewohner sich entschlossen zeigen, Kleinstädter zu bleiben und den Rhythmus des Lebens als einen ruhestörenden Lärm zu ignorieren,

weil die Maschine zur Beschaffung von freier Zeit für Menschen dienen sollte, anstatt eine göttliche Verehrung zu genießen,

weil Politiker und Wirtschaftsführer absetzbar bleiben müssen und so lange ungefährlich sind, wie sie den Ruf von tüchtigen Kerlen und schlauen Burschen genießen, die einen großen Appetit auf die Güter dieses Lebens haben, was menschlicher und unbedenklicher ist, als wenn sie Göttern gleich die Nation verkörpern und die Idee der allgemeinen Wohlfahrt vertreten,

weil sich die Frauenfrage in Frankreich zu einem großen Teil und aufs angenehmste dadurch lösen läßt, daß man den Frauen einen tüchtigen Vorrat zarter Wäsche und taktvoll ausgewählter Hüte zur Verfügung stellt oder wenigstens in ihnen mit teuflischen Mitteln die Hoffnung wachhält, daß sie zu diesen Dingen eines Tages gelangen werden,

weil das französische Volk lieber Selbstmord verübt, als arm wird und es anderen Völkern überläßt, aus der Armut die Heilsbotschaft eines neuen Lebens zu formen,

weil es von Zeit zu Zeit erschrocken feststellt, daß es zurückgeblieben ist, einen heftigen Anlauf nimmt, um das Versäumte einzuholen, unterwegs eine Menge Bekannte trifft, mit denen man plaudern muß, um sich dann schließlich mit ergreifender Stimme darüber zu beklagen, daß die anderen taktlos genug sind, so schnell zu rennen,

weil es jeden technischen und sozialen Fortschritt, der in anderen Ländern gemacht wird, als eine persönliche Beleidigung auffaßt, und mit Recht, denn wie kommen die Leute dazu, an einem neuen Weltbild zu arbeiten, wo sie doch die Ideen der großen Revolution noch nicht einmal vollständig in sich aufgenommen haben,

weil Frankreich sich bremsend an die Rockschöße einer in voller Fahrt begriffenen Menschheit hängt, von der es nicht weiß, ob sie in die Sterne oder in den Abgrund saust,

weil endlich Klarheit darüber geschaffen werden muß, ob Gott wirklich französischer Nationalität ist und ob wir uns ohne ihn einrichten müssen, wenn dies der Fall ist,

weil es zu erkennen gilt, daß die Menschheit vorwärts kommt, ohne daß jemand an ihrer Spitze marschiert,

weil wir wegen Frankreichs Ungeneigtheit, sich von seiner Vergangenheit zu lösen, nicht auf unsere Zukunft verzichten können,

weil uns die Fragwürdigkeit Frankreichs als Nation, Staat und Gesellschaft nicht zu dem Glauben verleiten darf, wir könnten dieses Land entbehren und ohne es unser Leben gestalten, weil es gut, ja notwendig ist, eine Weile zu sinnen und sich das Herz beim Anblick des zurückbleibenden Frankreichs schwer werden zu lassen, ehe die Fahrt ins neue Zeitalter beginnt,

weil mit jeder Deutung Frankreichs die Hoffnung, oder doch wenigstens das Verlangen in uns wächst, dies Land möge mit uns gemeinsam die Reise in die Zukunft antreten,

– zu seinem Glücke und dem unseren.

I.

DIE HEILIGE JOHANNA

DIE MARSEILLAISE

Ein Julitag des Jahres 1912 sah die Flotten der Welt zusammengedrängt in einer Bucht des Mittelmeeres. Bleigrau vor Hitze stand der vom Rauch der Schlote bedrängte Himmel über den braunen Uferbergen, deren erstarrte Lava noch zu glühen schien. Die Möwen hielten sich in niedrigem Flug ans Wasser, das ein wenig salzflirrende Luft in den allzu strahlenden Tag emporsandte. Blau und Gold der südlichen Jahreszeit schienen als Abglanz untergegangener Städte auf den Grund des Meeres versunken, das sich unter dem zürnenden Gewicht von dreißig Linienschiffen, Panzerkreuzern, Torpedobooten und Zerstörern nicht zu rühren wagte. Die dunkelgrauen Stahlgeschöpfe verbargen ihre Kanonen schlecht unter zahllosen Wimpeln fröhlicher Farben. Wie schwer floß das schwankende Wasser von den flachen Panzerrücken in den öligen Spiegel des trägen Mittelmeeres zurück! Der schmale Ufergürtel von weißen Häusern, gelbem Sand, verschmachtenden Blumen und schwarzen Steineichen wagte sein Schweigen nicht zu brechen, das ewig schien. Da trat irgendein Ereignis ein – wer könnte sich an das Einzelne eines so lange vergangenen Jahrhunderts noch erinnern –, ein weißes Boot löste sich vom Ufer los und strebte mit scharfen Schlägen von zwölf Ruderpaaren dem Geschwader zu. Die starre Flut schien sich zu beleben, mit den ersten Perlen, die von den Ruderblättern abtropften, schien die Welt endlich wieder zu erschäumen und die freien Atemzüge einer ozeanischen Jugend zu versenden. Und nun taumelten die Möwen hoch und besannen sich wieder des freien Himmels, denn von allen Schiffen setzte mit einem Schlage Musik ein, in dröhnenden Trompetenchören stiegen die Nationalhymnen von einem Dutzend Nationen auf, stürzten sich gegeneinander und ertranken schließlich in einer einzigen Erschütterung der südlichen Welt. Ab und zu rettete sich ein Klangfetzen und schien, einem Vogel gleich, Fels- oder Mastspitze zum Ausruhen zu suchen, und schließlich unterschied man aus dem polyphonen Gewühl, das sich an der Platte des Meeres nicht schwächer als an den stählernen Schiffswänden brach, die Stimmen der Völker. Mit metallenen Zungen wurde Gott beschworen, den Zaren, den König, den Kaiser zu schützen. Unter diesem gleichzeitigen Anprall von Beschwörungen die Verlegenheiten des Himmels zu fühlen, war nicht schwer, denn niemandem konnte es entgehen, daß jedes Posaunengebet ganz allein erhört werden wollte und das andere auszuschließen versuchte. So blieb denn schließlich nur noch ein einziger, freilich doppelt verzehrender Klang übrig, in dem Gott nicht vorkam. In der Tat, seine wilde und in allen Farben von Leben und Tod strahlende Leidenschaft verzichtete darauf, Gott anzuflehen. Ja, sie gedachte seiner nicht mit einem Hauch, er schien für sie nie gelebt zu haben. Ihre Stimme richtete sich einzig und allein an jene, die in allen anderen Hymnen vergessen worden waren, an die Kinder des Vaterlandes, für die ein ewiger Tag des Ruhmes gekommen schien. Es war die Marseillaise, die vom Admiralsschiff des französischen Geschwaders ertönte, und zwar mit einer solchen Erfülltheit von sich selbst, daß man nicht erstaunt gewesen wäre, wenn die Schiffe Frankreichs plötzlich das Abschiedssignal gesetzt und einsam, aber stolz rauschend das Weite gesucht hätten, das Weite jenes Meeres, dessen stumpfe Fläche inzwischen leuchtend geworden war.

Keiner anderen Kraft scheint dieser gottlose Gesang zu bedürfen als des Vaterlandes. Und doch ist er nichts weiter als die irdische Wiederholung der Gebete, die Johanna aus Domrémy am stillmurmelnden Flüßchen vor sich hin sprach. Mit der ersten frommen Bewegung ihrer kindlichen Lippen schuf sie das Vaterland, das diesen Ursprung nie verleugnet hat, wenn es sich auch neue Formen schuf, um zu sich selbst und zur Menschheit zu sprechen. Begreifen, daß die Marseillaise die Gebete Johannas fortsetzt, heißt Frankreich begreifen.

Jeder Weg in den Kern des französischen Wesens muß von Johanna ausgehen.

DIE ERDE

Je klarer Johanna in das Licht der Geschichte tritt, je vertrauter sie ihrem Volke wird, je mehr ihre Erscheinung in den täglichen Lebenskreis Frankreichs eingeht, um so wunderbarer wird das Wunder, das sie darstellt. Je fester sich der Himmel über der Menschheit schließt, je unwiderruflicher die ewigen Mächte sich in ihr Reich zurückgezogen haben, um uns unserer Ohnmacht und unserer Herrlichkeit zu überlassen, je nachhaltiger der Mensch seine Bestimmung in sich selber zu finden glaubt, um so größer wird Jeanne d'Arc, die französische Heilige. Das irdische Frankreich, das im Triumph seiner Vernunft nicht müde werden kann, goldene Seile in den Himmel zu werfen, um an ihnen seine Bestimmung zu verankern, feiert dieses Mädchen heute inbrünstiger denn je. Ja, sie ist im Verlaufe dieses Menschenalters zu einer Staatsheiligen geworden. Im Augenblick, wo in der Welt der Glaube schwankend wird, daß Gott Frankreichs bedürfe, um sich zu manifestieren, rettet Johanna noch einmal das Land: im zwanzigsten Jahrhundert.

Von ihrem Leben, das neunzehn Jahre, vier Monate und vierundzwanzig Tage dauerte, wissen wir viel. So viel, wie man von einem Menschen wissen kann, der durch seine Taten nur noch geheimnisvoller wird. Denn sie brach eines Tages aus ihrem Dorf auf, um Frankreich zu retten, ohne einen anderen Antrieb als ihren Entschluß. Die himmlischen Stimmen, die sie belehrten, bildeten nur einen Bestandteil ihres Willensaktes. Sie war siebzehn Jahre alt, als sie ihr Elternhaus verließ. Sie war einsam, der Ausbruch ihrer Sendung verursachte ihr die gleichen Qualen „wie einer Frau in Kindsnöten". Mit einem einzigen Sprung trat sie aus dem unbekannten Dunkel ihres dörflichen Daseins auf die von Gewitterlicht überströmte Bühne der

Weltgeschichte. Unerhörtes Geschehen, vor dem selbst die Sternenkurve Napoleons zu einem Meisterstück militärischer Laufbahn verblaßt. Denn wahrlich, im Mittelalter war der kurze Weg von Domrémy nach Chinon tausendmal so weit wie später der von Paris nach Moskau. Die Tochter eines Dorfältesten, die bisher im roten Röckchen, mit nackten Füßen durch die weißbeblümten Wiesen gegangen ist, um im Abendschein den Glocken zu lauschen oder in der Kapelle jene drei einzigen Gebete zu verrichten, die sie kennt, das Vaterunser, das Ave Maria und das Credo, stellt im Laufe weniger Monate Frankreich wieder her, schließt die ungeheure europäische Krise des hundertjährigen Krieges ab und hängt über der zerrissenen Welt jenen neuen Stern auf, der stärker strahlt als der von Bethlehem und der da heißt: Vaterland. Vor ihrer Tat zerbricht jede geschichtliche Lehre, jedes System vom Werden der Dinge. Denn ihr Kommen war nicht vorbereitet noch gefordert, sie entstieg weder einer Dynastie noch einer Klasse, ja, sie ist nicht einmal als die Tochter des arbeitenden Volkes zu erklären, das ahnungslos und in den Staub geworfen zurückblieb, während sie dahin ging, um irgendwo in Frankreich den König zu finden. Daß sie von Gott gesandt sei, war nur für ihr Herz eine Erklärung, und höchstens noch für Frankreich, das daraus den Schluß zog, Gott könne ohne dieses Land nicht leben und habe bei Orléans zunächst einmal sich selber gerettet.

Als schon der Schatten des Henkers auf der nassen Mauer ihres Kerkers lag, rief sie aus: „Wenn ich noch unter meinen Bäumen ginge, würde ich meine Stimmen wohl hören!" Ach, jene Feenbäume, jene stillen Wälder, jene kleinen Pfade, die eine Weile dem Flusse folgen, jener milchigblaue Himmel von Lothringen, jene Heimat, sie entrann ihnen auch im Angesicht des Todes nicht. Nicht der Mutter wünschte sie noch einmal den Kopf in den Schoß zu legen, nicht für das Ohr des Vaters war dieser Schrei „Ich bin rein!“ bestimmt, nein, sie gedachte zuletzt der Landschaft und der göttlichen Stimmen, die mit jener so untrennbar verknüpft sind. „Nein, meine Stimmen haben nicht gelogen!“ rief sie sterbend aus. Sie hätte auch rufen können: „Meine Bäume haben nicht gelogen, mein Abendrot hat Wort gehalten, mein kleiner Fluß, der in die Ferne ging, hat mich nicht in die Irre geführt. Meine französische Erde ist treu!“

ES IST ZEIT

Domrémy lag am Kreuz großer Straßen, viele Wanderer saßen am Herde des Vaters und sprachen vom Kriege, der seit Menschengedenken im Lande raste. Niemand im Dorf konnte sich überhaupt erinnern, daß jemals etwas anderes gewesen sei als der Krieg. Johanna war noch nicht drei Jahre alt, als der König von Frankreich durch die Niederlage von Azincourt seine besten Provinzen an England verlor. Der Sohn Karls V. ist wahnsinnig. Seine Gattin, die verachtete Isabeau von Bayern, hat ihre Tochter dem König von England gegeben und ihn, ungeachtet des salischen Rechtes, durch den Vertrag von Troyes als König von Frankreich anerkannt. Ihr Sohn Karl, der Dauphin, ist seiner göttlichen und menschlichen Rechte beraubt, denn die eigene Mutter hat ihn zum Bastard gestempelt und ihm das Blut Karls V. abgesprochen. Was eigentlich Frankreich ist, weiß niemand ganz genau, am wenigsten in Domrémy. Durch das Dorf fließt ein Bächlein, das die Bewohner in zwei „Nationen" teilt, das Gebiet östlich des Wasserlaufes gehört den Burgundern, während westlich davon die Armagnacs walten. In Vaucouleurs sitzt ein Schloßhauptmann der französischen Krone. Der Herzog von Lothringen hat Rechte auf das Dorf und ebenso der Herzog von Bar, wahrscheinlich auch der Graf von Champagne. Sicher ist, daß Johanna, als sie wegen eines gebrochenen Eheversprechens angeklagt wird, nach Toul wandern muß, dessen bischöflicher Gerichtsbarkeit sie untersteht. So bietet dieser kleine Horizont eines ländlichen Daseins ein beredtes Beispiel für die Zerrissenheit Frankreichs, das Ludwig IX. nur mühsam befriedet hat und das nun unter dem harten Griff Englands aufs neue und diesmal für immer verfallen soll. Der große Jammer Frankreichs lag wie eine seufzende Klage in der

Luft. Der Wind trug diese Klage weiter, und die Menschen begannen zum ersten Male zu fühlen, daß dieses arme und unbestimmte Frankreich mehr als das Gut eines Königs, daß es eine Person sei.

Der Baum Gottes scheint zu verdorren. Der Zweig, der über Deutschland und Italien reichte, ist abgeblüht. Auf Frankreich fallen bereits die vergilbten Blätter. In der Nacht rufen Stimmen: „Es ist Zeit!" Das große Schisma des Westens klafft. Die Schriftgelehrten der Sorbonne haben den Antichrist gesehen, einen nackten Jüngling, dem ein kleiner schwarzer Dämon aus dem vielberedten Munde sprang. Die Türken haben die Adria erreicht. In den verrußten Gewölben kochen die Adepten den Samen des Teufels, um das Geheimnis des ewigen Lebens zu gewinnen. Die Seefahrer sprechen von einem neuen Lande im Westen, dessen Ufersand aus eitel Gold ist, Schwarzkünstler in Deutschland haben die Höllenkunst erfunden, Bild und Schrift zu vervielfältigen. Über Europa hängt ein Komet, über vielen Städten regnet es Blut, in Venedig sind rote Ratten feierlich von einem Schiff an Land gestiegen und haben die Pest gebracht, das Geheimnis des Bauens ist verlorengegangen, und die Kathedralen, die noch nicht vollendet sind, werden niemals zu Ende gebaut werden. Blau glüht das Licht in den Tabernakeln, Tag und Nacht liegt das Volk vor dem Allerheiligsten auf den Knien und drängt sich um den Altar zusammen, als wäre er eine rettende Burg. Die babylonische Hure wird in mehr als einer Stadt gesehen, ihre Brüste sind rot bemalt, aber ihre Augen sind lieblich. Man wohnt dem frommen Tod von Bischöfen bei; als man den Leichnam entkleiden will, ist nichts unter dem violetten Tuch als eine kleine Fäulnis. Es gibt Priester, die beim Gottesdienst mit griechischen Versen antworten. Viele Könige haben welke Beine bekommen, sie verlassen sich zu sehr auf die Kanonen, die schon fast alle aus Eisen sind. In mehr als einem Lande haben die Menschen sich in Höhlen zurückgezogen, wo sie ihre Mahlzeiten aus Gras und Baumrinden bereiten. Nachts unter dem Regen oder dem rauhen Tuche weint die Christenheit sich in den Schlaf. Der Morgen will nicht kommen.

In der Dunkelheit rufen Stimmen: „Es ist Zeit!" Aber Johanna in Domrémy weiß nichts von alledem. Wer hat ihr vom großen Jammer Frankreichs erzählt? Ein Mönch, ein Wanderer, ein Engel? Sie sitzt bei der Mutter, ist flink im Spinnen und Stricken, betet fleißig und lacht, so oft sie kann, mit den anderen Kindern des Dorfes. Wie jung sie ist, wie fröhlich! Die Mutter sieht oft ihr rotes Röckchen aus dem Schwarm der spielenden Kinder leuchten. Aber am schönsten ist die Welt, wenn man allein ist. Manchmal treibt sie die Herde des Dorfes auf die Weide, wenn die Reihe an sie kommt, manchmal hockt sie im Geäst eines Baumes und verfolgt den kleinen Lauf der Maas, besonders liebt sie den Eichenwald mit seinem tausendstimmigen Rauschen, mit seinem vielfach gebrochenen Licht. Abends sitzt sie dann zu Hause am steinernen Tisch, taucht ihr braunes Brot in den Wein und plaudert sich in den Schlaf. Sie erzählt von allem, nur nicht von den Stimmen, die sie aus den Bäumen hört, sie verschweigt ihre Begegnung mit dem Erzengel Michael, der mit ihr von Wind und Wetter gesprochen hat, sie ermahnt hat, eine gute Tochter zu sein, und ihr eines Tages die heilige Katharina sowie die heilige Margarete zuführt. Johanna hat nun eine Welt für sich, eine wunderbare, strahlende Welt, von der man zu niemandem, nicht einmal zur Mutter sprechen darf. Johanna hat ein Geheimnis, sie ist Weib geworden. Den Reigen der Kinder verläßt sie, ihr rotes Röckchen wird im blonden Gewimmel der Spiele auf den Wiesen nicht mehr gesehen.

Wir wissen aus dem Prozeß den Wortlaut der Mitteilungen, die der Erzengel und die beiden heiligen Frauen ihr machten. Ihre zukünftige politische und militärische Mission findet sich darin deutlich enthalten, und zwar in der genauen Steigerung vom Märchen über die Karitas zur Weltgeschichte. Der Engel sagt zum ersten Male:

> „Johanna, du sollst die Seele wechseln und wunderbare Taten tun. Denn der König des Himmels hat dich auserwählt, um dem König von Frankreich zu helfen. Du sollst als Mann gekleidet gehen, Waffen tragen, Hauptmann im Felde sein und dort alles nach deinem Sinn befehlen."

Die erste Einweihung, die Johanna empfängt, spricht also fast nur von dem Außergewöhnlichen, dem Märchenhaften ihrer künftigen Mission – die himmlische Weisung durchdringt die äußerste Schicht ihrer Seele. Sie geht zum Schloßhauptmann Baudricourt und erbittet von ihm die Mittel, zum König zu gelangen. Der weist sie ab und erklärt ein paar tüchtige Ohrfeigen für das beste Mittel, sie zur Vernunft zu bringen. Die Jahreszeiten eilen über dem verschlossenen Leben des Mädchens dahin. Salisbury schließt Orléans ein. Da melden sich die Stimmen wieder und durchdringen die zweite Hülle ihres Wesens, stoßen auf ihre tiefe Frömmigkeit und rufen sie zur Karitas auf:

> „Brich auf, entsetze die Stadt! Warum widerstehst du dem großen Jammer des Königreiches? Man schlägt sich, viele Unglückliche sterben im Stande der Todsünde, du allein kannst diesen Greueln ein Ende machen. Worauf wartest du?"

War durch die erste Ansprache die Jünglingin in ihr mächtig erschüttert, die zu wunderbaren Taten aufgerufen wurde, so zerfloß bei der zweiten die gläubige Christin in ihr in Tränen. Nicht nur die Erde, dieses große, unbekannte, blitzende Schlachtfeld lockte sie mächtig, nein, auch der Himmel winkte ihr plötzlich mit seinen Belohnungen, die ewige Stadt, die ihre diamantenen Tore dem Frommen, dem Mitleidigen öffnet. Es ist Herbst geworden. Die Bienenschwärme dröhnen um den goldenen Baum, die Äpfel fallen ins hohe Gras, bald wird das Korn geschnitten, die Müdigkeit des Abends ist tiefer als sonst. Noch ist kein Blatt zu Boden geschwebt, und die Luft wagt sich nicht zu rühren. Da spricht die Stimme zum dritten Male, nein, sie spricht nicht, sie ertönt, sie vereinigt sich mit dem Lallen der späten Vogelstimmen, mit dem orgelnden Gesumme der Bienen, mit dem Dröhnen der Glocken, mit dem jauchzenden Einfall des letzten Tageslichtes in diese müde Welt, schwillt an, erbraust mit den hohen Diskantchören der Engel, mit den hellen Tenören der Heiligen, mit dem Wettgesang der Brudersphären und donnert, wie wenn Gott selber mit der Faust auf die metallene Wölbung des Himmels schlüge:

„Johanna! Frankreich wartet! Auf, Tochter Gottes! Auf!" Das war die Stunde des Aufbruchs, denn nun wußte sie alles. Die Engelsstimme war in den Kern ihres Herzens gedrungen. Frankreich erwartete sie, sie, die Tochter Gottes. Frankreich, eine neue, die tiefste Kraftquelle war in ihr aufgebrochen, das nationale Mysterium vollzog sich. Johanna konnte der Welt keinen neuen Heiland bringen, aber sie brachte eine andere Gabe, die neu war: das Vaterland

FRANZOSEN

Johanna war Französin, das heißt, sie war vernünftig. Wunderbar ist nun ihr Aufbruch, aber sobald sie die Bühne einmal betreten und die Führung übernommen hat, geht alles sozusagen wie am Schnürchen. Wenn es unserem Verstande gelingt, uns mit dieser überwältigendsten Manifestation einer Persönlichkeit abzufinden, die der Ritt Johannas nach Chinon zum Dauphin darstellt, so sind die Ereignisse, die sich aus ihrer Begegnung mit dem späteren Karl VII. ergeben, leicht zu verstehen, denn sie sind folgerichtig und aufs beste berechnet. Alles, was Johanna beschloß, war gescheit und gradlinig, es mußte gelingen. Sie war das, was man einen Politiker nennen möchte, wenn man den Mut hätte, diesen Begriff wieder in seiner ursprünglichen Bedeutung zu erfassen. Die Aufhebung der Belagerung von Orléans und die Krönung des Dauphin zu Reims sind ebenso durchdacht und wirkungsvoll wie irgendeine Aktion Napoleons oder Moltkes. Ja, noch mehr, denn bis heute hat die Geschichte nicht aufgehört, Johanna recht zu geben und ihre Initiative zu bestätigen. Indem sie Karl VII. salben ließ, den Vertrag von Troyes zunichte machte und die Engländer zum Rückzug zwang, bereitete sie die Zusammenfassung Frankreichs vor, wie sie später Richelieu gelang und von der großen Revolution verewigt wurde. Sie gab der französischen Geschichte jene sinnvolle Gradlinigkeit wieder, die dem Lande erlaubt, noch heute als ein Wunder an Geschlossenheit und innerer Logik zu gelten. Mehr noch, mit ihr kam das Bewußtsein in die neuere Geschichte, daß es nicht nur für den Besitzer des Landes, also den Herrscher ein Unglück ist, wenn der Boden von fremder Macht besetzt wird, sondern auch für die Bewohner dieses Bodens selbst.

Man hat heute, wo das Nationalitätsprinzip fast das einzige Band ist, das die Volksgemeinschaften noch zusammenhält, die größte Mühe, sich vorzustellen, wie wenig die Bewohner eines Reiches sich damals miteinander verbunden fühlten. Die Studierenden der Sorbonne waren im fünfzehnten Jahrhundert in Landsmannschaften zusammengefaßt, die den „nationalen“ Grenzen nicht im mindesten entsprachen. Söhne der Normandie und Picardie schlossen sich mit Deutschen und Engländern zusammen, während Leute aus der Franche-Comté, aus Lyon oder Toulouse sich zu einer Gemeinschaft mit den Italienern rechneten. Vielleicht haben rassenmäßige Empfindungen hierbei doch eine größere Rolle gespielt, als man heute wahrhaben möchte. Wer weiß, ob nicht die Krise des hundertjährigen Krieges eine Teilung Frankreichs im Sinne der Rassen vorbereitete. Niemand kann glaubhaft machen, daß der heldenhafte Widerstand Alain Blanchards und seiner Mitbürger von Rouen gegen Heinrich von England eine patriotische Handlung war. Es war die Gegenwehr einer freien und starken Stadt gegen Knechtschaft, die Geschichte der mittelalterlichen Städte ist voll von solchen Taten. Blanchard handelte nicht als Franzose, sondern als Roueneser. Zu gleicher Zeit ersetzten die Doktoren der Sorbonne die französische Lilie auf ihren Wänden und Teppichen durch die englische Rose; darum blieben sie doch, was sie waren, nämlich Pariser. Welche Regung sollte einen Mann aus Amiens mit einem Mann aus Bordeaux einigen! Die festgefügte gemeinsame Ideologie, die seit Jahrhunderten allen Franzosen eigen ist, und die straffe Zentralisierung der Bildung, Verwaltung und Macht haben die Mannigfaltigkeit, die Fülle und Gegensätzlichkeit der zahlreichen französischen Stämme in den Hintergrund treten lassen, und zwar bestimmt zum Schaden der Nation, deren Leben die

Zufuhr von Ideen und Kulturgütern aus den verschiedenen Landschaften entbehren muß. So ist es denn natürlich, daß der Erneuerungswille, der einen Teil der französischen Führerschicht seit dem Weltkrieg erfüllt, den Stämmen wieder zu diesem stärkeren Eigenleben verhelfen möchte, was mit einer Lockerung der Einheitsverwaltung zu beginnen hätte.

Das heutige Frankreich mag abgerundet und kohärent sein wie kein zweiter moderner Staat, aber diese Fügung kann nicht darüber hinwegtäuschen, daß in ihm Volksarten von widersprechendster, ja feindlichster Art zusammengeschlossen sind, die sich nur deswegen ihrer trennenden Elemente nicht mehr praktisch bewußt werden, weil sie sich inniger und länger als irgendeine andere Nation einer einheitlichen Idee hingegeben haben. Diese Idee mochte im Grad oder im Stoff wechseln, sie mochte gut oder böse sein, aber sie war immer da und formte unablässig den Leib Frankreichs. Wenn diese Idee der Menschheit gehörte, so nahm Frankreich sie und schuf sie zu einer französischen um. War sie ihrem Ursprung und ihrer Gestalt nach französisch, so erhob Frankreich den Anspruch, daß sie für die ganze Menschheit Gültigkeit haben solle. Der Katholizismus, die Lehre Christi, für welche die Jünger in alle Welt gegangen waren, um alle Völker der Wahrheit teilhaftig werden zu lassen, wurde in Frankreich zu einem Kronreif umgehämmert, der auf kein Haupt als auf das der französischen Könige paßte. Der Katholizismus wurde eine französische Religion. Spielend überwand Frankreich das Hindernis, das die Lehre Roms dank ihrem überstaatlichen Charakter der Bildung eines Nationalstaates entgegensetzte. Früher und schneller als anderswo erkannte man in Frankreich, daß der Katholizismus nicht nur eine Glaubenslehre, sondern auch eine Gemeinschaftsform darstellte, die den über andere Völker erhöhe, der sie an sich zu reißen verstehe. In den Stunden seiner vermessenen Hoffart hat das französische Episkopat sich wohl von den Gedanken blenden lassen, daß der christliche Erdkreis, ja, daß der Papst in Rom einer französischen Heilslehre anhänge. Frankreich mußte und muß noch heute in der Spannung leben, daß alles, was den Erdball umfaßt, französisch ist und daß alles, was französisch ist, Eignung und Anspruch hat, die Welt zu umspannen. So entsteht auf der einen Seite der Gallikanismus und der mystische Nationalismus. So bildet sich auf der anderen Seite der französische Zivilisationsbegriff, der alles, was sich ihm nicht unterwerfen will, außerhalb der menschlichen Gesittung stellt, der jeden politischen Schachzug, den Frankreich ausdenkt, in eine Kreuzzugsparole umwandelt und der alle Welt zu einer Stellungnahme herausfordert mit der Betonung, daß gegen Frankreich entscheiden gegen die Menschheit entscheiden heißt.

Johanna wurde in einem Augenblick sichtbar, wo der Zerfall Frankreichs vielleicht noch möglich gewesen wäre. Huysmans treibt diesen Gedanken so weit, zu sagen: „Dieser hundertjährige Krieg war alles in allem ein Krieg des Südens gegen den Norden.“ Er malt sich aus, was geschehen wäre, wenn Johanna nicht gelebt hätte. Die Plantagenets würden über England und Frankreich bis zu den Provinzen der Languedoc regiert und alle die Stämme zusammengefaßt haben, deren Geschmack, Instinkte und Sitten gleich waren. In der Tat, wenn die quer durch Frankreich laufende Linie, die die Lateiner von den Nicht-Lateinern trennt, heute nicht mehr lebendig, ja ausgelöscht ist, so möge, wer Lust hat, dafür dankbar zu sein, dies der Jungfrau danken. Sie gab den entscheidenden Anstoß zum endgültigen Rückzug der Engländer auf ihre Inseln, sie stellte das Erbkönigtum wieder her, indem sie den als Bastard verdächtigten Dauphin zur Salbung nach Reims führte, jenes Erbkönigtum mit fester Residenz, das Frankreich ein so starkes Übergewicht über die von Pfalz zu Pfalz reitenden Wahlkaiser gegeben hatte. Der Vertrag von Troyes, dies listige Gewebe der englischen, französischen und burgundischen Diplomatie, wurde zerfetzt, der Dauphin glaubte wieder an sein königliches Blut und sein göttliches Recht und mit ihm glaubte das Volk. Johannas Botschaft an Bedford ist einfach: „Wenn ihr nicht an die Botschaften von Gott und der Jungfrau glaubt, so werden wir dreinhauen, wo immer wir euch finden, und werden ein solches Kriegsgeschrei erheben, wie es in Frankreich seit tausend Jahren nicht mehr gehört worden ist.“ Aber sie droht niemals, ohne nicht gleichzeitig Verhandlungen anzubieten, ja, sie leitet niemals eine militärische Operation ein, wenn sie dem Feinde nicht vorher zum Frieden geraten hat. Die Wendungen, in denen sie dies tut, sind durchaus klassisch. Sie fordert den gerechten Frieden, das heißt sofortige Räumung der besetzten Gebiete und eine Reparation für die vom Feind verursachten Schäden. Ihre Waffe ist nicht das Schwert, das sie während ihrer ganzen militärischen Tätigkeit überhaupt nur einmal gezogen hat, nämlich um mit der flachen Klinge eine Dirne aus dem Lager zu prügeln, sondern die weiße Lilienstandarte, „die sie vierzigmal lieber führte als den Degen", wie sie im Prozeß sagte. Auch hierin ist sie ganz Frankreich, sie ist tapfer, ohne das Schwert zu lieben. Ihr kriegerischer Furor wächst aus dem von fremden Tritten zerstampften Heimatboden. Ihr Ziel ist nicht Eroberung, sondern Verjagung des Eindringlings. Sie liebt wie Frankreich den Frieden; allerdings macht sie sich nicht klar, daß sie sich eine Art von französischer Religion angeeignet hat, die aus anderen Nationen Völker zweiten Ranges macht. Johanna hat kein sehnlicheres Ziel, als die heilige Erde von bewaffneten Fremden frei zu sehen, um dann in ihr Dorf zurückzukehren und dort im Hause zu walten, zu kochen und zu spinnen. Aber sie beansprucht für Frankreich den Vorrang, den ersten Platz vor Gott und den Menschen. Sie schafft den Patriotismus und schafft gleichzeitig auch seine Gefahr.

„La patrie, elle la crée avant même que le mot en soit inventé", sagt Raymond Poincaré von ihr. Wie mag ihr leidenschaftlicher Appell an die durch Glauben, Landschaft und Sprache geeinten Franzosen die Fürsten und Priester beunruhigt haben, die diesen neuen Begriff vom Volk zweifellos als eine Art von Konkurrenz gegen ihre Machtfülle empfanden. Der erste Ausbruch des nationalen Gedankens ist immer ein revolutionärer Akt, denn er macht die Masse des Volkes und das Individuum zum Träger eines Wertes, der ihm mit einem Schlage ein eigenes Gewicht verleiht und ihm in der neuen Ordnung eine ungeahnte Unabhängigkeit von den Inhabern der zeitlichen Macht schenkt. Es konnte Johanna nicht in den Sinn kommen, den König zu übergehen, den sie als gläubige Tochter Gottes in ihrem politischen Werke gar nicht entbehren konnte. Aber ihr Widerstand gegen den Klerus wie gegen die Feudalen war um so deutlicher, als sie viel gesunden Menschenverstand besaß und sich von dem scholastischen Kauderwelsch der Bischöfe ebensowenig imponieren ließ wie von den „Fachausdrücken" der Generalstäbler und Diplomaten. Die unerbittliche Feindschaft, die des Königs Räte, Leute wie Regnault de Chatres und La Trémouille, ihr zuwandten, wurde nur vom Haß übertroffen, den sie bei den Würdenträgern der Kirche erregte. Beliebt war sie überhaupt nur bei ihren Waffenkameraden, den Dunois, La Hire und Boussac. Alle anderen Standespersonen, einschließlich des Königs, seufzten unter ihrer Tyrannei. Und wahrlich, die Großen hatten recht mit ihrer Antipathie, denn Johannas Werk zerstörte den Sinn ihrer Stellung, indem sie Patrioten schuf – zum Schluß blieb ihr nur noch die Märtyrerlaufbahn offen. Ihrem Volke einen neuen Lebensstrom erschließend, bereitete sie ihren frühen Tod vor. Der Scheiterhaufen auf dem Marktplatze von Rouen, der ihren unberührten Leib verzehrte, nicht aber ihr Herz zerstören konnte – es mußte vom Henker schließlich in die Seine geworfen werden – leuchtet in das Dunkel der französischen Zukunft und macht diese hell, strahlend und klar. Ihr Ruf: „Entzweite Franzosen, verzeiht euch von ganzem Herzen!" fällt wie eine magische Formel in die verworrene Welt des ausgehenden Mittelalters, in eine verzagende Menschheit, die von schattenhaften Herren regiert, von unverständlichen Familienzwistigkeiten der Großen hin- und hergeschleudert, von düsteren oder leichtfertigen Priestern im Kreise gejagt, schließlich in einen nachtschwarzen Abgrund von Frömmigkeit gesprungen war, um aus dessen Tiefe wenigstens die Sterne gewahren zu können. Johannas Ruf war die Rückkehr zum Leben, geboren aus jener Not, die die Franzosen von jeher groß gemacht hat, die Verteidigung der heimischen Erde. Zum ersten Male wurde dieser Boden mehr als der dörfliche Acker oder die mauerumgürtete Stadt. Mit einem Schlage erstreckte sich dieser Boden, der bisher als der Ursprung des Wohlstandes, der Nahrung vor der Haustür gelegen hatte und vom Kirchturm aus übersehen werden konnte, über ganz Frankreich. Die Bezeichnung „Franzosen" wurde über das Sprachliche hinaus eine Realität. Mit einem Wort, Johanna wußte für die Frage, ob der Dauphin das Recht auf den Thron und die Engländer das Recht auf den von ihnen besetzten Teil Frankreichs hätten, das ganze Land zu interessieren. Freilich ging dies levée en masse der Geister nicht ohne Heranziehung Gottes ab. Man soll aber nicht glauben, daß Johanna eine Art Danton oder Gambetta gewesen sei. Ja, sie glich im Wesen ihrer Mission nicht einmal ihren unmittelbaren Vorgängern, dem Guillaume L'Alouette und dem Grand Ferré, die mit ihren kleinen Bauernhaufen ebenfalls in den hundertjährigen Krieg eingriffen und nach dem Wortlaut einer Chronik „auf die Engländer einhieben, wie sie es vom Dreschboden her gewohnt waren". Johanna rief nicht die Bauern, das Volk auf, sondern sie suchte sich ihren Weg zum Dauphin, um ihn nach Reims zur Salbung zu führen. S i e war das Volk, s i e einzig und allein. Um dies zu beweisen, blieb ihr nichts anderes übrig, als sich vom König, dem Heere und der Kirche verraten zu lassen und einsam, ohne Reue, ohne Widerruf, hartnäckig an Gott geknüpft zu sterben – einsam wie sie gelebt hatte.

IST GOTT FRANZOSE?

Wer sich mit Frankreich in einen Krieg einläßt, der bekommt es mit Gott zu tun: dieser heute noch lebendige Glaubenssatz des französischen Vaterlandsgefühls wurde von Johanna erfunden und für alle Zeiten in den Patriotismus ihres Landes eingelassen. Sie belegte diesen Satz zunächst einmal durch die Art, wie sie von ihrer Sendung sprach. Niemals weder vor noch nach ihr hat ein sterbliches Wesen die göttliche Berufung mit so viel Nachdruck, Kaltblütigkeit und Aufrichtigkeit für sich in Anspruch genommen, wie Johanna dies tat. Manchmal scheint sie unter der Wucht dieser Gottsendung zu leiden: „Das ist nicht mein Geschäft, lieber würde ich an der Seite meiner Mutter spinnen, aber ich muß marschieren, ich muß handeln, weil der Herr will, daß ich diese Dinge vollbringe." Öfter aber gibt ihr das Bewußtsein von ihrem göttlichen Auftraggeber jene Leichtigkeit und jenen, man möchte sagen, Schneid, mit dem sie alle Dinge und Menschen anpackt. „Im Namen Gottes" ist sozusagen ihr Briefkopf geworden, und ihre ständige Redewendung lautet ungefähr: „Ich habe keine Furcht, denn ich komme auf Befehl Gottes!" So wie ein Unterhändler oder Diplomat sagt, daß er von seiner Regierung beauftragt sei, dieses oder jenes Geschäft zu erledigen, so spricht Johanna lächelnd und sich mit feinem Anstand verneigend zu aller Welt: „Je viens de la part du Roi des Cieux!" Und gerade aus dem konventionellen, ja gesellschaftlichen Bau dieses Satzes, der an mehr als einer Stelle überliefert ist, spürt man die Realität, die er für Johanna hatte. Er erschien ihr als ganz selbstverständlich, und es bereitete ihrer abgrundtiefen Frömmigkeit nicht im mindesten Schwierigkeiten, daß Gott, der doch der Vater aller Wesen ist und seine Gnade nach Verdienst verteilt, nun mit einem Male seine Güte nach politischen Gesichtspunkten ausschüttete. Sie nahm keinen Anstoß an dem Gedanken, daß auch die Engländer auf entsprechende Sonderleistungen des Himmelskönigs Anspruch machen könnten, da sie ja ebenso gute Christen waren wie die Franzosen und nicht mehr und nicht weniger Übles taten, als damals alle von Königen, Marschällen und Erzbischöfen geführten Armeen zu tun pflegten. Indem sie über diesen einfachen Umstand hinwegsah, leistete sie ihrem Vaterland einen unschätzbaren Dienst, der die Verehrung, die sie heute noch in ihm genießt, völlig rechtfertigt. Sie stellte nämlich den Satz auf, daß Frankreich nicht nur immer recht hat, sondern auch immer in Übereinstimmung mit Gott handelt, so daß jeder, der Frankreich Widerstand leistet, sich dem Guten, ja Gott selbst widersetzt, ganz zu schweigen von den Teufelssöhnen, die Frankreich anzugreifen wagen. Johanna war es, die den Satz aussprach: „Ceux qui font la guerre au Saint Royaume de France, font la guerre au roi Jésus.“ In der Tat, ein schrecklicher Satz, der der geplagten Menschheit eine Ahnung davon vermitteln mag, warum es so schwer ist, mit Frankreich in Frieden zu leben, obwohl dieses Land den Frieden über alles liebt. Wenn etwas die zivilisierte Menschheit auszeichnen sollte, so müßte es der freie und gleichmäßig unbeschränkte Zugang aller menschlichen Wesen zum Gegenstand ihrer religiösen Verehrung sein. Scheint es nicht ein Akt dunkelster Barbarei, einem Wesen auf Grund seiner Staatsangehörigkeit mehr Gottesgnade zubilligen zu wollen als einem anderen? Kein Zweifel, daß nichts der christlichen Lehre schärfer widerspricht als dieser Anspruch eines Volkes, von Gott bevorzugt zu sein und daher auch auf anderen als religiösen Gebieten Vorranganspruche stellen zu dürfen.

Johanna machte sich mit diesem Satze, dem sie im Laufe ihres kurzen Lebens manchen ähnlichen folgen ließ, zu einem ebenso gefährlichen Terroristen wie Robespierre. In beiden Gestalten herrscht die gleiche wahnsinnige Anmaßung vor, im Besitze der endgültigen Wahrheit zu sein, die ihrem Inhaber das Recht gibt, Verdammungsurteile zu sprechen. Robespierre begnügte sich damit, die Guillotine walten zu lassen und ließ seinen Opfern obendrein noch die Hoffnung, daß der Tod kein ewiger Schlaf sei. Wie umgänglich erscheint uns der gedämpfte und zierliche Volkstribun im Vergleich zur Jungfrau von Domrémy, die jedem Nichtfranzosen, der ihrem Vaterland politische Schwierigkeiten bereitet, ewige Höllenstrafen in Aussicht stellt. Gewiß, Johanna war fromm, sie liebte das Gebet und die Sakramente, aber war der Rechtsanwalt aus Arras nicht etwa ebenso überzeugt, hatte die Revolution für ihn etwa weniger Realität, als die besondere Heiligkeit des Königreiches sie für Johanna hatte? Die Jungfrau hat Frankreich zu dem prachtvollen und unausstehlichen Land gemacht, das es heute ist, und ihm für alle Zeiten die Gewohnheit eingeflößt, sich auf alle großen Ideen, Gefühle, Gestalten, Regungen und Ereignisse zu stürzen und sie dann sogleich als französisch dem Wesen und Ursprung nach zu bezeichnen. Die Stellung, die Frankreich heute einnimmt, seine Unfähigkeit, mit irgendeiner anderen großen Nation auf die Dauer befreundet zu sein, seine ewige Gereiztheit, seine übelnehmerische Unruhe, sein Trieb, sich jeder auch noch so geringfügigen politischen oder kulturellen Bewegung als Führer aufzudrängen, alles das ist noch heute von Johannas Ketzerei geprägt. Aber nicht nur vor dem Angesicht Gottes, sondern erst recht hier auf Erden, wo es seine Freunde und Feinde, seine Gläubiger und Schuldner mit diesen glänzenden

Beziehungen zu göttlicher Gerechtigkeit tüchtig zu erschrecken versucht.

Die streitende Kirche, die sich im Verein mit dem Oberkommando der englischen Besatzungstruppen Johannas durch Hinrichtung entledigte, räumte damit nicht nur einen Bedroher ihrer Existenz aus dem Wege, sondern vor allem den Schöpfer der größten Häresie aller Zeiten, nämlich des religiösen Nationalismus. Die Welt hat so unzählige Todesurteile, die an völlig Unschuldigen, ja besonders guten und tugendhaften Menschen vollstreckt wurden, ohne Regung des Protestes hingenommen, daß sie versuchen sollte, in Johannas Verbrennung einen Sinn zu finden. Jeder Idee gegenüber kann die irdische Justiz nur ein Racheakt sein, aber kann man es der Kirche und den Engländern verdenken, daß sie sich für die Idee, die Johanna in Umlauf gesetzt hatte, im voraus rächten? Europäische Gesittung hat wohl kaum einen schlimmeren Feind als den religiösen Nationalismus, der seinen Vorrang heute, das heißt in einer glaubenslosen Welt nur noch auf völlig mittelalterliche Art behaupten kann, nämlich dadurch, daß er die moralischen Werte gegen andere Völker mobilisiert. Hier waltet ein moralischer Imperialismus, der, um in Johannas Sprache zu bleiben, darauf hinausläuft, daß die Götter der anderen Nationen falsch sind. Es ist im Grunde derselbe finstere Geist, den Dostojewski seinen Russen wünscht, wenn er sie zur Feindschaft gegen den Westen und zum Rückzug auf die Urquellen des slawischen Wesens zwingen möchte. Was Schatow in jener schwarzen Nacht der „Teufel“ dem schweigenden Stawrogin ins Gesicht schleudert, ist wahrer Kreuzzugsgeist, der sich von dem Johannas nur dadurch unterscheidet, daß der winzige Schritt von der Abwehr zum Angriff vollzogen ist: „Jedes Volk ist nur so lange Volk, wie es noch seinen besonderen, seinen eigenen Gott hat und all die anderen Götter auf der Welt hart und grausam von sich stößt; solange es noch glaubt, daß es nur mit seinem Gott siegen und alle anderen Götter und Völker sich unterwerfen kann... Wenn ein großes Volk nicht glaubt, daß in ihm allein die Wahrheit ist (gerade in ihm allein und unbedingt ausschließlich in ihm), wenn es nicht glaubt, daß es ganz allein fähig und berufen ist, alle anderen Völker zu erwecken und sie mit seiner Wahrheit zu erretten, so wird es sofort zu ethnographischem Material, doch nicht zu einem großen Volk! Ein wahrhaft großes Volk kann sich auch nie mit einer zweitrangigen Rolle in der Menschheit zufrieden geben, ja, noch nicht einmal mit einer erstrangigen, sondern es muß unbedingt und ausschließlich das erste unter den Völkern sein wollen. Ein Volk, das diesen Glauben verliert, ist kein Volk mehr. Doch da es nur eine Wahrheit gibt, so kann auch nur ein einziges Volk den einzigen wahren Gott haben, mögen andere Völker auch ihre eigenen und noch so großen Götter besitzen."

Es ist klar, daß der französische Geist es verschmäht, sich in so wilden Wendungen zu manifestieren. Er ersetzt die Aggressivität der Russen durch den Zwang. Johanna behauptet, für die Christenheit zu streiten, das moderne, durch die Revolution geschaffene Frankreich beansprucht, für die Zivilisation, für die Menschheit zu wirken. Niemals aber hat Frankreich die übrige Menschheit gefragt, ob sie damit einverstanden sei, es hat immer als selbstverständlich angenommen, daß jedes Volk sich mit dieser Führung abfinden werde, da es ja sonst Gefahr laufe, sich außerhalb der Menschheit zu stellen. Ebensowenig hat Johanna, als sie den „König Jesus" zum Bundesgenossen Frankreichs machte, sich darum gekümmert, daß andere christliche Völker Jesus ebensogut für sich in Anspruch nahmen, wie es ihr denn auch ganz gleichgültig war, ob die übrige Christenheit wirklich gefördert zu werden wünschte, wie sie dies durch die Salbung des Dauphin zu tun beanspruchte. Und hierin liegt gerade das Lawinenhafte, das Zerstörerische des religiös unterbauten Nationalismus, daß seine Idee ihm ohne weiteres zur Mission werden muß, daß er, um in seinem Wesen zu bleiben, eine dynamische Form anzunehmen gezwungen ist. Es genügt nicht, die eigene Nation für die Inhaberin des einzig wahren Gottesbewußtseins zu halten. Das Bewußtsein selbst muß, um sich in seiner alle anderen Erkenntnisse ausschließenden, alle anderen Lehren widerlegenden Wahrheit zu manifestieren, den Weg nach außen antreten. In jeder nationalen Heilslehre liegt der Zwang zur Bekehrung anderer. Selbst Johanna, diese mildeste aller weiblichen Heiligen, diese rührende, aus Blumen und Vogellauten geformte Jungfrauengestalt, dieses vom Brot des Gebetes lebende Kind, dieses unschuldige Lachen des Himmels, empfahl einen Zug gegen die Hussiten und schlug den verfeindeten Königen vor, sich zu vertragen und gemeinsam auf die Sarazenen loszuschlagen.

KREUZFAHRER

Jeder Franzose ist der geborene Kreuzfahrer, und diese Eigenschaft macht ihn heute manchmal zu einem ziemlich unbequemen Mitbürger Europas. Die Kreuzzüge, die uns heute als die brutalsten und grausamsten Raubkriege erscheinen, die sich überhaupt ausdenken lassen, waren aus einer unbestreitbar religiösen Idee geboren. Es wäre zu bequem für den gesunden Menschenverstand, aus ihnen den gewaltigen religiösen Furor wegleugnen zu wollen, der die Ritterschaft Europas und besonders Frankreichs beseelte. Sie stellen die letzte Gelegenheit dar, für Jesus Christus etwas mit dem Schwerte zu tun; den streitbaren Christen, die in den Straßen der eroberten Städte des Heiligen Landes bis zum Knöchel im Blute wateten, muß alles in allem der gute Glaube zugebilligt werden. Sie erfüllten tatsächlich eine christliche Mission, so unglaublich es auch klingen mag. Johanna, die für den König des Himmels zu streiten glaubte, stritt für Frankreich, ausschließlich für Frankreich. Daß ein guter Teil ihrer Aktion doch wieder der Christenheit zugute kam, ist eine mittelbare Wirkung und beweist nur, daß Frankreich in großen Abschnitten seiner Geschichte wirklich der Hort der Christenheit war und tatsächlich die milde Flamme der menschlichen Gesinnung hütete. Das verkennen hieße Europa seiner schönsten Blüten an Kunst, Frömmigkeit, Sitte und Bildung berauben. Frankreich war jahrhundertelang die reichste und geschlossenste Kulturgemeinschaft, die seit dem Falle Roms auf dem irdischen Boden geblüht hat, und ist es wahrscheinlich heute noch. Ein christlicher Staat, der das Erbe der Antike in sich vereinigte, ohne dadurch der Selbständigkeit seiner Form zu schaden, der vom Papste fast unabhängig zu bleiben verstand, ohne an christlicher Inbrunst, an Gebetskraft, an frommem Legendenfeuer, an Wundern und Heiligen einzubüßen, ein Staat endlich, der die nationale Einigung um einige Jahrhunderte früher erlangte als die meisten anderen Nationen der Erde, mußte einen Vorsprung gewinnen, den niemand einzuholen vermochte.

Aber der Aufbau ist ein Ding, die Bewahrung ein anderes. So hinreißend Frankreich in den Epochen seiner großen nationalen Energie, eben in den Abschnitten seines Aufbaus, seiner vorwärtsstürmenden schöpferischen Initiative ist, ebenso lähmend und störend wirkt sein Geist und Beispiel in den Perioden der Bewahrung, der bloßen Verteidigung des Errungenen, mit einem Wort, in den statischen Läuften seines nationalen Lebens. Es ist aber eine Tatsache, daß diese Läufte immer länger werden, daß die Abstände zwischen den einzelnen produktiven Zeitpunkten sich immer weiter ausdehnen und daß wir Zeitgenossen der französischen Gegenwart uns damit zufrieden geben müssen, der Konsolidierung, Einrichtung, Verteidigung, Rechtfertigung dessen beizuwohnen, was sich in diesem einzigartigen Volke angesammelt hat. Frankreich lebt heute in einem Zustande der Motivierung. Es erläutert sich, es stellt sich dar, es erklärt sich, es bewundert sich, es betrachtet sich, ja, es bezweifelt sich. Es konfrontiert sich, seinen unermeßlichen kulturellen Reichtum überblickend, seine unerschöpflichen geschichtlichen Kräfte prüfend, mit der Gegenwart, es sieht die Sturmflut einer neuen Welt ringsum steigen, und anstatt Welle im Meere zu werden, entschließt es sich, lieber eine Arche zu sein, Fenster und Türen zu verrammeln, um dann auf dem Felsen der Ewigkeit aufs Trockene zu geraten. Die Kreuzfahrernation, der alle heiligen Länder der Welt versperrt sind, hat heute alle Hände voll damit zu tun, den Satz „Gesta Dei per

Francos", mit dem ein Mönch aus Nogent seine Geschichte des ersten Kreuzzuges betitelte, zu erläutern, zu beweisen, in alle Verästelungen des täglichen Lebens zu lenken, in die Phraseologie des offiziellen Patriotismus und der Politik zu pumpen und schließlich seine völlige Vermischung mit dem Begriff der Zivilisation herbeizuführen, von dem man dann schließlich nicht mehr genau zu sagen vermag, ob er von Frankreich geschaffen wurde oder ob er von Gott geschaffen wurde, um Frankreich Gelegenheit zu geben, sich zu offenbaren.

Jede Antwort auf die Frage, wie wir uns zum französischen Geist stellen, setzt immer die Befriedigung der Frage voraus, wie dieser Geist sich zu uns, das heißt zur Umwelt stellt. Denn unsere Beziehungen zu Frankreich müssen mehr als einmal notwendigerweise den Charakter purer Notwehr annehmen. Eine Nation, die sich – um im Begriffskreis der obigen Betrachtungen zu bleiben – dauernd zwischen Gott und mich stellt, muß mich entweder in die Knie zwingen und mir so ihr Recht zu einem solchen Dazwischentreten dartun, oder sie muß mir im Wege sein, ja, ich muß sie als feindlich empfinden. In diesem Punkte bin ich noch protestantischer als Johanna, mich stört nicht nur das Hindernis, das die streitende Kirche bildet, sondern noch mehr die unerbetene Vermittlung irgendeines auserwählten Volkes. Der Kampf der Ideen mag eine gute Sache sein und dem entwickelten Zustande unserer Gehirne wohl entsprechen, aber dieser Kampf vermag einen freien Geist doch wohl nur anzuziehen, wenn es sich um ein Turnier und nicht um ein Gemetzel handelt. Denkt man Johannas Nationalismus bis zu Ende durch, so muß man ihr entweder recht geben oder an Gottes Vollkommenheit zweifeln. Denn ähnlich wie der dänische Priester Grundtvig ein dänisches Nationalgefühl dadurch zu schaffen suchte, daß er lehrte, Gott könne Dänemark nicht entbehren, denn er brauche das Land und seine Geschichte, um sich selbst, seine Herrlichkeit und den Sinn seines Waltens zu offenbaren, so rief ein französischer Kirchenfürst während des Krieges: „Gott bedurfte Frankreichs!“ In diesem hybriden Ausspruch dürfen wir die zugespitzteste Formulierung sehen, die sich für den „mystischen Nationalismus“ finden läßt. Diese Formel begnügt sich nicht damit, alle sterblichen Wesen, die nicht Franzosen sind, vom wahren Heile rettungslos auszuschließen, sondern läßt Gott selbst erst dann Gott sein, wenn er mit Frankreich in Berührung gekommen ist. Im höllischen Scheine einer solchen Auffassung geht die tiefe Frömmigkeit, die den zitierten Kirchenfürsten zweifellos beseelt, in luziferischen Aufruhr über, und das alles nur, weil der geistliche Herr – es ist der Bischof von Versailles – einen zündenden Beitrag zur Politik des Durchhaltens während des Krieges liefern wollte.

Die heilige Johanna verlor in keinem Augenblick ihres politischen Wirkens das aufrichtige Bewußtsein, im Sinne Gottes und des Evangeliums und damit, wie Georges Goyau sagt, nach dem alten Recht der res publica christiana zu handeln. Ihre Landsleute sind nicht müde geworden, ihr Wirken für Frankreich mit dem für die Christenheit gleichzusetzen. Sie gehorchen damit dem elementaren Gesetz, das ihrer Selbstdarstellung oder der von ihnen geübten Motivierung und Ausdeutung des französischen Geistes zugrunde liegt: jede große französische Tat, Idee und Gestalt ist zugleich eine der ganzen Menschheit. Oder um es umgekehrt auszudrücken: jeder große Wert, den die Menschheit hervorbringt, muß ein französischer Wert sein oder werden – anderenfalls ist er eben kein Wert, sondern ein Irrtum, eine Ketzerei oder gar ein Betrug. Napoleon hat diese Tatsache ins Politische gerückt und mit einer geradezu niederschmetternden Wucht folgendermaßen ausgedrückt: „Die wahre Macht der französischen Republik muß künftig darin bestehen, keine einzige neue Idee aufkommen zu lassen, die ihr nicht gehört." Gewiß sprach er aus seiner Epoche; und als Liquidator der großen Revolution, die entweder in ihren Wirkungen universell werden oder widerlegt werden mußte, blieb ihm nichts anderes übrig, als so zu sprechen. Aber das Wort Napoleons erhellt wie ein Blitz die verzweifelten Schwierigkeiten einer leidenschaftslosen Stellungnahme zu Frankreich. Denn eine solche kann ja gar nicht in voller Freiheit erfolgen. Entweder ich unterwerfe mich dem Zwang, jede große Idee als eine französische anzuerkennen und nehme mit meinem Volke den zweiten Platz ein, oder ich bestreite die Richtigkeit dieses Glaubens und befinde mich damit ohne weiteres im geistigen Kriegszustand mit Frankreich. Die verhängnisvolle Klarheit der französischen Ideologie führt immer zu einer Hierarchie der Nationen. Aber gerade der Gedanke der Rangordnung ist an allem Unglück schuld und ein mächtiges Hindernis für die Humanisierung der internationalen Beziehungen. Nicht als ob der Franzose einen praktischen Imperialismus des Geistes betriebe! Er denkt nicht daran zu predigen. Er hat es seit langem aufgegeben, einem fremden Volke seine Ideologie aufdrängen zu wollen. Aber er vertraut der selbständigen Kraft dieser Ideologie, er weiß, daß sie zur Stellungnahme zwingt und entweder Anerkennung oder Widerstand heischt. Wie gewaltig ist diese Kraft! Sie ist imstande, die ganze Welt zu gliedern und eine Entscheidung über die Zukunft der Menschheit zu erzwingen.

DIE GALLIKANERIN

Wie schwer ist es doch, sich von der Gestalt der Jungfrau zu trennen! Ist ihre Erscheinung, deren irdische Elemente so glücklich mit den himmlischen gemischt sind, nicht der Inbegriff Frankreichs, seiner Geschichte, seiner Sendung? Muß nicht jede Auseinandersetzung mit diesem Lande um sie kreisen, so wie die Taube um das Heiligtum kreist? Der Papst Benedikt XV. hat sie am 16. Mai 1920 heilig gesprochen und damit ihr Verhältnis zur Kirche endgültig geklärt. Dies Verhältnis war keineswegs so eindeutig, wie die Heiligenlegende dies dartun möchte. Johanna war eine fromme Tochter der Kirche, aber sie war zuerst Französin. Bernard Shaw hat aus ihr die erste Protestantin machen wollen und ihre Beziehungen zu Gott als die bewußte Ausschaltung der Kirche gedeutet. War sie ein Wesen, das sich stark und erleuchtet genug fühlte, um auf die Vermittlung der Kirche zu verzichten, hat sie die ecclesia militans als Instanz auf dem Wege zum Allerhöchsten abgelehnt? Der Prozeß vor dem geistlichen Gericht von Rouen gibt darüber Auskunft. Auf die Frage des Bischofs von Beauvais, ob sie sich nicht den Kardinälen, Bischöfen und anderen Prälaten der Kirche unterworfen glaube, gab sie die Antwort:

„Oui, je m'y crois soumise! mais Dieu premier servi!"

Der weitaus größte Teil des Verhörs ist ein harter Kampf darum, ob sie sich der Disziplin der Kirche fügen oder an ihren angeblich göttlichen Eingebungen festhalten will. Johanna verteidigt sich wundervoll, sie sieht die Schlingen wohl, die Cauchon ihr stellt, und widersetzt sich immer wieder der Unterscheidung zwischen Gott und der Kirche:

„M'est avis que Notre Seigneur et l'Eglise, c'est tout un, pourquoi en faites-vous difficulté?"

Ihr Dialog mit den geistlichen Richtern wächst sich zu einem in alle Ewigkeit nachhallenden Zwiegespräch über das Recht der Seele aus, sozusagen auf eigene Faust fromm zu sein und Offenbarungen des Himmels entgegenzunehmen, ohne daß eine fremde Instanz dieses Hin- und Herfluten zwischen Gott und Mensch kontrolliert. In der Tat, die Kirche kämpfte diesem neunzehnjährigen Mädchen gegenüber um ihren Sinn. Was sollte aus dem Statthalter Gottes auf Erden und seinen Beamten werden, wenn ein Menschenkind sich anheischig machte, den Willen Gottes in unmittelbarem Verkehr mit den Himmlischen zu ergründen? Pierre Cauchon mußte sie verurteilen, oder er sprach sich und seinen Standesgenossen das Todesurteil. Ja, es war nicht nur der Trieb, seiner Macht den inneren Sinn zu bewahren, der ihn Johanna dem Tode überantworten ließ, es war ebenso die geradlinige Auffassung vom Dogma Unam Sanctam. Er konnte nicht anders. Johanna gehörte nicht zu denjenigen armen Sündern, deren Aussagen man vertuschen und verschwinden lassen konnte. Ihr Prozeß war ein theologischer Fall von internationaler Bedeutung, zu dem die Universität von Paris die Gutachten geliefert hatte. Die Kirche log, als sie Johanna der Hexerei bezichtigte, aber sie sprach die nackte Wahrheit, als sie sie der Ketzerei schuldig erklärte. Daran kann weder die Rehabilitierung von 1456 noch die Heiligsprechung von 1920 etwas ändern. Cauchon hatte ihr während des Prozesses unaufhörlich Gelegenheit geboten, einzuräumen, daß ihre Stimmen Blendwerk, Irrtum gewesen seien. Aber Johanna, diese Riesin an Glauben und Kraft, rief noch auf dem Scheiterhaufen, als der Rauch sie schon zu ersticken begann:

„Meine Stimmen sind wohl von Gott... alles, was ich tat, tat ich auf Gottes Geheiß... meine Stimmen haben mich nicht getäuscht!“

Mit anderen Worten, sie protestierte bis zum letzten Augenblick und starb für das Recht der Geschöpfe, sich in das Herz des Schöpfers zu ergießen, ohne den Bischof von Beauvais um Erlaubnis zu fragen. Die Kirche hat diese Märtyrin nicht aus dem Auge zu verlieren gewagt und ihre Unzufriedenheit mit der unentrinnbaren Fragestellung Cauchons nie verborgen. Hätte Johanna am Konzil zu Worms teilgenommen, so hätte sie sich kaum auf die Seite Luthers geschlagen, denn sie war vor allem Französin. Sie brauchte die Kirche. Sie bedurfte des Gedankens von der Statthalterschaft Gottes auf Erden. Aber sie hätte sich wahrscheinlich, wäre die Zeit ihr günstig gewesen, darum bemüht, dem König von Frankreich diesen Posten zu verschaffen.

Aus der Perspektive fünf verflossener Jahrhunderte betrachtet, ist diese Möglichkeit eine viel größere Bedrohung der römischen Kirche als Johannas Privatchristentum, von dem die Heiligengeschichte voll ist, wie denn Shaw ganz mit Recht auf den heiligen Franziskus hinweist, der unter Umständen hätte Gefahr laufen können, ebenfalls auf dem Scheiterhaufen zu enden. Johanna kennt außer Gott nur den König, den sie selber gemacht hat. Sie setzt den Versuch der weltlichen Macht in Frankreich, die Kirche zu nationalisieren, mit großer Energie fort, ja, sie treibt ihn auf die Spitze, indem sie aus der Errettung der französischen Krone ein göttliches Werk macht und den Patriotismus zur christlichen Tugend erhebt. Der Kern ihrer Mission war die Salbung des Dauphins, jene Salbung, von der Renan sagt: „Frankreich hatte ein achtes Sakrament geschaffen, ein Sakrament, das nur in Reims zelebriert wurde, das Sakrament des Königtums.“ Und fügt Renan nicht hinzu, daß Johanna, die „nach dem Buchstaben der Religion von Reims“ gelebt habe, den König nicht vom heiligen Michael und der heiligen Katharina unterschieden habe? Nun wohl,

Johanna war eben Gallikanerin und führte den ewigen Aufruhr der französischen Christenheit gegen den Papst von Rom weiter. Der mystische Nationalismus, den sie in eine klare, weithin sichtbare Form brachte, ist mit dem ewigen Anspruch Frankreichs, unmittelbar vor Gottes Thron zu stehen, ohne vom Papst an seine Stufen geführt zu werden, untrennbar verbunden. Erfand nicht Philipp der Schöne, der dem Papsttum seinen Fuß auf den Nacken setzte, eine Ideologie, die von Johanna hätte stammen können und die der hybriden These, daß Gott Frankreich nicht entbehren könne, auf ein Haar ähnelte? Aus dem Aufbau des französischen Geistes ist dieser religiöse Nationalismus, der zur Beanspruchung des Vorranges vor allen anderen Völkern geführt hat, überhaupt nicht wegzudenken. Das Frankreich von heute ist in seinem Schwanken zwischen diesem Anspruch und der Notwendigkeit, sich in der modernen Weltordnung zurechtzufinden, ohne das achte Sakrament überhaupt nicht zu verstehen. Der Baum Frankreichs müßte abgehauen und ins Feuer geworfen werden, wenn sein hartnäckiges Festhalten an der Hierarchie der Völker nicht jenen religiösen, mit jahrtausendealter Frömmigkeit genährten Ursprung hätte. Die Könige galten zugleich als Thaumaturgen, die Salbung gab ihnen die Kraft, wundertätige Heilungen vorzunehmen, und die Restauration griff in ihrem verblendeten Willen, die Weltgeschichte um Jahrhunderte zurückzuwerfen, auf das göttliche Amt des Königs mit einer solchen Konsequenz zurück, daß der Brauch, die Könige durch Handauflegung Heilungen vornehmen zu lassen, noch bei der Krönung Karls X. im Jahre 1825 wieder hervorgeholt wurde.

Man weiß, wie zaghaft die Versuche Roms gewesen sind, Frankreich von Zeit zu Zeit daran zu erinnern, daß der Fels Petri ausschließlich am Tiber stehe. Der Vatikan hat viel Kunst darauf verwandt, offene Auseinandersetzungen mit dem französischen Klerus soweit nur irgendmöglich zu vermeiden. Um den beschämenden Beweis, daß die Kirche eine universale Einrichtung sei, nicht führen zu müssen, ist er mehr als einmal der Kontroverse ausgewichen und hat das französische Episkopat dadurch nur in seiner nationalistischen Haltung bestärkt. Daß dieser Nationalismus auch eine politische Gefahr sei, der sich der Klerus nicht ausliefern dürfe, ist denn auch erst verhältnismäßig spät von Rom aus geltend gemacht worden. Denn die Gefahr lag von Anfang an tiefer: Frankreich wollte in seiner Eigenschaft als allerchristlichstes Volk nicht nur über alle anderen Völker triumphieren, sondern auch über das Papsttum selbst. Um dem Konflikt die äußerste Zuspitzung zu geben, müßte man sagen, daß Frankreich von jeher darauf bestanden hat, seinen eigenen Gott zu haben oder andere Völker an ihm nur unter der Bedingung teilnehmen zu lassen, daß diese ihn als einen französischen anerkennten. Es handelte sich also zunächst um einen vertikalen Nationalismus, der in die göttliche Ordnung selbst eingriff, um sich dann später in einen horizontalen zu verwandeln, der die irdische Ordnung, die weltliche Macht anging. Frankreich brachte das Wunder fertig, den Katholizismus national zu machen, die Weltreligion zu einer französischen umzubauen. Gibt es einen stärkeren Beweis für die unerhörte Kraft, die diesem Staate schon seit dem heiligen Ludwig innewohnte und doch der römischen Form des Christentums nicht ein Steinchen raubte? Der Papst blieb, was er war, niemand außerhalb Frankreichs hörte auf, dem Evangelium auf seine eigene Weise anzuhängen, ja, vielleicht haben im Bereiche des Glaubens beide Teile daran gewonnen.

KATHOLISCHE FORM

Das von der heiligen Johanna zum ersten Selbstbewußtsein erweckte Frankreich ist immer ein katholisches Land gewesen und ist es auch heute noch, wenn man den Katholizismus – was vielleicht nicht mehr ganz berechtigt ist – auch als eine Lebensform auffaßt. Diese Behauptung mag kühn klingen angesichts eines Landes, dessen politisches Leben von einem einzigartig radikalen Antiklerikalismus durchdrungen ist, das die Trennung von Staat und Kirche mit einem beispiellosen Nachdruck vollzogen hat und dessen von Leben und Aktivität erfüllte Staatsform sich mit einem nie ermüdenden Enthusiasmus von der Großen Revolution nährt. Und doch ist es so, immer vorausgesetzt, daß man den Katholizismus nicht nur als Glaubensform, sondern auch als Kollektivform gelten läßt. Das entscheidende Moment besteht darin, daß Frankreich sich nach wie vor als ein Gottesstaat empfindet. Wem dies zu theologisch klingt, wem es nicht genügt, wenn ich sage, daß ich das Wort „Gott" hier immer nur als eine Art von Chiffre oder Abkürzung brauche, der mag sich unter einem solchen Staat ein Gebilde vorstellen, das vom höchsten geistigen Prinzip geschaffen worden ist, von diesem zusammengehalten wird und sich als dessen einzigen Hüter und Wahrer empfindet. Wir haben gesehen, daß die heilige Johanna ganz aus der Begriffswelt ihres Landes und dessen Geschichte schöpfte, wenn sie vom „heiligen Königreich Frankreich" sprach. Man kann sich stolz als einen Ungläubigen bezeichnen und doch von katholischer Form geprägt sein, – vorausgesetzt, daß man Franzose ist. Auch für den heutigen Republikaner ist nicht Napoleon, der Sohn der Revolution, geschweige denn Robespierre, das Maß seiner Nation, sondern Ludwig XIV., der König Sonne, der Erfüller Frankreichs, der

Vollender der Gegenreformation, unter dessen Strahlung Bossuet die vier gallikanischen Artikel formte. Freilich beginnt gerade mit diesem König die französische Heilsidee ihre Form zu wechseln, sie wird politisch und zivilisatorisch, um dann in der Revolution völlig die Gestalt der humanitären Mission anzunehmen, die nicht nur der Jüngling Lazare Hoche, sondern auch der Jüngling Buonaparte auf die Trikolore schrieb.

Gewiß kann man nicht abstreiten, daß die im Jahre 1789 beginnenden Ereignisse den repräsentativsten Einschnitt, die erhabenste Zäsur der modernen Geschichte darstellen. Aber es wäre falsch, daraus folgern zu wollen, daß sie die französische Kontinuität durchbrochen hätten. Frankreichs Nationalidee, wie die Gesetzgebende Versammlung, wie der Konvent sie hämmerte, gab die katholische Form preis, da sie den Anspruch erhob, die ganze Welt zu umfassen. Aber indem sie international werden wollte, wurde sie doppelt national: seitdem Danton zu den Waffen rief, mußte die Welt den Anspruch Frankreichs dulden, daß es der Inbegriff der Zivilisation und ihr legitimer Vorkämpfer sei; – dieselbe Welt, die durch die Revolution das größte Geschenk erhielt, das jemals ein Volk der Menschheit gemacht hat: die bürgerliche Humanität. Der Missionsgedanke, die Auffassung vom auserwählten Volke, ist durch die Revolution nur verstärkt worden. Johanna schuf das Nationalgefühl als Idee, Ludwig gab ihm den Stil, Danton aber machte es zur Bürgerpflicht, er popularisierte es, er brachte es in die Umgangssprache, kurz, er machte es zum Gemeingut des Volkes. Napoleon kompromittierte es, indem er es zum Losungswort von Angriffskriegen machte, aber umgab es auch mit den zärtlichen und rauschenden Farben des Opfers, der Siege und verlieh ihm jenen Adlerflug, der das Angesicht der Menschheit zwang, sich himmelwärts zu wenden.

Die beiden repräsentativen modernen Geschichtsauffassungen von der Revolution (Bainville auf der einen, Aulard auf der anderen Seite) sind bei aller Gegensätzlichkeit doch nur um einen kleinen Schritt voneinander getrennt. Frankreich hat zwar die Kirche preisgegeben, aber nicht sich selbst. Dies Land war immer katholischer als der Papst, der nur die Seelen vereinigen und zusammenschließen will, während Frankreich erst um die religiöse, dann um die zivilisatorische Idee ein Volk zu bilden vermochte. Wo der Papst Herrschaft über das Gewissen anstrebte, da forderte der französische Nationalgeist Herrschaft über den Willen, die Lebensform. Der Unterschied zwischen der religiösen und der zivilisatorischen Idee hat in diesem Zusammenhang doch nur polemische Bedeutung. Es ist ja klar, daß die Nation am Ausgang des 18. Jahrhunderts darauf verzichten mußte, sich auf Gott zu berufen. Solange dies noch möglich war, bestand sie darauf, den katholischen Glauben nur in den ihr zugänglichen Kategorien gelten zu lassen. Der Katholizismus mußte, ich wiederhole es, ein Lebensprinzip, ein gesellschaftlicher und politischer, ja staatlicher Begriff sein, um von Frankreich als der wahre Katholizismus anerkannt zu werden. Im Lichte dieser Auffassung ist es auch heute noch katholisch. Es hat dem Papst den Glauben, die Sittenlehre zurückgegeben und hat das Gestalthafte daran, die gemeinschaftbildende Kraft, kurz alles, was als das lateinische Erbe angesehen werden kann, für sich behalten. Frankreich sollte und soll der Nachfolger Roms sein und nicht der Papst. Wäre Pascal Politiker gewesen, so hätte die Geschichte Frankreichs vielleicht eine andere Wendung genommen. Dieser Riese hätte es vielleicht vor die Wahl gestellt, sich der unpolitischen Form des Katholizismus und somit dem Papst anheim zu geben oder sich zu reformieren. Denn Pascal war so sehr Genie, daß er imstande gewesen wäre, ganz Frankreich zu widerstehen. Ja, er hat es im Grunde getan. Er war vielleicht der einzige französische Geist, dem es nicht genügte, Franzose zu sein. Er war Christ. Das reiche Frankreich hat keinen größeren Geist aufzuweisen, aber auch keinen gefährlicheren.

BLUT UND GEIST

Frankreich ist katholisch insofern, als es auch heute noch keinen Unterschied der Rassen kennt. Man kann Franzose werden, wie man sich taufen läßt. Man tritt in die französische Nation ein wie in eine Glaubensgemeinschaft, die nicht durch das Blut, sondern durch den Geist verbunden ist. Die Schnelligkeit und Vollständigkeit, mit der Frankreich eingewanderte Angehörige fremder Rassen aufsaugt, ist nicht nur durch bevölkerungspolitischen Zwang zu erklären.

Jährlich strömen Hunderttausende von Italienern, Spaniern, Polen, Juden, ja Kabylen ins Land hinein, und zwar nicht nur als Industriearbeiter, wo sie gemäß dem wurzellosen Charakter der städtischen Lohnarbeit erst spät ein Verhältnis zum Gastlande zu gewinnen brauchten, sondern mindestens ebenso stark zur Besiedelung und Auffüllung ländlicher Bezirke. Gewiß machen diese Elemente hie und da Schwierigkeiten, besonders in Paris, wo sie der Polizei dank ihrer Unerfaßbarkeit und vor allem dank ihrer internen Streitigkeiten, die von den Behörden nicht verstanden werden, häufig Zorn einflößen, aber im allgemeinen kann man nicht sagen, daß sie als eine Bedrohung des Volkskernes empfunden werden. Dabei bilden diese Einwanderer besonders im Süden des Landes geschlossene Ansiedlungen, in denen sie die Eigenarten ihres Stammlandes zu pflegen versuchen. Erst seitdem das neue Italien selbst seinen Auswanderern einen starken Trieb zur Gemeinschaft, zur „urbs" einzuflößen verstanden hat, beginnen sich die italienischen Ansiedlungen in Südfrankreich zu Fremdkörpern zu verhärten. Dieser neue und erst seit wenigen Jahren zu beobachtende Umstand fällt aber vorläufig kaum ins Gewicht gegenüber der Kraft, mit der Frankreich die ausländische

Einwanderung aufsaugt und einverleibt. Nicht das Blut ist die Bindung, sondern der Geist. Nicht die Einheit des Fleisches hält die Bürger zusammen, sondern die des Glaubens, des Glaubens an Frankreich. Blut kann man nicht eintauschen, aber den Glauben kann man erwerben.

Wenn der Franzose von seiner Rasse spricht, so meint er damit nicht die blutmäßige Zusammensetzung seines Volkes, sondern die gemeinsame kulturelle Struktur, die ebenso organisch entstanden und gewachsen ist wie ein Leib, also vor allem die antike, die römische Durchdringung seines Volkes. Franzose sein heißt nicht einem Stamme angehören, der durch einheitliche Haarfarbe, Schädelbau und Instinkte ausgezeichnet ist – es heißt eine bestimmte Auffassung vom Geist der Nation haben, es heißt, sich als Erbe, als Verwalter, als Vollender Roms und der lateinischen Welt fühlen. Es ist klar, daß man diese Auffassung gewinnen und eines Tages mit der Sprachwelt, in der man lebt, teilen kann. Tritt dann noch die Liebe zu dem Lande hinzu, die so schnell über jeden kommt, zu diesem Lande, das wahrhaft von Milch und Honig fließt, dessen Landschaft die architektonischste, dessen Architektur die landschaftlichste, dessen Natur die menschlichste, dessen Menschen die natürlichsten der Welt sind – ja, dann wird in einer Generation aus einem Ostjuden ein „Vollblut"-Franzose. Nur in Frankreich ist es möglich, daß ein Rumäne, ein Amerikaner, ein Russe ein hervorragender und repräsentativer Autor französischer Sprache oder vielmehr ein französischer Autor wird. Während es in Deutschland an der Tagesordnung ist, politische Gegner als Juden zu diskreditieren, würde es in Frankreich nicht den mindesten Eindruck machen, wenn man einem Mitbürger in polemischer Absicht seine fremde Abstammung vorwerfen wollte. Der Dreyfus-Prozeß mit seinen geradezu ungeheuerlichen Erschütterungen des öffentlichen

Lebens hatte zwar als Ausgangspunkt eine einzelne antisemitische Aktion (Drumonts Schrift „La France juive"), wuchs sich aber sehr schnell und endgültig zu einem Endkampf zwischen der Republik und ihren Gegnern aus. Der Sieg der Dreyfusarden bestand nicht etwa in der Gleichberechtigung der Juden, die niemals bedroht gewesen war, sondern im Triumph der Dritten Republik über ihre Gegner in Klerus und Armee. Es war ein Kampf um die Form des Franzosentums mit einem antisemitischen Anstoß. In Deutschland ist es genau umgekehrt. Was in Frankreich aus der Überfülle des nationalen Empfindens geschah, das vollzieht sich bei uns aus Mangel, aus Armut. Während dort das geistige Band zu springen drohte, ist es hier überhaupt nicht vorhanden. Dort schwankte der feste Bau, hier brodelt das Chaos. Frankreich wäre verloren gewesen, wenn seine nationale Idee versagt hätte und der Antisemitismus eine Bewegung geworden wäre, Deutschland wird gerettet sein, wenn es keinen Antisemitismus haben wird, denn erst dann – zeitlich, nicht kausal – wird die Morgenröte der Nation sichtbar werden.

Da die französische Nation sich durch den Geist, nicht durch das Blut zusammengehalten fühlt, hat sie auch den instinktmäßigen Widerstand gegen farbige Rassen niemals in sich entwickeln können. Farbige sind in Frankreich, vor allem in Paris, so gründlich mit der Bevölkerung zusammengerührt, daß sie überhaupt nicht mehr als exotische Elemente empfunden werden. Dementsprechend hat das Land trotz seiner intimen und realen Berührung mit Afrika und dem Orient keine entscheidenden kulturellen Impulse aus diesen fremden Sphären empfangen. Weder asiatisches Denken noch afrikanische Bewegung in Ton, Geste und Bild hat je einen wirklich formenden Einfluß auf das französische Leben auszuüben vermocht. Dagegen gibt es heute zahlreiche Neger, Araber, Indochinesen und Chinesen, die echte Franzosen sind und sich für die Zivilisationsidee verantwortlich fühlen. Frankreich hat mehr als einen Ideologen, der den Deutschen oder Russen als Barbaren empfindet, weil dieser sich der französischen Idee widersetzt und ihn unter einen assimilierten Farbigen stellt, der sich diese Idee zu eigen gemacht hat. Man muß die fassungslose Heiterkeit amerikanischer Journalisten in der Kammer beobachtet haben, wenn ein schwarzer Abgeordneter vom Senegal das französische Volk zu Einigkeit aufrief oder sich in die Debatten über Elsaß-Lothringen mit Vorwürfen gegen die bockbeinigen Heimatbündler einmischte. In der Tat, niemals kann ein Amerikaner begreifen, daß ein solcher Vorgang eine tiefe Logik in sich birgt, die übrigens den politisch wie wirtschaftlich gleich großen Vorteil für Frankreich hat, die Kolonien mit einem Bande ganz besonderer Art an das Mutterland zu binden. Sie schützt den Eingeborenen im Urwald nicht vor der Ausbeutung durch seine weißen Herren. Dem Schwarzen, der unter den Aufmunterungen der khakigekleideten Aufseher in den Sümpfen Äquatorialafrikas Baumstämme zum Eisenbahnbau schleppt, mag sie nicht das geringste helfen, aber sie entfernt wenigstens die Ursachen für die Ungerechtigkeiten des Kolonialbetriebes, soweit sie nationalen oder rassenmäßigen Ursprungs sind. Die tiefsten Ursachen kann sie nicht entfernen, da diese dem Kapitalismus und nicht einem einzelnen Lande zur Last fallen.

Die Unempfindlichkeit des Franzosen für Rassengegensätze, seine Geneigtheit, den Menschen ausschließlich nach der kulturellen Zugehörigkeit zu werten, ja seinen Stolz darin zu sehen, daß sein Land imstande ist, die verschiedenartigsten ethnischen Elemente zu einer Form zusammenzufassen, wird stark durch äußere Notwendigkeiten unterstützt, wenn auch nicht, wie wir schon sagten, durch sie erklärt. Militärische und kapitalistische Gesichtspunkte erleichtern ihm seine Grundsätze den Farbigen gegenüber. Er braucht ihre Leiber als Soldaten, er braucht ihre Treue als Ferment seines Kolonialreiches. Ähnlich ist es mit den fremden Einwanderern in Frankreich: er braucht sie, um die sich nicht genügend vermehrende und in die Städte abwandernde Landbevölkerung aufzufüllen – im Departement Lot veröden ganze Kreise –, er braucht sie in den Industriezentren, um sie an Stelle der fehlenden Arbeitslosen als Reservearmee in den Lohnkämpfen zu verwenden, was um so praktischer ist, als der Ausländer immer schlechter organisiert ist als der einheimische Arbeitslose. Frankreich ist ohne Zweifel ein fremdenfeindliches Land, aber diese Feindschaft richtet sich nur gegen denjenigen Ausländer, der sein ganzes Land mitbringt, um es später unbeschadet, ja bereichert wieder auszuführen. Wer sich unterwerfen, sich selbst aufgeben will, der ist willkommen. In Frankreich ist mehr Freude über einen Österreicher, der Buße tut, als über zehn Amerikaner, die der Buße nicht bedürfen. Nichts ist bekanntlich leichter, als den Bußfertigen zu spielen, wenn man nichts zu verlieren hat. Gerade nach dem Kriege ist der Andrang derjenigen besonders groß, die von der geschichtlichen Tatsache profitieren möchten, daß Gott sich wieder einmal für Frankreich entschieden hat. Wie leicht läßt das Land der heiligen Johanna sich täuschen! Wer nur einmal kräftig „Vive la France!“ ruft, verwandelt sich von einem verächtlichen „métèque“ in einen lateinischen Bruder. Daß die Qualität der Brüder auf die Dauer darunter leidet, wird eines Tages der letzte Franzose mit Trauer feststellen.

So tritt der Mensch als das, was er ist, als Träger seines freien Willens, nicht als Opfer seines Blutes, in den Mittelpunkt des Bildes von Frankreich. Ist das katholisch gedacht? Darf man hier noch sagen, daß Frankreich ein katholisches Land geblieben ist? Ich glaube, ja.

Ich glaube sogar, daß Frankreich eine Ahnung von dem vermittelt, was die Kirche hätte werden können, wenn die Reformation nicht nötig geworden wäre, nämlich das Weltreich. Einigung durch das Gewissen, Einigung durch den Willen, Einigung durch die Tatsache des Menschseins – gemeinsames Maß für Gut und Böse, gemeinsames Maß für das Schöne, gemeinsames Maß für das Nützliche. Der Franzose mißtraut grundsätzlich den politischen Machthabern, er kämpft mit List und Lust gegen den Staat oder besser gegen die Regierung. Aber er glaubt blindlings an die Nation, die ihm jedes Opfer auferlegen darf. Er ist als einzelner ein Individualist bis zur Anarchie, aber er ist als Gemeinsamkeit ein einziges schlagendes Herz. Er lehnt den Kollektivismus ab, den die Regierung von ihm fordert – soziale Veranstaltungen stoßen auch heute noch auf die größten Schwierigkeiten –, aber Patriotismus in Form von Aufruhr und Abwehr schließen ihn fest in die Marschkolonne. Er ist der schärfste Gegensatz zum Protestanten: seine Beziehungen zum Leben sind individuell, seine Beziehungen zum Geist sind organisiert.

Maurice Barrès hat diese wahrhaft nationale Formel geprägt: „Ich bin Atheist, aber selbstverständlich bin ich katholisch!" Gibt es eine schärfere Zuspitzung für den Gedanken, daß Frankreich zwar eine treue Tochter der großen Revolution ist, aber darum doch nicht aufhört, seine Lebensform als katholisch zu empfinden! Dieser

Katholizismus, den der Papst geißeln wollte, als er die „Action Française“ verurteilte, ist der Verwalter des römischen Erbes und sein Verwandler. Zum handelnden Menschen, zum Helden, tritt der leidende, der schauende Mensch, der Heilige, und vereinigt sich mit ihm zum vernünftigen Menschen, zum Träger des Maßes. Die mystische Kraft, die auch eine tragische ist, durchdringt sich mit der schöpferischen Kraft, die auch eine zerstörende ist. Die eine löst die andere auf und läßt eine dritte entstehen, die der Freiheit, die den Menschen sprechen läßt: „Was tue ich auf dieser Welt? Ich lebe!“

Frankreich hält das Gleichgewicht der Sinne aufrecht, das die Kirche zerstören wollte, es reiht die Genüsse in die Hierarchie der Tugenden ein, deren Wesen Maß und Ordnung ist. Es nimmt den Leidenschaften das zerstörende Feuer und bewahrt das leuchtende. Es nimmt dem Witz, diesem Protest gegen die Kausalität und die leibliche Gebundenheit, die Grimasse und bewahrt sein Lächeln. Es entkleidet die Arbeit des Zwanges und läßt sie nur als Vorstufe für friedliche Schau bestehen, es entthront die Pflicht und heiligt die Vernunft, es ersetzt das Schicksal durch Freiheit, die göttliche Gnade durch Menschenrecht.

Es ist das Land des guten Gewissens. Nicht Pascal ist sein Herold, sondern Johanna, das Bauernmädchen aus Domrémy.

Nein, Frankreich, deine Stimmen haben dich nicht getäuscht! Noch nicht.

II.

DIE ZIVILISATION

FREIHEIT

Man kann des Rätsels Frankreich nicht müde werden, obwohl wir bei jeder Wanderung durch die Landschaften des Geistes immer wieder auf dieses Volk stoßen. Manchmal bildet es ein Hindernis, manchmal eine erquickende Station. Aber es ist immer da, es macht sich bemerkbar, es stellt seine Forderungen, es erteilt uns gute Ratschläge oder verdrießt uns mit seinen Urteilssprüchen und bricht in lautes Klagen aus, wenn wir uns weigern, die einen oder die anderen entgegenzunehmen. Obgleich es nie einen Schritt tut, um im Guten oder im Bösen auf uns zuzukommen, so wirkt es doch mehr als einmal aufdringlich, ja beunruhigend – so stark ist seine Ausstrahlung, so fühlbar sein bloßes Vorhandensein. Noch ist Tag, vielleicht ist schon Dämmerung, aber der helle Schein der französischen Nationalidee dringt durch die vielen Fenster des Hauses Europa, er erfreut uns zunächst durch seine eindeutige Kraft, macht uns dann blinzeln und raubt uns schließlich die wohlverdiente Ruhe, so daß wir leicht und ohne böse Absicht dazu gelangen, das eine oder andere Fenster sanft, aber energisch zu schließen. Das führt zu Beschwerden, Erklärungen und allgemein gereizter Stimmung. Aber man darf darum doch nicht aufhören, eine Deutung dieser klarsten Nation der Welt zu versuchen. Denn wenn wir uns eines Tages entschlössen, Frankreich beiseite zu lassen, was politisch wohl möglich wäre, so würde dies einzigartige Land für immer eine Insel werden oder eine Indianerreservation für Menschlichkeit oder ein Naturschutzpark für heiligste Güter. Frankreich selbst wäre am wenigsten damit gedient, wenn es für eine Art geschlossenes Paradies erklärt würde. Aber auch die übrige Welt würde eine tödliche Einbuße an Lächeln, an Wärme, an innerem Leben erfahren. Noch immer ist Frankreich die Brücke zu inneren Territorien des einfachen Lebensgefühles, der schönen Ruhe, des Maßes und des Genusses. Noch immer ist es eine Volk gewordene Mahnung, daß die Welt des Nutzens, des Fortschrittes tot ist ohne den Geist und

„Daß unsterblicher doch, denn Sorg' und Zürnen, die Freude
Und ein goldener Tag täglich am Ende noch ist."

Die Schwierigkeit Frankreichs, sich in ein modernes Europa einzuordnen, besteht in seiner nationalen Idee. Diese Idee, deren erster Herold die heilige Johanna war, ist für andere Völker gleich problematisch in seiner religiösen Form wie in der neueren Gestalt der Zivilisationsidee. Sie ist prometheisch. In ihrem Licht erscheint die Zivilisation als die Freiheit des Menschen, gegen die Naturgesetze zu handeln ihrem und blinden Walten seinen eigenen Willen entgegenzusetzen. Die Natur schafft die Kräfte, aber der Mensch ordnet sie, gliedert sie, benutzt sie: er unterwirft sie seinen Werten. Die évolution créatrice findet in dieser Anschauung keinen Platz, denn die Entwicklung ist übersehbar, sie erzeugt nichts, was sich nicht im voraus berechnen ließe. Die Vernunft kennt keine Überraschungen oder, deutlicher gesagt, sie bekämpft alles, was sich gegen ihre Norm aufbäumen will. Die Anwendung dieser Norm führt zur Gesittung, die das einzige Ziel des Menschen ist. Da die Norm vernünftig, d. h. richtig ist, gilt sie für alle. Wer sich ihr widersetzt, handelt unvernünftig, d. h. falsch. Für diesen Widerstand kann es keinen anderen Grund geben als Mangel an Freiheit, als sklavische Unterworfenheit unter die Natur, als Roheit (im Sinne von roh gleich ungekocht, unzubereitet), als Barbarei. Seitdem der Mensch das erste Symptom von Gesittung zeigte, folgte er der gleichen Norm, die ihn schließlich auf den Gipfel der Herrschaft geführt hat. Es gehört daher zum Wesen der Norm, daß sie sich ewig bewahrt, daß ihre Geltung nicht durch das Auftauchen anderer Normen verändert oder gar zerstört wird. Ebensowenig ist es möglich, daß ein gesitteter Mensch sich ihr entziehen kann, es sei denn ein Narr oder Verbrecher. Wir finden also am Anfang der französischen Zivilisationsbegriffe neben dem vollkommenen, dem edlen und zur Herrschaft bestellten Menschen die beiden Arten, die an diesem Begriff nicht teilnehmen können oder wollen, den Barbaren, der sich noch nicht freigemacht hat, und den Verbrecher, der seine Freiheit mißbraucht. Die Gesittung ist also ganz bewußt als eine Reihe, als ein Zustand aufgefaßt, der wohl seine Intensität, niemals aber seine Richtung ändern kann. Je umfassender sie ist, um so vollkommener ist sie auch, so daß sie den menschlichen Einzelfall, den schöpferischen Durchbruch, die durchgreifende kosmische Tat des Genius geradezu ausschließt und nur jene Höchstleistung erträgt, die eine Fortsetzung des schon Erreichten bildet.

Niemals wird ein Franzose den Satz Hölderlins „Wenn ich auch zur Pflanze würde, wäre denn der Schade so groß?" schätzen können. Er muß ihm als zerstörerisch, als auflösend, als barbarisch erscheinen, da er in ihm die Preisgabe der menschlichen Freiheit, die Leugnung der zivilisatorischen Vernunft erblickt. Man könnte ebensogut einen Satz von Schelling oder vielleicht auch von Jakob Böhme anführen, um den kulturellen Stolz, ja die leidenschaftlichste Abwehr des Franzosen wachzurufen, der immer da mißtrauisch das Rückgleiten in die rohe Materie wittert, wo das Unendliche sich auftut. Vor dem Unendlichen wird sogar Voltaire dumm, der sagt: „Il vaut mieux sans doute penser à sa santé qu'à l'espace infini." Es ist erstaunlich, daß bisher noch kein französischer Denker den entscheidenden Stoß gegen die Musik als Geistesform unternommen hat. Denn es wäre in der Tat aus der französischen Kulturform heraus möglich, die Musik als Element der menschlichen Bildung zu verdammen, da sie ja die Kontinuität der Norm unterbricht, die „veredelten" Empfindungen ihrer menschlichen Vorzeichen entkleidet, das geformte Lebensgefühl ins Chaos zurückstößt und den Menschen mit jenem All wieder verknüpft, dem eben entronnen zu sein der Stolz des Franzosen ist. Von hier aus fällt ein wenig Licht auf die ärgerliche Tatsache, daß Richard Wagners Werk, welches in Frankreich heftig und als ein fast unerlaubter Exzeß genossen wird, dort als der vollkommenste Ausdruck des deutschen Wesens gilt.

Die Gesittung soll die frei schweifenden Elemente dumpfen Lebens zur Gesellschaft, zum Volk zusammenschließen und weder Ausbrüche in den espace infini vermitteln noch die einmalige und tragisch bedingte Existenz des schöpferischen Menschen, des Genies ermöglichen, die das geformte Leben nur erschüttern und bedrohen. Weder Geschichte noch politische Momente sind ausreichend, um die Ablehnung zu erklären, die Frankreich seinem größten, vielleicht seinem einzigen Genie im kosmischen Sinne, Napoleon, entgegenhält. Das mag auf den ersten Blick erstaunlich erscheinen, da niemand stärker als der General Bonaparte dem Wort „Zivilisation" den Flug eines Adlergeschwaders verlieh. Aber im Angesicht dieser Sternenkurve ist Frankreich unbestechlich: Napoleon gefährdete die Kontinuität der Zivilisation, er stieß mit seinem Schwert gegen die Norm, er warf sein Land für einen Augenblick an den Abgrund des Chaos, der Ewigkeit. Er schmeichelt der französischen Eitelkeit, aber er beleidigt den Ordnungssinn dieser zur Bewahrung und Erhaltung der Menschheitsgüter berufenen Nation.

Wer sich dem Sittengesetz entgegenstellt, der wird verworfen. Niemals könnte es Frankreich einfallen, dieses Gesetz anderen Völkern mit Gewalt aufzwingen zu wollen. Es begnügt sich damit, den als kulturfeindlich zu erklären, der diesem Gesetz nicht folgt, sei er nun Person oder Volk. So wird Frankreich zum Bewerter anderer Nationen, ohne daß ihm der Auftrag dazu erteilt worden wäre (Johanna würde erwidern: „Doch! Von Gott!"). Sich mit Frankreich einlassen heißt entweder sich zu seinem Geiste als dem einzig wahren bekennen oder die Verwerfung, die Versetzung in die zweite Klasse des Menschenstandes hinnehmen. Die Selbstbehauptung des Fremden gilt schon als Aufruhr, ja, sie gilt in dem Maße, wie die französische Zivilisationsidee an innerer Kraft und Aktualität verliert, als Bedrohung und ruft jenen Schrei nach Sicherheit hervor, der keineswegs politischen Ursprungs ist, wenn wir ihn auch in diesem Bereich am häufigsten und durchdringendsten hören müssen.

VERFÜHRERIN GESCHICHTE

Die große Verführerin Geschichte beweist dem Franzosen täglich, daß sein Volk das Monopol für Vernunft und Gesittung mit Recht innehat. Und da es für ihn die Kategorien Vergangenheit, Gegenwart und Zukunft nicht gibt, da er nur die Dauer gelten läßt, so muß dieser Beweis schlagend und lückenlos sein. Seine frühen Könige übernehmen das Erbe Roms und setzen die antike Ordnung fort, die der eigentliche Herd der französischen Zivilisationsidee ist. Jede Weltströmung wird aufgesogen, verarbeitet und zum nationalen Ferment gemacht, auch das Christentum, das auf französischem Boden zu einem Teil der nationalen Idee wird, und zwar auf Kosten der päpstlichen Autorität. Die Kreuzzüge zeigen uns Frankreich an der Spitze der Christenheit. Der Feudalismus beginnt sich aufzulösen und läßt seine Kräfte in das wachsende Fundament des Reiches einströmen. Dann kommt das wunderbare Mädchen Johanna, das dem Einfall der Fremden ein Ende macht, den König zur Salbung führt und aus dem Boden des Landes den Begriff Vaterland ans Licht lockt. Die Bewußtwerdung Frankreichs setzt ein. Die nächste Weltströmung, die Renaissance, wird zwar nicht aufgesogen, aber sie wird doch in ihrem ursprünglichen Bett erhalten, ohne Frankreichs Geschlossenheit zu lockern. Während die Menschheit sich in unruhigem Traum hin- und herwälzt und im dünnen Morgenschlaf von einer neuen Zeit spricht, die da kommen soll, wird sich Frankreich seiner Kontinuität doppelt bewußt. Eine neue Zeit? Es gibt ja nicht einmal eine alte, alles ist Zustand. Der Franzose Calvin wird vom Lebenswillen seines Landes bis nach Genf geschleudert, wo er seine asketische Herrschaft über Seelen und Gesellschaft aufrichtet. Die Blutnebel der Bartholomäusnacht über Paris verteilen sich schnell, und um ein kleines Jahrhundert steht Frankreich auf dem Gipfel der Menschheit. Richelieu reicht dem König die Sonne. Habsburg wird gebändigt, die letzte aufzüngelnde Flamme der Reformation wird ausgetreten, die Stilisierung Frankreichs vollzieht sich. Spielend verwindet der Geist dieses Landes den Stoß, den Pascal ihm versetzt. An Stelle des Gefühls, auserwählt vor Gott zu sein, tritt die Überzeugung, auserwählt vor den Menschen zu sein. Strahlenförmig schießt Europa um Versailles zusammen. Die Revolution ist keine Unterbrechung, keine Katastrophe, sondern nur eine Erschütterung, die neue Formeln hochschleudert wie ein Vulkan das Gestein. Frankreich lernt sich kennen, die Idee des Primats wird populär, sie geht in das allgemeine Denken ein. Die Menschenrechte werden in steinerne Tafeln gegraben. Der letzte Ludwig stirbt ebenso für die Menschheit wie Robespierre. Die Fackel der Revolution strahlt so hell über Europa, daß die kleinsten Winkel erleuchtet werden, in denen sich Aberglaube, Tyrannei und Rückschrittlichkeit zu verbergen suchen. In diesem Augenblick, wo sich die Zivilisationsidee Frankreichs stärker als je kundgibt, wo sein Nationalgefühl sich in einem bisher unvorstellbaren Grade erneuert, erfolgt der erste wirkliche Zusammenstoß mit der Umwelt.

Napoleon bleibt es vorbehalten, Anlaß zur ersten aufwühlenden Konfrontierung zwischen der „grande nation“ und der übrigen Menschheit zu werden. Napoleon, der die Einigung Europas wollte, rief eine Selbstbesinnung, Abgrenzung und Isolation der übrigen Staaten hervor, wie sie bislang unbekannt gewesen war. Der Drang Frankreichs, die Gesittung der ganzen Welt entweder als französisch oder als falsch aufzufassen, rief mit einem Schlage fremde Gesittungen voll Kraft und Selbstbewußtsein hervor. Nicht nur, daß seine Kriegführung den Patriotismus der angegriffenen und geplagten Völker heraufbeschwor, nein, auch eine eigene und positive Kraft entstand, das Nationalgefühl – nur war dies Gefühl nicht mehr eine Fortsetzung des französischen. Es speiste sich aus eigener Quelle und trat sofort in Abwehrstellung. Die Selbstbestimmung der anderen begann, aber in selbständigen Formen. Neue Normen traten auf und wuchsen, durch den Wiener Kongreß nur gestört, aber nicht geschwächt, zur nationalen Geltung auf. Diese neuen Normen waren durch den entscheidenden Unterschied von Frankreich getrennt, daß sie keine universale Bedeutung beanspruchten, ja, ihrem Wesen nach nicht beanspruchen konnten und da, wo sie es taten, zur Entartung führten. Frankreich trat aus seinem Vorrang in die Reihe anderer Nationen, sein Horizont belebte sich mit den Zeichen der Krise, in der es heute lebt. Seine Auseinandersetzung mit Europa, die bis dahin sinnlos gewesen wäre, weil sie keinen Gegenstand hatte, begann nunmehr und hätte wahrscheinlich schon im Laufe des neunzehnten Jahrhunderts zur Klärung, d.h. zum langsamen Ausscheiden Frankreichs oder zur Umgestaltung seiner nationalen Idee geführt, wenn nicht die verschiedenen Umwälzungen und der Krieg von 1870 aufs neue eine Belebung seiner Ideologie hervorgerufen und diese dem politischen Begriffsschatz der III. Republik einverleibt hätten.

Noch einmal trieb der Weltkrieg diese Ideologie zu schwindelnden Gipfeln hinauf. Die blutige Auseinandersetzung mit den Zentralmächten wurde in der französischen Auffassung zum Kreuzzug gegen alles, was der lateinisch-französischen Idee entgegengesetzt war. Johanna rückte gegen Luther ins Feld. Bossuet marschierte gegen Hegel, und aufs neue erklärten die Diener der Kirche, daß Gott Frankreich nicht entbehren könne.

Bis zum heutigen Tag hat Frankreich sich aus seiner Geschichte bewiesen und der Welt dargetan, daß es recht daran tut, das Primat der Zivilisation für sich in Anspruch zu nehmen. Es hat sich dabei auf die Überzeugung gestützt, daß die Geschichte sich nicht ändern kann, daß der Werdegang des Menschengeschlechtes eine unabänderliche und niemals abreißende Folge bildet, daß die Erhaltung des Bestehenden die höchste Aufgabe der Vernunft ist, die jeden schöpferischen Eingriff als Gewaltstreich verdammt. Diese Kontinuität hat ganz Frankreich in ein lebendiges Museum, in einen Jahrmarkt der Vernunft verwandelt, auf dem alle Güter, Dinge und Ideen ausliegen, die das Leben schön, leicht und würdig machen. Der Staub der Jahrhunderte, der sich auf viele dieser Güter gesenkt hat, kann ihre Schönheit nur erhöhen. Ja, ihr Wert wächst mit der Veralterung, denn diese gibt uns das feiertägliche Gefühl der stillen Betrachtung, ohne die unser Dasein eitel „Sorg' und Zürnen" wäre. Aber Frankreich ist mit dieser Betrachtung nicht gedient. Es leidet unter dem Mißverständnis, das diese Kontinuität mit Erstarrung verwechselt. Es leidet noch mehr – und das ist für seine Zukunft entscheidend – unter den schöpferischen Akten anderer Völker, die es als Zerstörungsversuch, als Bedrohung seiner Dauer auffaßt. Wie ist es möglich, so jammert es, daß die übrige Welt über unsere Zivilisationsidee hinweg zur Tagesordnung übergehen will! Die Welt läßt sich nicht mehr durch den Vorwurf einschüchtern, daß sie damit leichtfertig aus dem Kreis der Menschengesittung hinaustrete. „Gewalt", klagt Frankreich. „Sicherheit" fordert Frankreich. Es muß seinen Zivilisationsbegriff opfern, wenn es leben will. Es muß leben wollen. Es darf nicht sterben.

PAN ALS FELDHÜTER

Wen das Tragische anzieht, den verlockt auch die Natur. Empedokles sucht den Untergang und die Natur in einem, er stürzt sich in das Innere der Erde, in den Abgrund des Vulkans. Er war Grieche, nicht Lateiner. Der Franzose wird ebensowenig aus dem Rauschen des Waldes sein Schicksal herauszulesen versuchen, wie er Lust hat, sein Dasein an den Sonnenwagen eines Helden zu ketten. In seinem Verhältnis zur Natur liegt fast alles ausgedrückt, was seine Vernunft ausmacht und seine Abgeschlossenheit. Es ist oft gesagt worden, daß er die Natur nicht liebe, und man hat geglaubt, seinen Wert dadurch herabsetzen zu können, ohne daß man einen Beweis hinzugefügt hätte, laut dem die Verbundenheit mit der Natur zum Wesen des vollkommenen Menschen gehöre. Ein solcher Beweis ist niemals zu führen, denn er setzt das Vorhandensein eines als „richtig" erkannten Menschentypus voraus. Sobald man dagegen jede Volksform gelten läßt, muß man darauf verzichten, die Hingabe an die Natur als ein unbedingtes Zeichen von Gesundheit, Tiefe, Unverfälschtheit und Natürlichkeit zu nehmen. Die Franzosen sind natürlicher als irgendein anderes entwickeltes Volk der Erde, da sie unbeirrbar und mit sicherem Instinkt ihrem eigenen Gesetz folgen und überall da, wo sie sich selbst überlassen sind, nach ihrer Natur handeln. Einheitlich wie die Nation ist auch ihr Leben. Niemals hat sie nach außen gegriffen, um sich zu vervollständigen, niemals hat sie den Versuch unternommen, über sich selbst hinaus zu gelangen, niemals hat sie den Anschluß an das Universale in allen seinen Formen erstrebt.

Roms Stern begann zu sinken, als es anfing, die Bilder aller Götter der Erde in seiner Stadt aufzustellen. Die Welt ist nach französischer Auffassung gerettet, wenn in allen Städten des Erdballs die „Götter" Frankreichs verehrt werden. Selbsterhaltungstrieb ist es ebenso wie das Gefühl der inneren Totalität, was Frankreich veranlaßt, sich allen Strömungen zu verschließen, die außerhalb seines Bereiches entstehen. Die Stille asiatischer Heiligtümer spricht ebensowenig zu ihm, wie die Weltnebel der Edda ihm die Aussicht auf sich selbst versperren können. Die russische Leidenswut ist ihm nicht minder fremd als der Rausch der Verantwortung vor Gott, den Kierkegaard fühlte. Diese Natürlichkeit, die jeden Ausnahmezustand ablehnt, geht durch alle Ränge des Lebens und drückt sich in der tiefsten Schicht des Alltags ebenso klar aus wie in der höchsten, dem Geiste. Weder Alkohol noch Drogen, weder Sektiererei noch Ausschweifung schaffen dem Lande soziale Gefahren. Die Ruhe, ja Spießigkeit des französischen Bürgers, seine Selbstzufriedenheit, seine rechnende Sparsamkeit, seine Abgeschlossenheit bilden eine vollständige Isolation, die sein Dasein wie eine Glaskugel schützt. Diese Kugel durchstößt nicht einmal der Führende, der Künstler, der Denker, der Gelehrte, der Staatsmann. Sie alle setzen den französischen Durchschnittsmenschen ganz bewußt fort, und der Kult, den ein Teil der Führerschicht mit dem „Volk" treibt, ist nicht immer nur eine politisch-doktrinäre Schmeichelei, sondern häufig auch die Überzeugung, daß der Grundriß des „français moyen" alle Möglichkeiten enthalte, auch solche, die nur der große Mann aus sich heraus gestaltet. Es ist bezeichnend, daß der äußerste Exzeß der Vernunft in Frankreich die Rede ist, die den Rausch der Argumente, der Begriffe, der Normen oder im schlimmsten Falle der Worte erzeugt und legitimiert. Der Rausch wird in jedem Bereich, auch in dem des künstlerischen Schaffens, als ein Gegensatz zur Klarheit empfunden und verurteilt. Georges Verse:

„Doch steht euch rausch nicht an – wer den verpöne
war nie geeinigt mit dem höchsten Gott"

würden als ein Lob der Selbstvernichtung verstanden werden, da man sich Gott nur durch die Erkenntnis nähern könne, niemals durch „Außersichsein", das einer Aufhebung des Gesetzes gleichkomme.

Der Franzose folgt seinem Freiheitsbegriff, darum erscheint ihm gerade der Mensch als der Inbegriff der Gesetzlichkeit. Wenn sein Dasein anderen Befehlen folgte als denen seiner Persönlichkeit, wenn er sich von Kräften abhängig fühlen müßte, die außer ihm liegen, so würde sich tiefste Lebensangst seiner bemächtigen. Aber er will von dieser bangen Empfindung, die das Schicksal und seine unbekannten Helfer uns auferlegen, frei sein. Seine ruhige Heiterkeit stammt aus der Gewißheit, daß er in jene niemals abreißende, überschaubare Lebenskette eingereiht ist, deren Anfang und Ende die Menschheit selbst in ihren beiden Händen hält. Sein Lebensgefühl ist das Gegenteil von Goethes Strophe:

„Seele des Menschen,
Wie gleichst du dem Wasser!
Schicksal des Menschen,
Wie gleichst du dem Wind!"

Und niemals zieht es ihn zu dem Abgrund, der sich in Hölderlins „Schicksalslied" auftut:

„Es schwinden, es fallen
Die leidenden Menschen
Blindlings von einer
Stunde zur andern,
Wie Wasser von Klippe
Zu Klippe geworfen,
Jahrlang ins Ungewisse hinab."

Nein, den französischen Geist ergreift Schwindel bei dem Gedanken, daß das menschliche Dasein etwas anderes sein könnte als die Entfaltung der Freiheit, die jedem sterblichen Wesen von seiner Geburt an innewohnt. Das Kind wird nach den Idealen des Erwachsenen geformt, seine Erziehung ist eine moralische und intellektuelle und keine „natürliche" in unserem Sinne. Man verzichtet darauf, seinen Spieltrieb zu benutzen, und zieht es vor, ihm eine Empfindung für die Zugehörigkeit zur menschlichen, das heißt französischen Gesellschaft beizubringen. Schon früh prägt man ihm die Pflichten ein, die mit dieser Zugehörigkeit verbunden sind, aber auch die Rechte. Was uns als Drill zum Patriotismus erscheint, wird in Wirklichkeit als ein dauerndes Hinlenken auf die Gemeinschaft, als eine Vorbereitung auf das verantwortliche Zusammenleben im Kreise der Mitmenschen empfunden. Dem moralischen Gesetz in uns entspricht dort nicht etwa der gestirnte Himmel über uns, sondern das Vaterland, das in diesem Zusammenhang den unschätzbaren Vorzug hat, sich mit dem zu decken, was der Franzose unter Menschheit versteht. Nicht die Natur ist die Quelle, aus der das Kind schöpfen soll, sondern die Vernunft. Die mißverstandene Art, wie der langsam eindringende Arbeits- und Anschauungsunterricht gehandhabt wird, ist ein sprechender Beweis dafür. Der Zivilisationsgedanke rumort im französischen Schulunterricht stärker als in irgendeiner anderen öffentlichen Einrichtung und gibt ihrem gelehrten humanistischen Charakter auch heute noch das erdrückende Übergewicht über alle Reformbestrebungen, die vom Ausland hereindringen.

Wer dem Franzosen mangelndes Naturgefühl nachsagt und ihm gar daraus einen Vorwurf macht, der rührt in Wirklichkeit an das französische Verhältnis zum Schicksal.

Was man an ihm tadeln will, ist ja tatsächlich die Quelle seiner Kraft, nämlich sein von Klarheit, Selbstbewußtsein und gutem Gewissen erfülltes Lebensgefühl. Niemand wird ernstlich glauben wollen, daß dem Franzosen der Blick für die Schönheiten der Natur versagt ist. Ein Wald braucht nicht von Kobolden bewohnt zu sein, um schön zu sein. Die neuere französische Malerei von Courbet bis zu Segonzac bedeutet ein so unerhörtes Eindringen in die Natur, daß man sagen kann, die schaubare Welt sei durch diese Pinsel schöner und tiefer geworden. Freilich dient auch hier der Menschengeist – wenn man von Einzelfällen wie van Gogh absieht – nicht dem Schicksal, sondern dem Leben. Der Trieb, das Auge sonnenhaft zu machen, bewegt die großen Pinsel. Vor Corots Nymphen oder Manets Frühstück im Freien wird man von einer Art Schrecken über die eigene Blindheit erfaßt. Man fühlt plötzlich das Gebiet des Lebens um die Natur vergrößert, deren geistige Fülle man bisher ihrem grenzenlosen Charakter zuliebe übersehen hat. Man kann in Wahrheit sagen, daß die große französische Malerei die Freimachung des Menschen vollendet, da er in ihren Bildern die Natur reicher und vielfältiger und als eine Erweiterung seiner Persönlichkeit wiedergefunden hat. Alles, was sich in der französischen Entwicklung zugetragen hat, hat dazu beigesteuert, dem französischen Menschen jene Vollendung und Geschlossenheit zu verleihen, die heute im Begriff ist, seine Gefahr zu werden. Die Malerei macht davon keine Ausnahme. Es ist durchaus folgerichtig, wenn die Brüder Goncourt behaupten, sich vor einem Landschaftsbilde mehr in der freien Natur zu fühlen, als wenn sie die Weite selbst durchstreifen. Denn der Franzose will die Natur als ein Stück seiner selbst begreifen. Es reizt ihn nicht, sein Wesen als einen Teil der Natur zu fühlen, die ohne Vernunft ist und sich erst durch die Deutung des Malers in ihrem wahren Sinn, als Bewährung des Auges erweist. Victor Hugo, der den umgekehrten Weg ging und dem Menschen den Schauer der Natur vermitteln wollte, wird gerade in dieser Tendenz als Romantiker von solchen Geistigen bekämpft, die die nationale Idee rein erhalten wollen.

WALD UND GARTEN

Am tiefsten erfaßt der Franzose die Natur da, wo sie ihm dient. Als Bauer fühlt er sich ihr mit einer Kraft verbunden, die sich bis zur Produktivität steigert. Nicht die Heide, auf der Macbeths Hexen brauen, nicht die Wälder, die Rübezahl polternd durchstreift, nicht das Meer, auf dem der Fliegende Holländer zu Hause ist, zieht ihn an, sondern der Acker, den er mit seinen Händen bebaut hat, aus dem er seine Nahrung holt. Nicht der Wald, sondern der Garten. Nicht da, wo die Natur göttlich, vielmehr da, wo sie menschlich ist, fühlt er sich beheimatet und vertraut. Das Walten der Vernunft setzt sein Herz in Bewegung, sein zivilisatorischer Trieb findet erst Genüge, wenn die Erde sich willig dem Menschen hingibt, ihm zu dienen, ihn zu erhalten. Erst dort wird seine Liebe frei, die dann freilich die Form reinster und großartigster Leidenschaft annehmen kann. Wir wissen, welche Kraftquelle der „sol envahi" wurde, zu welcher elementaren Wucht der französische Verteidigungsstoß sich immer dann auswuchs, wenn fremde Eindringlinge sich in die reichen und wohlbestellten Gebiete seiner Heimat ergossen. Das Verhältnis des Franzosen zur Waffe ist hiermit ein für allemal erklärt. Noch im flachsten Zeitungsartikel, noch in der ärmlichsten Kammerrede brennt jenes Feuer, das aus der Heiligkeit des Bodens stammt. Die Früchte des Feldes machen den Franzosen fromm. Wer sie verbrennt oder zerstampft, ist gerichtet. Hier gewinnen wir ein neues Element zum Verständnis des französischen Sicherheitsbegriffes. Der Franzose ist der Überzeugung, daß ein anderes Volk seine Erde gar nicht so lieben kann, wie er dies tut. Er glaubt, daß der Nachbar jenseits der Grenzen an seinen Acker durch viel materiellere Bande geknüpft sei als er selbst, und er fühlt sich zu diesem

Glauben berechtigt, da man ihm ja immer vorwirft, daß er die Natur nicht liebe, sondern die bebaute Erde. Demütigend wäre für ihn nicht so sehr die Niederlage der Waffen als die Besetzung seines Bodens durch fremde Truppen. Diese seine fromme Beziehung zu Feld und Garten wird nicht dadurch gestört, daß seine Truppen am Rhein stehen. Denn er glaubt nicht daran, daß unsere Erde so zu uns spricht wie die seine zu ihm. Barrès vermochte sich durch seine Mystik des „territoire" mit einem Schlage ins Herz der Nation zu setzen, und von der Marseillaise sind diese Verse heute noch die lebendigsten:

„Marchons, qu'un sang impur abreuve nos sillons."

Nos sillons – aus den Furchen des Ackers steigt das Leben auf, aber auch die Nahrung, das irdische Gut. Dank der Einheitlichkeit des französischen Wesens treten für jede seiner Daseinsäußerungen alle Motive in Kraft. Die Mystik des Territoriums ist mit der Anbetung des Eigentums untrennbar verknüpft. Maurras nennt die französische Zivilisation ein Kapital, ein moderner Publizist spricht in seinem Buch über die Haltung seines Landes zu Deutschland vom französischen Nationalgefühl ebenfalls als von einem Kapital. Mühelos vermischen sich die Kategorien, denn zur französischen Kulturidee gehört das Eigentum. Frankreichs Dasein in seiner heutigen Form ist mit dem Kapitalismus, und zwar in der besonderen Spielform des Rentenkapitalismus, untrennbar verknüpft – ein neues Element des Widerstandes gegen die „moderne" Welt, gegen die schöpferische Ideologie der übrigen Völker. Der Besitz ermöglicht die Freiheit, er sichert die Erfüllung des Daseinssinnes, der Muße, der Betrachtung, der Bewahrung. Wer das Eigentum verletzt, nimmt mehr vor als eine materielle Schädigung, er vergeht sich gegen die Zivilisation, gegen das Leben selbst. Der Begriff des Reichtums ist in Frankreich noch kaum vom Gedanken an Ausbeutung, an soziale Ungerechtigkeit befleckt. Der reiche Mann hat ein gutes Gewissen. Wer erklären würde, daß er niemals reich werden, sondern im Gegenteil die Quellen des privaten Besitzes verstopfen wolle, würde für einen Narren oder Betrüger gehalten (oder für einen Barbaren!). Infolgedessen gewinnt die Erde von dieser Seite her einen neuen Anspruch auf Heilighaltung und Liebe. Sie gewährleistet die Stabilität der französischen Zivilisationsform, wie denn tatsächlich auch das bisher kaum erschütterte Gleichgewicht der französischen Wirtschaft durch den Rückhalt in der Landwirtschaft zu erklären ist. Die Liebe zum Acker, Weinberg und Garten, mit einem Wort zu der gesitteten Natur, ist also nicht nur durch den Drang nach Vermenschlichung, sondern auch durch die besondere Rolle des Eigentums zu erklären. Der Franzose wechselt seinen Besitz verhältnismäßig leicht, die dumpfe, fast tierische Verbundenheit mit der ererbten Scholle, die unseren Heimatdichtern so manchen schönen Stoff liefert, ist bei ihm nicht so ausgeprägt, daß er nicht seinen Besitz, dessen Träger er geworden ist, gern gegen einen besseren vertauschte. Findet er doch überall in Frankreich freigebigen Boden! Entscheidend für ihn ist, daß die neue Scholle, auf der er sich niederläßt, bebauungsfähig und ergiebig ist und – daß sie in Frankreich liegt.

Es ist klar, daß die große Gartenkunst in Frankreich entstehen mußte. Le Nôtre, der Meister der gebauten Perspektiven, der in Figuren verwandelten Bäume, der Gartenterrassen, der sinnvollen, auf die Bauarchitektur bezogenen Alleen, der täuschenden Fernen, der künstlichen Einsamkeiten, die sich zu Pavillons oder Tempeln auftun, treibt die Auffassung der Franzosen von der Natur auf die Spitze: der Mensch formt die Natur, er zwingt ihr seine Vernunft auf, er verwandelt sie in einen Teil seiner Persönlichkeit und lehnt es ab, sich von ihren Gesetzen unterjochen zu lassen. Freilich hatte der Gartenmeister das Recht, diese Idee so zu steigern, wie er es tat. Denn der Mittelpunkt seiner Natur war der höchste französische Mensch, der König Sonne, für dessen Jagden die Wälder wild gehalten, für dessen Schau die Natur gebändigt wurde.

LANDSCHAFT

Je mehr wir uns unsere Begegnungen mit dem französischen Geist vergegenwärtigen, um so deutlicher offenbart sich uns sein Verhängnis darin, daß jede seiner Äußerungen gleichzeitig auch ein Werturteil zu seinen Gunsten enthält. Meistens erscheint uns dies Urteil als eine organische Ausdeutung seines Zivilisationsbegriffes, das gleichzeitig auch sein Verhältnis zur übrigen Welt mit einer oft beängstigenden Starrheit festlegt. Manchmal aber geht diese Interpretation in das Gebiet der Spielereien über, die um so geistvoller und amüsanter sind, als sie wie jedes Spiel vollständig aufgehen. Dies zeigt sich in der Art, wie der Franzose seine Geographie bis zur Selbstverherrlichung steigert. Ernst Robert Curtius, der der „géographie humaine" der Franzosen einen seiner glänzendsten Aufsätze gewidmet hat, spricht von der populären Mystik des französischen Territoriums, die im äußeren Umriß des Landes, das sich in ein Sechseck einzeichnen läßt, im Verhältnis der Flußläufe zum Lande, in der zentralen Lage zwischen Nordpol und Äquator, in dem Begriff des „mittleren Landes" ein bevorzugendes Walten der Schöpfung sehen will, das wieder einmal dazu beiträgt, den Vorrang Frankreichs zu bestätigen. In der Tat hegt der Franzose solche Empfindungen, die zwar ohne geistesgeschichtliche Beweiskraft sind, aber ein geradezu rührendes Zeugnis von seiner besonderen „vernünftigen" Liebe zur Heimat darstellen. Tritt man mit einem Franzosen vor die Karte seines Landes, so wird er wahrscheinlich in den meisten Fällen mit einer fast zärtlichen Bewegung seiner Hand ihre Umrisse nachfühlen, die Linien der Seine und Rhône verfolgen, die sanften Bogen abtasten, die das Meer immer wieder ins Land schiebt, und schließlich den warmgewordenen Blick nur mühsam und mit dem Ruf lösen: „Quel beau pays!" Gemäß seiner Naturauffassung empfindet er, daß die Verantwortung und das Verdienst für diese geographische Eleganz ein wenig ihm zufallen. Denn wenn er auch nicht der Schöpfer ist, so hat er doch die Wahl getroffen und das Land zu der beglückenden Einheit zusammengeschlossen, als die es heute erscheint. Er fühlt vor dieser Karte das Walten des Geistes – und wessen Geistes, wenn nicht seines eigenen! In der Tat stellt Frankreich keine geographische Einheit dar und hat nur in den Pyrenäen eine natürliche Grenze, was die politischen Verführer und Demagogen, die diesen Begriff von Zeit zu Zeit brauchen, auch sagen mögen. Das Gelände verfließt sowohl nach Belgien wie auch nach Deutschland zu, und nicht weniger mischen sich die Stämme weit über die politischen Scheidelinien hinweg. Die Bretagne erscheint sowohl geographisch als auch rassenmäßig mit Cornwall verbunden, spanisches Element drängt sich über das Gebiet der Basken bis nach Toulouse, von Marseille bis Turin ist das französische und italienische Element ungeachtet der Grenze vermischt, im Norden fügt sich Französisch-Flandern den Flamen Belgiens an – vom Elsaß ganz zu schweigen. Auch die Pflanzen- und Tierwelt ist nicht einheitlich und weist Ostfrankreich zu Zentraleuropa, Südfrankreich zum Mittelmeer und die übrigen Küstenländer zum Ozean. Gemeinsam ist diesen Teilen, daß sie französisch sind und nicht etwa nur im politischen Sinne. Was sie zu einem Ganzen gefügt hat, ist der bebauende Geist des Franzosen, der sie nach seinem Bilde geprägt hat.

Dieser Rahmen umfaßt Gegensätze, die aber nicht als Gegensätze, sondern als Variationen wirken. Frankreich ist eine Art von Modell-Landschaft, gleichsam aus dem Musterkoffer Gottes geholt, ein Jahrmarkt des sinnvoll waltenden Schöpfers, der nach ihr Tausende von anderen

Naturen hat herstellen lassen. Hier sind die Originale, die Typen; das übrige Europa ist die Serie.

Die durch die französische Vernunft gegliederte Natur ist immer bewohnbar, darum fühlt man sich in ihr überall zu Hause. Sie prahlt selten mit starken Farben, es ist, als ob sie auf einen versöhnlichen, meist ruhigen Grundton gestimmt wäre, der vor dem schauenden Auge erst allmählich zu zahllosen Nuancen zerfällt, die eigentlich nie ganz erfaßt werden und das Bild darum unerschöpflich machen. Auch das primitivste Auge beginnt langsam die unbegrenzten Schattierungen von Blau zu unterscheiden, die der Horizont im Wechsel der Gegenden und Tageszeiten bietet. Man darf sagen, daß Architektur und Landschaft in Frankreich auf den gleichen Sinn wirken und sich sowohl in der Stadt als auch im Freien als eine unlösbare Einheit erweisen. Die Dörfer und Kleinstädte gehen mit einer unbeschreiblichen Harmonie in die Natur ein. Ihre Patina, ihre gedämpften Farben, ihre baulichen Reize leiten ohne Bruch in die Linie der Täler, Wege und Fernen über. Der Fluß ist eine Einheit mit dem alten gewölbten Brückchen, unter dem er dahinströmt, die Talsenkung schmilzt mit dem grauen Bauernhof zu einer abwärtsgleitenden Bewegung zusammen, die weite, Fruchtbäume tragende Hochebene schäumt gleichsam auf zu dem flachen Dorf mit dem fein aufschießenden Kirchturm. Auffallend ist auch die Selbständigkeit der Bäume, die hier stärker als in irgendeinem anderen Lande als Einzelwesen wirken und sich darin gefallen, die Luft zu gliedern, in der sie stehen. Man hätte Lust auszurufen, daß in Frankreich sogar die Bäume Individualisten sind und auf Privatleben halten, wenn man immer wieder die sanfte Hügellehne sieht, die mit einzelnen Obstbäumen bestanden ist.

Das architektonische Moment zeigt sich da, wo die Landschaft am reizvollsten ist, nämlich in der Art, wie ein Weg in den Wald geht, wie ein Fluß um den Hügel biegt, wie die Höhenketten immer wieder zu weiten Horizonten auseinandertreten. Da auf dem Lande die meisten Baulichkeiten alt, ja häufig an der Grenze des Verfalls sind, wirkt ihr Aufgehen in der Natur doppelt intim. Der kreisrunde Turm mit dem Spitzdach, der die meisten französischen Bauernhöfe seit Jahrhunderten ziert, verleiht diesen zugleich den nobeln und gewachsenen Charakter. Der Übergang vom Hof (manoir) zum Schloß (château) ist oft unmerklich. Besonders in den Provinzen der ehemaligen Chouannerie, also dort, wo die adeligen Gutsherren besonders ortsfest und mit den Bauern vertraut lebten, haben zahlreiche adelige Familien seit Jahrhunderten in bescheidenen Gutshöfen gelebt, die sich von denen der reicheren Bauern nur dadurch unterscheiden, daß der Junker das Recht für sich in Anspruch nahm, eine Auffahrt in Form eines Baumganges anzulegen, dessen Kastanien oder Linden wie Säulen zur Haupttür hinleiten. Das Verhältnis vom Gebauten zum Gewachsenen ist überall gleich harmonisch, wie sehr sich das eine und das andere auch von Norden nach Süden, von Osten nach Westen ändern mag. Der ernsten Bretagne folgt die fröhliche Loire mit ihrer Fülle und ihren pompösen Schlössern. Die luftigen Gebirge des „massif central" steigen in edler Gliederung zu dem klassisch bestimmten Lande der Provence nieder, an dessen fernen Horizonten man nicht nur die blauen Pyrenäen, sondern auch das blaue Mittelmeer ahnt. Alpen und Jura entlassen uns zu den prunkenden Hügeln von Burgund, dessen Orte die Namen großer Weine wie Adelstitel tragen. Süße Gärten von Weizen und Wein führen von den bitterlich duftenden Vogesen nach Reims. Die großen Flüsse gehen, gemächlich von spielerischen Nebenflüssen begleitet, die sich nur schwer entschließen können, ihre liebliche Selbständigkeit aufzugeben, in das Herz dieses Paradieses, in die Ile de France, nach Paris. Auf das sommerliche Paradies des Marnetales blickend, rief Pétion aus, der den geflohenen König nach Paris zurückführte: „Welch schönes Land – kein Königreich der Welt ist ihm vergleichbar!" Der König Ludwig XVI., der neben ihm im Wagen saß, hörte es, er ließ sein Auge in die blaue Ferne wandern, eine Träne rollte über seine Wange. Zum letzten Male wurde Frankreich von einem Blick königlicher Liebe berührt.

Alles in allem ist die Natur Frankreichs frei von Extremen, frei von den leidenschaftlichen Ausschweifungen, die sie sich in Norwegen, in den Karpathen, in Spanien erlaubt. Weder die Ebene noch der Berg wirkt hier ungeheuer. Es ist eine Natur, die für den Menschen gemacht ist, die nach dem Menschen verlangt, die sich nach seinen säenden und erntenden Händen ebenso sehnt wie nach seinem ausruhenden Blick. Es ist – besonders in dem Extrakt, den das Land um Paris, die Ile de France, bietet – ein Garten, dessen Bäume man mit der Hand erreichen, dessen Höhen man ohne Keuchen ersteigen kann. In seine Gewässer kann man die Angelschnur hängen, an seinen Feldrainen kann man den Mittagsschlaf halten. Pan tritt hier mit zivilisierten Umgangsformen auf. Er denkt nicht daran, die Bewohner mit seinem Gebrüll zu erschrecken, auf seinem spitzen Ohr trägt er den schattigen Strohhut des Gärtners, seine Bocksbeine stecken in blauen Leinenhosen, und in der heißen Mittagsstunde, wenn die gleißende Luft über dem Heu zittert, verschläft er seine Dämonie, um als freundlicher und rüstiger Feldhüter wieder aufzuwachen. Er kaut an einem Grashalm, er flötet mit den Lippen, kurzum, er ist ganz von dieser Welt und hat Respekt vor den vollen Milchtöpfen und Weinkrügen der Bauern, die ihn schätzen wie ihresgleichen.

Zu diesem Ausgleich steht die Vollständigkeit der französischen Landschaft, die sowohl das nordische wie das südliche Element umfaßt, nur in scheinbarem Widerspruch, denn gerade die Zusammenfassung dieser Variationen unter eine Norm befriedigt den Bewohner. Er nimmt an dem germanischen Gepräge seines Territoriums ebenso teil wie an dem lateinischen. Die nördliche Landschaft, die sich den Ergießungen der Phantasie öffnet, bringt ihn ebensowenig aus dem Gleichgewicht wie die südliche, an der alles schon geformt und ausgedeutet erscheint. Er begreift sich als Mittler zwischen diesen beiden Polen und legt dieser Stellung eine Art ästhetische, ja moralische Bedeutung bei. Die Lust zu reisen, die ihm fremd ist, wird als ein Mangel an Gleichgewicht gedeutet. Von den Landschaften und Himmeln fremder Völker verspricht er sich ebensowenig Bestätigung seines Wesens wie von ihren Glaubensformen und ihren geistigen Gütern. Bestätigung seiner selbst ist aber das einzige, wonach er verlangt. In seinem Lande wächst sie ihm täglich zu, er fühlt sie ohne Mühe in seiner Geschichte; ohne sie suchen zu müssen, findet er sie in seiner Natur und in seiner Hauptstadt Paris. Wenn die junge Generation Frankreichs diesen Tatbestand zu erschüttern versucht und vorsichtige Tendenzen zeigt, nicht nur geistig, sondern auch körperlich in die Ferne zu dringen, so muß dieser Versuch entweder fehlschlagen oder sich als Symptom einer – mir vorläufig noch unvorstellbaren – Änderung der französischen Nationalidee erweisen. Aus der deutschen Bildung ist der Wandertrieb nicht fortzudenken – „vom Wasser haben wir's gelernt" –, die Berührung mit dem Süden ist fast ein Sakrament unseres Lebens, ja, die Reiselust, der unbezähmbare Drang in die Ferne ist vielleicht der hervorstechendste Zug unseres Wesens, zumal er sich in allen Schichten unseres Volkes findet. Es wäre allzu bequem, ihn als Tugend aufzumachen, aber es ist sicher ein lebendiger und in die Zukunft weisender Zug, der uns die Lösung kommender europäischer Probleme wesentlich erleichtert. Es ist klar, daß er einer Art entspringt, die der dauernden Ergänzung bedarf. Aber gerade diese Art macht uns zu Europäern, ja zum stärksten Ferment einer künftigen, breiteren Arbeitsgemeinschaft der Völker. Der Franzose hat das Glück, alles in sich zu finden. Aber seine Vollkommenheit von heute ist seine Gefahr von morgen. Nur wer die Sehnsucht kennt – hat Zukunft.

Goethe reiste nach Italien, um sich selber zu finden. Der französische Geistesführer löst seine Spannungen durch einen Ortswechsel zwischen der Provinz und Paris. Balzac brachte von seinen Reisen bis in die Ukraine nichts mit als einige gut verwendbare Eigennamen. Taine freilich ist viel gereist, er ist neben Frau von Staël beinahe der einzige französische Schriftsteller, der sich um den Gehalt fremder Kulturen bemühte und den Horizont seiner Zeit um die von ihm gewonnenen Ausblicke zu erweitern versuchte. Beiden Geistern ist dieses Verdienst von ihren Landsleuten im Grunde übelgenommen worden, man hat ihren Bildungstrieb als ein Mißtrauen gegen die Ideen der Nation aufgefaßt und tut es heute noch.

Dieser geistige Belagerungszustand wird nicht nur von jener reaktionären Kritik, die sich auch in der Politik mit den Ideen des Nationalismus identifiziert, aufrechterhalten. Denn gewiß ist der französische Zivilisationsgedanke mit allen seinen Ausstrahlungen „reaktionär“, aber er ist dennoch ein gemeinsamer Besitz des ganzen Volkes und tritt im Denken der Republikaner ebenso hervor wie in der Lehre der integralen Nationalisten. Man glaube doch nicht, daß in diesem Punkte ein Unterschied zwischen „rechts“ und „links“ bestände wie in Deutschland, wo die Unvereinbarkeit der kulturellen Inhalte den Hauptgrund unserer tödlichen Verwirrung bildet. Frankreich hat bis heute eine ganz einheitliche, geschlossene und alle Volksschichten durchdringende Konzeption von seiner nationalen Idee, von seiner Rolle und Bedeutung gehabt. Seit dem Ende des Weltkrieges zeigen sich allerdings Symptome der Lockerung und Tendenzen, die auf eine Teilnahme an einer breiteren europäischen Zivilisation abzielen. Ich wage nicht zu entscheiden, ob diese Symptome nur Zwischenfälle oder wirkliche Zeichen sind, ob sie eine vorübergehende Unruhe und Anfälle schlechten Gewissens ausdrücken oder eine tatsächliche Änderung vorbereiten. Wer sich darüber klargeworden zu sein glaubt, der hat den Schlüssel zur Zukunft Europas in der Hand. Vorläufig besteht diese tiefe Solidarität, die nicht so sehr ein Zeichen brüderlicher Liebe als gemeinsamer Vernunft ist, unverrückt fort. Sie ist es, die unserem Nachbarn jene moralische Überlegenheit verleiht, die ihn überall da auszeichnet, wo er mit uns zusammentrifft. Sie tritt als ein gleichwertiger und aus gleicher Quelle stammender Helfer neben das Bewußtsein, seit Jahrhunderten ein einiges Volk zu sein, ohne daß dies Bewußtsein auch nur von einem Tropfen jenes Blutes befleckt wäre, aus dem diese Einigung von den Albigenserschlächtereien bis zur Guillotine aufgestiegen ist. Das französische Reich, das wahrhaft mit Blut und Eisen gemacht wurde, hat diesen mörderischen Ursprung narbenlos überwunden, denn es hat jede Wunde mit Geist geschlossen, es hat auch den Toten ermöglicht, an einem Volksschicksal teilzunehmen, das keine Vergangenheit kennt, sondern nur die Dauer.

Das Mißtrauen gegen diejenigen seiner Geister, die sich unterfangen, seinen Kulturvorrat vermehren, seine Erkenntnisse erweitern zu wollen, ist also eine Art von Selbsterhaltungstrieb, eine Not, die aus Fülle kommt. Denn es wehrt sich nicht nur gegen jede Lockerung seiner Abgeschlossenheit, selbst wenn diese zum Zwecke der Bereicherung versucht würde, sondern auch gegen die Verkennung seiner Überzeugung, daß alles Gute zu ihm kommt, ohne daß es in der Ferne gesucht werden muß. Ja, alles Gute ist schon da. Es bedarf kaum einer Bestätigung. Der Fremde, dessen Besuch diesem Lande wirtschaftlich so brennend notwendig ist, wird gerade geduldet, keinesfalls geliebt. Denn der Franzose sieht in ihm immer einen Nehmenden, niemals einen Gebenden. Die sogenannte französische Gastfreundschaft existiert nicht, sie ist eine Einbildung, die wohl aus dem Erstaunen der Franzosen darüber stammt, daß sie selbst zu den Fremden so höflich sind. In der Tat wird der Ausländer in Frankreich kaum eine Schattierung weniger höflich behandelt als der Landsmann. Er wird seiner wirtschaftlichen Bestimmung gemäß ausgebeutet, aber in Formen, die erst in den letzten Jahren angesichts des geradezu ungeheuren Andranges gedankenloser Fremder, besonders in Paris, ein wenig gelitten haben. Wir haben kaum Lust, uns darüber zu beklagen. Denn ganz abgesehen davon, daß man nur ein „lettré“, ein geistig strebender und um den französischen Geist bemühter Mensch zu sein braucht, um als solcher sogleich anerkannt und beschützt zu werden, ist auch allein schon die Teilnahme am geistigen und täglichen Leben Frankreichs ein Glück, durch das der Fremde mehr beschenkt wird als durch alle Freundlichkeiten, die ein Verein für Fremdenverkehr bieten könnte. Nicht von Frankreichs ewig schöner Natur, nicht von seinen unerschöpflichen

Kunstschätzen sei die Rede, obgleich auch diese untrennbar zu seiner Alltäglichkeit gehören. Legen wir uns einzig und allein Rechenschaft von der tiefen Befriedigung ab, die das bloße Atmen und Dasein in diesem Lande gewährt. Wer das Glück des Menschen in seiner harmonischen Selbsterfüllung sieht, wer ein Volk vollkommen nennt, das sein Lebensgefühl in Fleisch, Stein und Wort total auszudrücken vermag, kurz, wer ohne die Werke des Geistes nicht leben will, der wird Frankreich lieben und ihm jenes „Verweile doch!“ zurufen, das von dem Geräusch unserer Zukunft fast schon übertäubt wird.

Die Anziehungskraft, die Frankreich auf die übrige Welt ausübt, beruht nicht so sehr auf dem Wesen seiner zivilisatorischen Idee als auf den Erscheinungsformen, die diese annimmt. Da sie alle Zustände und Menschen durchdringt, begegnet man ihr unaufhörlich, mehr noch, man ist dauernd von ihr umgeben. Nichts ist Versuch und Tasten, alles ist erprobt und ergriffen. So kommt es denn, daß wir, in das französische Wesen eintauchend, die Möglichkeiten unseres eigenen Wesens wachsen fühlen. Unsere Empfindungskraft erhält mehr Berührungsflächen, die Spielarten unserer Gattung vermehren sich, und ohne daß wir zerfallen, werden wir mannigfaltiger. Wir tasten alle Konstellationen unseres eigenen Lebens ab und erkennen uns in tausendfacher Gestalt wieder. Es ist, als ob unser Dasein plötzlich die harte Schicksalsgebundenheit verlöre und jene Freiheit wiedergewönne, die uns erlaubt zu arbeiten, wie und wieviel uns gut scheint, und zu ruhen, bis das still trinkende Herz alles erfaßt hat, was sich nur dem Ruhenden offenbart. Das drückende und dunkle Bewußtsein von der ἀνάγκη wechselt hier zum Vertrauen in die gütige Vernunft der Welt hinüber, die Goethe sagen ließ: „Wie es auch sei, das Leben, es ist gut.“

PARIS

Die entscheidende Begegnung mit Frankreich vollzieht sich für jeden Menschen in Paris. Nicht als ob Paris die Zusammenfassung von Land und Volk sei! Aber es ist der Brennpunkt Frankreichs als Idee, das sich in ihm mit allen seinen Gegensätzlichkeiten entfaltet und in der symbolhaften Form ausdrückt. Daß Paris die schönste Stadt der Welt ist, besagt wenig; man müßte gleichzeitig mitteilen, wann eine Stadt schön ist. Sobald man Paris mit anderen als schön berühmten Städten vergleicht, deren Reize erfaßt und begründet, zeigt sich bald, daß Paris mehr als eine Stadt und von einer schwer zu bestimmenden Einmaligkeit ist. Es ist eine Persönlichkeit. Es begnügt sich nicht damit, Raum zum Hausen, Straßen zur Fortbewegung herzugeben und den Geltungswillen seines Landes durch repräsentative Anlagen und Gebäude auszudrücken, sondern hat darüber hinaus ein selbständiges Leben. Vielleicht ist es, weil in ihm der gleiche Freiheitsbegriff waltet wie in seinen Bewohnern. Die Stadt ist vernünftig, die Gesetze, nach denen sie gewachsen ist und heute zusammenhält, sind „richtig", aber auch die Gesetze des Lebens, das in ihr gelebt wird, sind richtig. Oder: die Stadt ist alt, aber auch die Menschheit in ihr ist alt. Die Harmonie des optisch erfaßbaren Bildes deckt sich genau mit dem Gleichmaß des Menschlichen, von dem sie erfüllt ist. In Paris ist alles fertig, Stadt und Menschen. Die Entwicklung hat nicht aufgehört, aber die Unsterblichkeit hat begonnen, oder vielleicht war sie von jeher da. Jeder Bewohner ist eine Wiederholung der Stadt, er ist ihr Mikrokosmos. Er macht sie, und sie macht ihn. Sie erneuern sich wechselseitig. Er gibt gerade so viel Leben her, wie für ein Siedlungsgebilde notwendig ist, damit es sein Maß nicht verliere. Sie gibt ihm gerade so viel Humanität, daß er harmonisch bleibt. Beide sind wie ein Schiff, das von der Flut getragen, aber niemals von ihr begraben wird. Das Wappen der Stadt ist ein Schiff auf wogender Flut mit der Unterschrift: Fluctuat nec mergitur.

Das Kartenbild von Paris ist wie der Querschnitt durch einen Organismus. Man denkt an die anatomische Zeichnung eines geheimnisvollen Lebewesens, wenn man die Arterie des Flußlaufes sieht oder das Herz der Ile de la Cité, auf der die Kirche Notre Dame steht, oder die Lungen des Bois de Boulogne und des Bois de Vincennes oder die kunstvoll gerundeten Nervenbahnen der inneren Boulevards oder die Epidermis der ceinture. Diese sinnvolle Gliederung hat Paris bisher noch nicht durchbrochen. Erst die Vorstädte – die banlieue – werfen neue, über den traditionellen Bauwillen hinausragende Probleme auf, für die bisher keinerlei Lösung gefunden worden ist. Im Gegenteil, die banlieue und die nähere Umgebung sind nicht nur ratlos, sondern auch häßlich mit einer so positiven Spitze, daß man im ersten Augenblick an einen konsequenten Willen, gegen die Natur zu bauen, dächte, wenn man nicht wüßte, wie sehr diese Siedlungsfrage die Baumeister und Sozialpolitiker beschäftigt. Nicht etwa die industriellen Anlagen sind es, die das Auge beleidigen. Sie sind unentrinnbar. In eine Ziegelei oder Textilfabrik schickt sich der heimhungrige Mensch, weil er weiß, daß diese Baulichkeiten nicht zum Spaß da sind und andere Ansprüche zu befriedigen haben als solche auf Anpassung, Farbe, Lage und Wohnlichkeit. Aber die Kleinwohnungen und sonstigen Neubauten, die gerade zu dem Zweck angelegt sind, dem Großstadtmenschen die Berührung mit der Natur zu ermöglichen, sind von einer so harten Verachtung der Landschaft, von einer so armen Häßlichkeit, daß man schon die besondere Einstellung der Franzosen zur Natur heranziehen muß – Natur scheint in diesem Falle die Freiheit von der concierge zu sein –, um diese Zustände zu verstehen. Dies gilt in gleicher Weise für die Laubenkolonien und billigen Häuser wie für die Villenvororte. Keine Stadt hat eine schönere, reichere Umgebung als Paris, aber keine Stadt weiß baulich so wenig mit ihr zu beginnen. Dabei geht der Parzellierungsbetrieb in starkem Tempo vor sich, ein Schloßpark, ein Waldstück nach dem anderen wird aufgeteilt und besiedelt. Aber schon der erste Spatenstich hat eine magisch zerstörende Wirkung – als Provisorium schießen grelle Bretterbuden aus dem Boden, und jede Bauidee ist mit einer wahren Leidenschaft von der Natur weg und nach der schon vorhandenen oder zukünftigen Straße zu orientiert, so daß man die ganze Melancholie einer lieblosen Menschenansammlung schon vom ersten Tag an empfindet. Dieser Flecken auf dem Bilde von Paris, zu dessen Erklärung auch die besondere Richtung, die der „goût français" genommen hat, herangezogen werden kann, berührt aber nicht die eigentliche Stadt, die selbst da, wo sie zu überstürzten Zweckbauten gezwungen wird, ihre Geschlossenheit nicht verletzt. Und diese Geschlossenheit offenbart sich dem Betrachtenden zuerst und am längsten im Farbton der Stadt.

Paris ist ein ungeheures Grau, ein Grau der Fassaden, des Pflasters, des Dunstes, des Himmels und der Weite. Aber es ist auch das farbigste Grau der Welt, das sowohl an Rosa wie auch an Samtschwarz grenzt, es ist eine neue Grundfarbe, die aus unzähligen Tönen gemischt ist. Wer in Paris lebt, dem fällt neben vielen anderen Gaben mit der Zeit ein Blick für das Farbige von selbst zu, ihm löst sich das Grau in den zartesten und gewaltigsten Reichtum, und mit dem wachsenden Sinn für die unendliche Reihe der

Zwischentöne erfaßt er die Stadt als den tiefsten Quell der wahren Farbenpracht, nämlich jener, die nicht aus der Anhäufung der organischen Stoffe quillt, sondern durch den geistigen Akt der Unterscheidung erfaßt wird. Es ist klar, daß der Maler in Paris zu lernen begehrt: nicht die Meister locken ihn, sondern das Element, an dem sie zu Meistern wurden, die Luft von Paris.

Zuerst erscheint die Stadt einheitlich, als Ganzes zusammengerückt zu einem Bilde, das dadurch eigentümlich ist, daß es in ihm nichts Neues, nichts Frisches gibt. Selbst das neueste Material, Betonklötze für einen Bau, die ersten Meter eines Fundaments, eiserne Träger, Erdarbeiten, das alles hat bereits die Patina, will sagen den Reiz der Vollendung. Das Ungemütliche der menschlichen Expansion, der kalte Hauch von Betrieb, Umzug, Wachstum besteht nicht. Die architektonischen Sünden, an denen das moderne Paris so reich ist, fügen sich in einer Art, über die man nicht böse sein kann, in die unendliche Kette der baulichen Wunder ein. Der Wille, nicht zu stören und die Gestaltung des Lebens nicht der Zukunft mit ihren ungewissen Möglichkeiten, sondern lieber der Vergangenheit mit ihren verbürgten Werten anzupassen, waltet hier.

Im zweiten Stadium des Sehens beginnt der schöne Zerfall der angeschauten Masse, und zwar schlagen die Empfindungen nach der anderen Seite aus. Man entdeckt das Gegensätzliche der weiten Plätze, die Grenzenlosigkeit und Geschlossenheit mühelos vereinen, und der schmalen, hohen Straßen, die fast wie Schluchten ins Gebirge der Stadt gebrochen sind. Aufregend ist auch der Kontrast der modernen, überschäumend lärmvollen, fast tobenden Stadtpunkte zu den stillen Plätzchen, die wie Märkte einer kleinen Stadt wirken. Unter dem Gesichtspunkte des Widerspruchsvollen scheinen bestimmte Baulichkeiten alle zwanzig Jahre ihren Charakter zu wechseln. Der Eiffelturm war im Anfang des Jahrhunderts eine Herausforderung. Inmitten einer auf Ausschmückung bedachten Welt, hart vor der herrlichen, unter den letzten Königen gebauten Kriegsschule, ragte die Konstruktion kühn in den noch unbesiegten Himmel. Er wurde, obwohl er zu nichts diente, was die Leute hätte stutzig machen müssen, als das Symbol der technischen Epoche, der Nur-Zweckmäßigkeit bestaunt, befehdet, gefeiert. Heute ist er zum Idyll geworden, obwohl er noch genau so hoch ist wie damals. Seine Konstruktion ist in erster Linie hübsch, sie erfreut den Liebhaber schlanker Linien, während sie dem Techniker Angstzustände einflößt, weil er glaubt, der Turm werde zusammenstürzen. Der eiserne Babelturm von 1889 ist 1930 eine etwas altmodische Gartendekoration geworden, in deren netzartigem Schatten sich hübsche Bonnen mit ihren Kinderwagen und Romanen von Dekobra am wohlsten fühlen.

Nach solchen optischen Sensationen gelangt man in den glücklichsten Zustand des Sehens, nämlich des Anblickes der Menschen. Eines Tages wird dem Betrachter das lebendige Wesen zum wichtigsten Element der Pariser Straße. Der Mensch in erster Linie, aber auch die Pferde, die Hunde, die Katzen. Die Pferde haben eine Art, den Verkehr aufzuhalten, der deutlich zeigt, daß sie sich ihrer großen Vergangenheit bewußt sind. Sie ragen äußerst lebendig in unsere Zeit, wollen ihre Rolle nicht aufgeben und werden vom schimpfenden Kutscher darin bestärkt. Und erst die Katzen, welche die Türen der kleinen Läden bewachen, welche auf den Polizeibüros, in den Zollhäuslein und in den Zeitungsbuden ein zeitloses Dasein führen. Vor allem aber die Menschen! Man spricht viel von romanischer Lebhaftigkeit, und trotzdem ist die Ruhe des Pariser

Passanten viel größer als die des Menschen gleicher sozialer Ordnung in Berlin. Der Pariser ist so sehr Individualist, so wenig Partikel der Masse, daß er eine Zeitung, die er frisch gekauft hat, sogleich entfaltet und anliest, wo er auch steht. Auf dem Opernplatz lehnt er an einem Laternenpfahl, auf dem Boulevard an einer Rotunde. Seine Haltung löst sich, er versinkt sogleich, und um ihn schließt sich ein unsichtbares Haus, in dem er sogleich Wohnung nimmt – mitten auf dem Boulevard.

Was man Rhythmus der Großstadt nennt und was in Paris genau so stark zu verspüren ist wie anderswo, davon läßt sich der Pariser unfreiwillig nicht ergreifen. Wenn die großen Geschäfte, die Büros schließen, so ist das Strömen der Menschen ein anderes als bei uns. Der Pariser marschiert nicht mit. Er ist auch im dicksten Strom ein Wesen für sich. Gott, der die Massen zu Armeen durch die Straßen der großen Städte treibt, kann auf den Franzosen nicht bauen, denn dieser tritt aus dem Gliede, wann und wo immer er will. Wohl ist der Lärm, der tobende Takt der Arbeit in den Straßen von Paris ebenso fest wie anderswo, aber der Pariser läßt sich von diesem Takte nicht um seine Besinnung bringen. Wir sind nicht sicher, ob er nicht plötzlich sein Gerät oder sein Werkzeug fallen läßt und davonläuft, um mit seiner Frau zu schwatzen oder um ein Bier zu trinken oder um eine Revolte zu machen.

EINSAMKEIT

Die Stadt, besungen von Dichtern, belagert von Armeen, umträumt von Generationen, ersehnt von Jugenden, besichtigt, gesehen, erfaßt, ausgedeutet, beschrieben, verzehrt – bleibt rein, bleibt unbefleckbar wie ein Gipfel. Was man auch zu ihr mitbringt – viele kommen mit ihrer Einsamkeit gereist, manche auch mit ihrer Furcht vor dem Alleinsein – man erhält alles zurück, nicht vermindert, sondern vermehrt. Es ist die Stadt der unbekannten ausländischen Dichter, die erst abends von ihrem hochgelegenen Hotelzimmer über den Dächern, den Bäumen der Stadt hinabsteigen und sich kaum mit dem Pförtner verständigen können, es ist die Stadt der Touristenschwärme, die ein wohltätiges Reisebüro vor jeder Berührung mit dem Leben bewahrt, die unvermischt obenauf schwimmen wie Öl auf der Woge. An schweren Herbstabenden braust man durch den Nebelrausch des Platzes Concorde, tausend Lichter schwimmen mit im Kampf der Wagen und Schreie, Brücken steigen übereinander wie Jakobsleitern, Spur von Bäumen hoch am rötlichen Horizont, die Rue Royale strömt dahin wie der Hudsonfluß, eingekeilt zwischen unruhige Fronten fluten die Dächer der Automobile, der Abend schallt von Notsignalen, Horn und Schrei, Flucht, Rettung. Notturno hämmert, trommelt, vergeht: Jazzband und Marseillaise. Millionenkerzige Aufforderungen an die Menschheit tasten den immer höher flüchtenden Himmel ab, grün rinnt der gigantische Tropfen in ein gigantisches Champagnerglas, rot glüht es in riesigen Kapillaren, Glasröhren pumpen sich gewaltig voll kondensierten Sonnenscheins, grellweiße Schrift eilt flüchtig dahin, vorbei, vorbei.

Ein Regen fällt, doch löst er nicht die Form. Wie schön wäre das Leben ohne die Vergnügungen! Trotzdem ersteigt man die Berge der Stadt, drängt sich auf dem Boulevard Clichy, dessen dichte Menge sich bewegt wie das Atmen einer einzigen Brust, läßt sich an der Straße einige Austern öffnen, während der Regen fließt, verschwindet in Abgründen des Lichtes, aus denen die Musik steigt wie ein Rauch. Das Jahrhundert zappelt im Tanz, kein Fühlen mehr, keine Betastung, zehntausend Füße züchtigen die nimmermüde Erde, zwischen Zigarettendunst und rötlichen Neigen der Aperitifs blüht das fahle Glück.

Blau rieselt es schließlich über das weiße Gestein, der Regen hat aufgehört, einst wird es Tag sein. Leergefegt sind die Straßen, wie weggespült die unruhigen marschierenden Schicksale. Wie weit ist es bis zum nächsten Menschen? Wie weit bis nach Hause? Uferlos ist die Wüste der verödeten Boulevards in der Stunde vor dem frühen Morgen. Da geht man nun und ist besiegter als am Abend vorher, wo man auszog, um dieser Stadt ein Ende zu machen. Indessen vergehen die Tage, die kurzen Herbsttage, abends gehen die Laternen an, Nächte füllen sich mit Mond und Regen, das Pflaster spiegelt die Sterne wider, der Nebel kommt später und tropft an die Fenster.

Solange die Menschen nicht aufhören, für ihre Unabhängigkeit von dem sozialen Zwang, in dem sie leben, zu kämpfen, solange sie bestrebt sind, die tägliche Pflicht nicht zu Sklaverei werden zu lassen, solange sie darauf bestehen, der Zweckmäßigkeit der sie umgebenden Welt ihre Persönlichkeit, ihr Menschentum entgegenzusetzen, solange wird Paris ein Wallfahrtsort bleiben. Ob man dort das Vergnügen sucht, das ja nicht immer ein grober Fraß zu sein braucht, oder ob man sein Dasein durch Anschauung bereichern will, man wird in dieser Stadt, sobald man die Reibungen des äußeren Lebens überwunden hat, zufrieden sein. Es gilt hier nicht, ein Loblied auf diese Stadt zu singen, sondern in ihr das Wesen Frankreichs zu erkennen. Paris ist eine versöhnliche Stadt, da sie von einem Geist beseelt ist, der die schroffe Trennung zwischen Arbeit und Muße, zwischen Pflicht und Genuß, zwischen kollektiven Forderungen und persönlicher Entfaltung noch nicht kennt. Die Härten des Lebens sind hier geglättet, die sozialen Gegensätze klaffen nicht so anklagend wie in anderen Großstädten. Nicht nur, daß Frankreich ein reiches Land ist, nicht nur, daß soziale Kampfstimmung dank dem besonderen Verhältnis der Bevölkerung zum Besitz noch nicht hat aufkommen können, nein, auch die Atmosphäre der Stadt selbst ist gütig.

Dieser Individualismus, der die dämpfenden Farben aufs soziale Bild setzt, dringt bis in die kleinsten Einzelheiten des Werktages. Große Speisehallen für Minderbemittelte können sich nicht durchsetzen, auch die einfachsten Ansprüche wollen im kleinen, mehr persönlichen Rahmen befriedigt werden. Der Franzose hat eine instinktive Abneigung dagegen, zur Masse zu werden. Er widerstrebt der Organisation im guten wie im bösen, besonders der Organisation, die sein Privatleben berühren könnte. Wer bescheiden, ja ärmlich in Paris leben muß, kann sich doch wenigstens den Schein einer eigenen, behüteten, intimen Existenz leisten. Er wohnt in einem wenn auch noch so einfachen Hotel, er ißt in einem kleinen Restaurant sein wohlgeordnetes Menü, mag es auch im einzelnen dürftig sein. Das ist auch der Grund, warum so mancher mittellose Intellektuelle sein Elend in Paris besser erträgt als anderswo. Die Not stößt ihn nicht in die Tiefe, macht ihn nicht zum Proletarier, mit einem Wort, sie deklassiert ihn nicht, weil es eben in einem gewissen Sinne keine Klassen gibt. Nicht als ob ihm hier leichter geholfen würde als anderswo, im Gegenteil, da man ihn in Ruhe läßt, tut man auch nichts für ihn; aber wer einmal in einer billigen Speiseanstalt in Berlin oder London gegessen hat, dem wird der Unterschied ohne weiteres deutlich. Dort ist man im Augenblick, wo man sich mit hundert anderen auf eine Holzbank niederläßt, um aus seinem Napf zu löffeln, in die Armee der Namenlosen eingereiht, man erhält den Stempel des Proletariers aufgedrückt. Hier dagegen bleibt man, was man ist. Einsam, isoliert bis zum äußersten, ist man doch ein einzelner Mensch, der morgens die Armut aus den Falten seines Kleides schütteln und unter Menschen aller Art gehen kann. Die Einsamkeit kann in Paris groß, ja fürchterlich sein. Aber die Öde fehlt. Man geht seinen eigenen Weg, man wird nicht fortgeschwemmt von den taktfest trabenden Massen, zu denen man nicht gehört. Die öffentlichen Gärten sind wie geschaffen, um den Einsamen aufzunehmen. Die Teiche und Rasen öffnen sich jedem Blick. Ausruhen: flüstern sie. Sammlung: sagen sie. Die Gärten von Paris sind traurig, weil in ihren Alleen so viel Einsamkeit wandert, weil auf ihren Bänken so viel Leid sitzt. Aber sie sind auch hoffnungsvoll, denn überall fügen sie sich in die Stadt, die nicht müde wird zu lächeln, überall sind sie von jenem Leben umrauscht, das niemanden, niemanden ausschließt.

PROVINZ PARIS

Paris ist grau, aber es strahlt und blendet auch. Niemals ist es größer, wilder, verzehrender, als wenn man sich ihm nachts im Auto oder Zuge nähert, als wenn man vom Gipfel des Montmartre aus seine in Rauch und Licht vergehende Masse mit einem Blick umfaßt. Da zucken die Himmel mit ihren armen, geschlagenen Sternen in fiebriger Röte. Da wandert die scheinwerferhafte Unruhe des schlaflosen Lebens am Höhendunst entlang, den man nun für Wolken, nun für den Hauch Millionen Atmender hält. Da ziehen sich die Lichterketten der großen Boulevards in nervösem Krampf zusammen, da klaffen die feuchten Fassadenschluchten wie von Feuersbrünsten angeglüht, da dröhnt die Weltstadt, die den Schlaf nur als Gift kennt, in einem einzigen unterdrückten Schrei.

Das ist die Fiebervision der Nachtarbeiter, der Zola und Balzac, die über ihren stummen Papieren in sozialer Leidenschaft vergingen – die Nacht lang – und den Blick nicht zum Fenster zu erheben wagten, weil durch seine Läden der kühle, der graurieselnde Tag drang. Es ist das Bild einer Zukunft, die niemals Gegenwart werden will. Ganz Frankreich sehnt diese Zukunft herbei und fürchtet sie gleichzeitig. Die Weltstadt ist ein gehätschelter Angsttraum. Wenn man aufwacht, ist die uralte Ordnung wieder da.

Denn sobald man begonnen hat, am Pariser Leben teilzunehmen, sobald man ein Bestandteil des Alltags geworden ist, sobald man sich daran gewöhnt hat, in den fiebrigen Glanz zu blicken und zu warten, bis er verblichen ist, zerfällt Paris in die vielen Provinzstädte, aus denen es zusammengesetzt ist. Und damit zerfällt auch das Leben in seine alten Formen. Paris bildet ein Zentrum nicht etwa durch die Lebensgewohnheiten seiner Einwohner, sondern durch die Kraft der zentralen, vom Stadtgefühl der Bevölkerung unabhängigen Einrichtungen, durch die Banken, die Regierungsgebäude, die Zeitungshäuser und nicht zuletzt durch die Fremden mit ihren Hotels, Reisebüros, Theatern und Restaurants. Alle diese Einrichtungen berühren die Gemeinschaftsformen der Pariser nicht im mindesten. Die Quartiere sind die eigentlichen Einheiten, von denen jede einen bestimmten Charakter aufweist. Jede hat ihren natürlichen Mittelpunkt, ihre Geschäftsstraßen, ihren Markt, ihre Cafés, Kinos und Promenaden. Ausflüge in andere Viertel sind selten, werden meist nur sonntags vorgenommen und nehmen leicht den Anstrich von Expeditionen an. Den einzelnen Bezirken entspricht ein bestimmtes Bezirksgefühl, das durch allerlei Festlichkeiten und Veranstaltungen genährt und von den Politikern bei den Wahlen ausgebeutet wird.

Nichts liegt dem Pariser ferner, als seine Stadt in Form einer Einheit zu sehen. Das war von jeher die Sache der Könige, der Architekten und der Generale, die Bürgerkriegsstrategie trieben. Die Industrie unterstützt diesen Quartierindividualismus eher, als daß sie ihn aufhöbe. Jede Fabrik am Rande der Stadt schafft ihre Fabrikstadt rund um sich, große Anmärsche zur Arbeitsstelle setzen sich nur langsam durch. Die Arbeitsarmee, die morgens und abends über die Boulevards zieht, in den Tunneln der Untergrundbahn verschwindet und die Autobusse füllt, gehört den zentralen Einrichtungen, den Warenhäusern, die weniger für den Pariser Kunden (der seinen Tagesbedarf in seinem Quartier versorgt), sondern mehr für den Fremden da sind, den Behörden, den Banken, den Modehäusern, den internationalen Läden. Die ungeheure Zahl der Fremden, die die Einwohnerschaft von Paris oft um ein Achtel vermehrt, wirkt im Laufe der Zeit mittelbar zentralisierend. Die Bedürfnisse der Fremden, die einem großen Teil der Pariser Brot geben, ziehen Scharen von Angestellten im Innern der Stadt zusammen. Im Viertel um die Oper ist jeder zweite Mensch ein Fremder oder einer, der von den Fremden lebt.

Wenn also der Provinzialismus der Bezirke auch bedroht ist, so hat er doch noch für lange Zeit Kraft genug, sich eigene Lebensformen zu schaffen. Der Einwohner dieser Stadt nennt sich zwar stolz einen Pariser, und er ist es natürlich auch, aber von den einheitlichen Strömungen oder Ereignissen, welche diese ungeheure Stadt immer wieder zusammenfassen, erfährt er oft erst durch die Zeitung, deren er täglich nach Möglichkeit mehrere liest. Da sitzt er denn abends vor der Türe seines Hauses wie in einem Dorfgarten, beherrscht mit einem Blick das ganze Leben seines Viertels, die Kramläden, die Kneipen, die Straßenecken, den kleinen Platz, und liest im Abendblatt, was sich im fernen, fernen Batignolles oder Villette, zwei Schritt von ihm zugetragen hat. Mit anderen Worten, die Widerstandskraft des Parisers gegen die standardisierende Tendenz der Großstadt ist gewaltig. Er pfeift auf weltstädtisches Tempo, er würde denjenigen erstaunt anblicken, der ihm gegenüber versuchen würde, diesem Tempo eine absolute, sagen wir dynamische Bedeutung zuzusprechen. Die manchmal aufdringliche Bewußtheit des Berliners, der es gar nicht fassen kann, daß seine Stadt so groß ist, fehlt ihm vollständig. Er ist eben ohne Romantik, – Gleisdreiecke, Notturnos aus Kabeln, Stahl und Schienen sagen ihm nichts, dahinbrausende Hochbahnzüge, aufkletternde Turmhäuser setzen seine Phantasie nicht in die geringste Wallung. Da er nie für den Klang des Posthorns im Mondenschein geschwärmt hat, hat er auch für das Autohorn, die Sirenen, das Megaphon, den Lautsprecher im Schein der Bogenlampen keine Sensation übrig.

Der Berliner ist rührend in seiner Romantik, er nennt den ganzen Rummel einfach „Tempo“ und ist ein strammer Weltstädter, der Franzose vollführt einen Heidenspektakel und bleibt ein Provinzler. Im Deutschen steckt auch der Weltstadt gegenüber eine wunderbare Disziplin, er unterwirft sich und sein Stadtbild, ja sein Denkbild ohne weiteres dem Zwang und der Not des Raumes, er hat sogleich ein System zur Hand, um die erdrückende Mechanik der Millionensiedlung zu erklären, zu verstehen, zu rechtfertigen. Die Geschwindigkeit, mit der er von seiner Wohnung in die Untergrundbahn und von dieser in den Aufzug gesogen wird, setzt sich in Philosophie um, mit der er seine völlige Selbstaufgabe rechtfertigt. Ein Maximum von Einsicht, ein Minimum von Widerstand. Der Berliner ist stolz darauf, mit Bewußtsein ein echter Großstädter zu werden. Der Pariser hat nur das eine, übrigens unbewußte Bestreben, seine Eigenart zu bewahren. Das geht bis ins Physiognomische und bis in die sichtbaren Merkmale seiner Erscheinung. Seine Gesichtszüge weisen eine erstaunliche Vielfalt auf, er verabscheut einen einheitlichen Haarschnitt, wie er sich in Deutschland mit so schauerlicher Planmäßigkeit durchgesetzt hat, sein Auge ist ruhig, die Bewegungen, mit denen er auf das Eintreten von Kunden in seinen Laden reagiert, sind langsam bis zur Verachtung. Der ältere Pariser verabscheut die Konfektionskleidung, er geht gerne im langen, grauen Leinenkittel der Werkstatt über die Straße. Nichts an ihm ist neu, gegossen und gerade, über seiner Kleidung liegt eine höchst persönliche Patina von Flecken und Freiheit.

Was man bei der Betrachtung dieses schrankenlosen Individualismus für Ursache und was für Wirkung nimmt, hängt sozusagen von der Weltanschauung des Betrachters ab. Ist man auf den Glauben an das Walten der wirtschaftlichen Gesetze eingeschworen, so wird man sich der rentenbildenden Kraft des Landes erinnern, die zusammen mit dem alle Lebensbedürfnisse mühelos erzeugenden Boden des Landes den Franzosen vor der Proletarisierung und ihren Begleiterscheinungen schützt. Um jeden Pariser, wenn er seinen Tag auch an der Drehbank verbringt, steht unsichtbar im ewigen Glanz die Natur des süßen Frankreich, die mühelos alles erzeugt, was der Mensch für seine primitiven Bedürfnisse braucht. Diese wenigstens prinzipielle Unabhängigkeit des Individuums von der Weltwirtschaft begünstigt die Anbetung des toten Kapitals. Der wirtschaftliche Kreislauf, in den der Franzose eingespannt ist, ist so klein, so übersichtlich! Das wirkt auf den Pariser zurück, dessen wirtschaftliche Existenz naturgemäß die komplizierteste von allen ist. Aber man bedenke doch, daß selbst in Paris der Reichtum, der Besitz fast das einzige Ideal, fast die einzige Form der Romantik ist, der der Pariser sich hinzugeben wagt. Der Reichtum hat hier keineswegs den schwefligen Geruch der Ausbeutung an sich, er bleibt das Ideal auch der einfachsten Klassen, der kleinsten Angestellten, Händler und Handwerker. Der Besitz wird freilich hart genug errungen, in fieberhafter Arbeit, von der die Frau einen erheblichen Teil trägt, mit vielen Entbehrungen und wenig Schlaf in dunklen Hinterzimmern, mit dem ganzen Widerwillen des Gefühls, das in der Arbeit nur ein unsympathisches Mittel zum Zweck erblickt, mit der Erwartung, daß die unwürdige Plagerei bald ein Ende haben möge. Erst wer in die Armee der Lohnarbeiter eintritt, beginnt zu zweifeln, und doch ist auch ein Pariser Klassenkämpfer schärfer gegen den Marokkokrieg als gegen das Kapital, böser gegen die Generale als gegen Lazard

Frères gestimmt. Glüht vielleicht auch in seinem Herzen noch die Hoffnung, eines Tages Staatsrenten kaufen zu können – unter der Voraussetzung, daß der Staat sich nicht auf gefährliche Abenteuer einläßt?

Natürlich kann man mit einer solchen Charakterisierung der Art, wie der Franzose zum Phänomen des Reichtums steht, das ungeheure Problem nicht erschöpfen, das sich mit der fortschreitenden Entwicklung der französischen Industrie stellen wird und das sich einstweilen darin ausdrückt, daß der Kleinkapitalist beginnt, sich für Aktien zu interessieren und daß der Wille zum Klassenkampf beim Lohnarbeiter vom politischen Rebellentum zum reinen Marxismus hinüberwechselt. Aber es bleibt doch eine Tatsache, daß das eigentümliche Verhältnis zum Besitz den Pariser zum Provinzler macht. Wer einen noch so bescheidenen Reichtum schaffen will, muß sich in Paris auf seinen kleinen Kreis konzentrieren. Ein Mensch, dessen Ideal die Muße ist, wird niemals ein richtiger Großstädter. Ein Mensch, der sozial unabhängig werden will, muß auf den schwindelnden Aufstieg ebensosehr verzichten lernen wie auf die Bindung an eine Klasse. Damit ist die provinzielle Lebensform des Pariser Kleinbürgers angedeutet. Wer Bedürfnisse hat, ohne reich zu sein, muß seine Arbeitsleistung steigern und gerät in kapitalistische Abhängigkeit. Also ist der Pariser bedürfnislos. Nirgendwo wird so deutlich wie in Paris der Grundsatz demonstriert, daß Bedürfnisse nichts weiter sind als Fallstricke des Teufels, will sagen des Ausbeuters. Das Kino wird von Arbeitern besucht und von der Oberklasse. Der Kleinbürger ist viel zu schlau, um sich an den Zauber dieser Unterhaltung zu gewöhnen. Da er mit einem Minimum an Arbeit ein Maximum an Ersparnissen schaffen will, sind seine Vergnügungen notwendigerweise provinziell, sie wurzeln meistens in einem fanatischen

Kult des Familienlebens, das sich in der Werkstatt oder im Laden abspielt, wo die Ausübung des Berufs unmerklich in das Privatleben, in die Erholung übergeht.

Die scharfe Trennung zwischen Geschäft und Privatleben ist ein großstädtisches Symptom, das überall da auftritt, wo eine Glocke wie das Schicksal die Stunde schlägt und die Menschen aus den Büros und Fabriken auf die Straße und in die Wohnungen treibt. Für einen richtigen Pariser Kleinbürger gibt es diesen Glockenschlag nicht, bis in die Nacht hinein strömen die Kunden in seinen Laden, in seine Werkstatt, nur daß diese Kunden sich mit der vorrückenden Stunde in Freunde, Verwandte, Angehörige verwandeln, die nicht bestellen oder kaufen, sondern schwatzen wollen. Das Ideal dieses irdischen Daseins aber bleibt, solange der Reichtum noch nicht gewonnen ist, den Stuhl vor die Haustür zu rücken und mit verschränkten Armen auf das Leben zu blicken.

Provinz Paris: in der Erscheinung deines Bürgers, der abends vor der Haustür sitzt, erblicken wir das Geheimnis deines unzerstörbaren Lebens. Jede Großstadt trägt ein Element der Hoffnungslosigkeit in sich, da sie ihren Sinn in einer grenzenlosen Entwicklung sucht. Nur Paris nicht. Hartnäckig widerstehen seine Bürger dieser Entwicklung ins Hoffnungslose. Wo sie sich niederlassen, da entsteht Provinz um sie, sie drücken dem traurigsten, unmenschlichsten Winkel den Stempel ihres Beharrungsvermögens, ihrer Kunst, sich einzurichten, auf. Sie nisten sich ein, sie verwandeln die Mietskasernen in Dörfer, die Geschäftsstraßen in Jahrmärkte, sie versammeln sich bei offenen Fenstern um die Flasche Rotwein und die Schüssel Salat, und siehe, um sie entsteht die kleine Stadt, die Provinz, letzte Zuflucht des Menschlichen, letzte Insel einer vergehenden Welt, deren Ideal nicht die Arbeit, sondern die Muße ist.

Der feurige Nachthimmel über Paris glänzt, aber er blendet auch. Die Weltstadt Paris mit ihren tödlichen Leidenschaften, ihren Lastern, ihren geistigen Räuschen, ihrer tosenden Schlaflosigkeit ist ein Angsttraum, die Wirklichkeit ist anders. Die Bewohner dieses in farbigen Fiebern zuckenden Ungeheuers leisten Widerstand gegen die Versklavung durch Bedürfnisse und Fortschritt. Frankreich ist eine Insel in dem Meere Europa. Jeder Pariser ist eine Insel in dem Meere Paris.

Der Pariser, soweit er nicht durch Stellung, Geld oder Intelligenz international gesprenkelt ist, der Pariser als Kleinbürger ist also ein Provinzler, der dank dieser seiner Beschaffenheit seine Individualität gegen die Stanzmaschine Weltstadt verteidigt. Die französische Provinz ließe sich also, wenn man das Paradoxe nicht scheut, am folgerichtigsten von Paris aus beschreiben. Eine Geographie der Bezirke (Arrondissements), in die sich die Pariser Verwaltung gliedert, oder gar der Viertel (Quartiers), wie sie die Behörden der direkten Steuer zugrunde legen, würde den Typ des französischen Provinzlers ziemlich rein herausarbeiten. Reiner vielleicht als in den Provinzstädten selbst, denn in diesen macht die Charakterisierung ihrer Bewohner gewisse Schwierigkeiten, weil die mittleren und kleinen Städte Frankreichs mit denen anderer Länder vieles, ja die Hauptzüge gemeinsam haben. Mit einem Wort, das Provinzielle des Franzosen, das seine Anmut, seinen Reiz, aber auch seine Schwäche, sein Versagen ausmacht, tritt beim Pariser dank der kontrastierenden Kulisse greller hervor als in der kleinen Stadt.

Sagen wir es gleich: daß der Franzose sich weigert, ein Partikel der Weltstadt zu werden, macht sein persönliches Glück und universelles Unglück aus. Je mehr er sich im Kreise seiner Familie bewahrt, um so mehr versagt er der

Welt gegenüber. Je geglückter der Typ des Provinzlers, um so unvollkommener der Typ des Europäers. Mit der Steigerung der privaten Eudämonie sinkt seine Geltung in der Weltgemeinschaft. Das hat die junge Generation deutlich erkannt, die „Lebenden“ richten ihre Tatkraft auf die Entwicklung des Kollektivbewußtseins und geben laut der Befürchtung Ausdruck, der Franzose möge den Anschluß an die ständig sich umformende Welt verlieren. Die Parole des Realismus ist aus dem Streben geboren, Frankreich vor dem Schicksal einer „nation démissionaire“ zu bewahren. Man beginnt einzusehen, daß der schrankenlose Individualismus damit enden muß, daß Frankreich ein künstlich erhaltenes Idyll in einer sich rationalisierenden Welt wird.

Alles Schiefe und Unwahre in der Haltung Frankreichs zu Europa kommt, wie wir sehen werden, aus dem Zwiespalt, die alten Werte bewahren zu wollen und doch den gebieterischen Ruf der neuen Ideale zu fühlen, mögen diese alten Werte und neuen Ideale sich nun als Sicherheit und Abrüstung gegenübertreten oder als Maß („mesure“) und Wahrheit oder als Individualismus und Kollektivismus oder als Rentnermoral und Wirtschaftsgefühl. Dieser Zwiespalt nimmt manchmal geradezu die Formen eines Krampfes an, dessen beispiellose Unruhe sich in Stößen durch ganz Europa fortpflanzt. Frankreich fühlt mit Recht eine junge Welt über seinen Leib, der so geblutet hat, hinwegstürmen. Es wechselt dauernd in dem Drang, aufzuspringen und mitzustürmen oder liegenzubleiben und sich mit ergreifender Stimme zu beklagen. Und wer anders ist für Frankreich der Inbegriff dieses dahinstürmenden Tempos als Deutschland! Das ganze Problem Frankreich-Deutschland liegt hier, und darum wird es nie völlig zu lösen sein. Verständigung – ja, und so schnell wie möglich. Freundschaft oder gar Liebe – niemals! Europa, ja die Welt arbeitet mit aller Kraft daran, aus jedem Menschen, und sei es der einsamste Bauer, einen Weltstädter zu machen, Frankreichs Kraft konzentriert sich darauf, im exponiertesten Pariser den Provinzler zu bewahren.

DIE KLEINE STADT

Der französische Provinzbewohner beschäftigt sich logischerweise hauptsächlich damit, sich nach Paris zu sehnen. Nirgendwo in der Welt kann man so leidenschaftliche Schimpfreden auf das „verdammte Loch von einem Nest“ und solche sehnsüchtigen Hymnen auf Paris hören wie in einer französischen Kleinstadt. Wohlgemerkt, von der richtigen Kleinstadt ist hier die Rede, nicht von den Provinzstädten wie Rouen, Toulouse, Lille, Lyon, Bordeaux, Le Havre, die – obwohl sie außer dem herrlichen, wilden, unerschöpflichen, glühenden Marseille kaum moderne Großstädte sind – über ein kräftiges Selbstbewußtsein verfügen, das durch ihre politische Rolle nur gesteigert wird. Denn die großen Provinzstädte sind, was die Triebkraft der französischen Innenpolitik, das Parteileben angeht, die Herren von Paris. Innerpolitisch ist Paris nichts weiter als das Zentrum einer Gegend und nicht einmal der wichtigsten, da sein unruhiger Pulsschlag die Festigkeit des Parteigedankens, wie er sich in Lyon und Toulouse am stärksten ausdrückt, nicht aufkommen läßt. Die politischen Strömungen gehen von der Provinz aus, der Süden des Landes ist das Sammelbecken der demokratischen, antiklerikalen Tendenzen, Lothringen und der Nordwesten versenden die Impulse des Nationalismus, der allerdings dann in Paris, dem Sitz der intellektuellen Herrschaft, seine verführerischen Formulierungen erfährt. Die Parteien, besonders die der Linken, haben übrigens schon seit Jahren die Tendenz, die kleinen Städte von den Departementshauptstädten aus systematisch in die Rahmen des Parteilebens einzuspannen und denjenigen unter ihnen, die von der Verwaltungsreform des Jahres 1926 betroffen worden sind und dabei ihre Unterpräfekturen oder ihre Gerichtsbehörden verloren haben, einen Ersatz durch Entsendung von hervorragenden politischen Rednern zu örtlichen Veranstaltungen zu verschaffen. In der Tat, die kleinen Städte können sich nicht beklagen. Früher bebten sie vor Stolz, wenn der Unterpräfekt zum Stiftungsfest der Feuerwehr erschien, heute rechnen sie schon mit einem Minister, zum mindesten aber mit einem namhaften Abgeordneten, der ihre Bankette durch eine programmatische Rede mit der großen Politik in Verbindung bringt.

Der Fremde, der eine kleine Stadt in Frankreich zum ersten Male betritt, gerät zunächst in einen Zauberkreis von Sinneseindrücken, Ahnungen und Erinnerungen, aus dem er nur schwer entrinnen und bis in den Mechanismus des täglichen Lebens vordringen kann. Dieser Zauberkreis ist voll Ruhe, ja voll Schlaf. Die schweigsamen Straßen mit ihren niedrigen Häusern treffen auf kleinen Plätzen zusammen, deren schwere Bäume einen grauen zierlichen Brunnen umgeben. Gestern war noch Jahrmarkt auf einem solchen Platz, dessen Gras zertreten ist, aber heute sieht er schon wieder so aus, als würde ihn nie mehr ein Mensch überqueren. Man weiß, welch ein Reichtum von Bauwerken achtlos über die französische Erde geschüttet ist. Jede kleine Stadt hat ihre alten Hoftore, in deren silbergrauen Stein eine vergessene Meisterhand ein Blumengewinde, eine Figur, ein Ornament gemeißelt hat. Mehr als ein Schuppendach wird von verfallenen, aber ergreifend reinen gotischen Kapitellen getragen. Die schweren, niedrigen Einfahrtore der alten Bürgerhäuser schließen ihre Bogen zu feingeschnitzten Engelsköpfen oder Fruchtstücken zusammen, die schmalen hohen Fenster sind von zarten schmiedeeisernen Balkongittern gehalten, deren einfache Zierlichkeit die allzu ernsten Hausfronten auflockert und doch gleichzeitig gliedert. Nirgendwo wie in französischen Kleinstädten sieht man an den Straßenkreuzungen so sinnvolle Eckhäuser, die wie Brückenpfeiler den Lauf der Straße zerteilen. Und die Kathedralen! Man sieht Kirchen, die so alt sind, daß sie fast noch befestigten Gutshöfen gleichen mit ihrem gewaltigen Schindeldach, ihren schießschartenähnlichen Fenstern, ihren kleinen dicken Rundtürmen an den Ecken der Umfassungsmauer, und man sieht raffinierte, silbrige Dome, die über dem Städtchen zu schweben scheinen mit ihren überreichen, schlanken Türmen. Kein Markttag, kein Kirchenfest, keine sportliche Veranstaltung kann die Stille dieser Städte länger als auf Stunden verscheuchen. Es ist, als habe die Menschheit für immer die Hände in den Schoß gelegt, und da man kein Störenfried sein will, nimmt man sich zunächst einmal vor, hier in diesem Hause, dessen weiten Garten man ahnt, sein Leben zu beschließen. Heimwehluft rührt die Linden des Platzes, und diese Luft schafft die gefährlichste aller Illusionen, daß hier der Frieden zu Hause sei, daß es hier keinen Haß, keine Unruhe, keine trübe Leidenschaft, keine Verfolgung mehr gebe, sondern nur noch die ausgeglichene Weisheit zeitloser Tage.

Das Beharrungsvermögen der Provinz schafft sich also architektonischen Ausdruck, der sich unter dem Druck moderner Erfordernisse nur widerwillig wandelt. Der Bahnhof ist der Gegenpol der Kathedrale. Er erzeugt eine Bebauung, die als modern im schrecklichsten Sinne gelten kann. Er schafft um sich einen Platz, auf dem das Hotel Terminus und das Hotel de France stehen, zusamt dem Café de Commerce. Alle drei Einrichtungen dienen dem Kontakt mit dem Geist der Zeit, die Hotels beherbergen die Geschäftsreisenden und Touristen, im Café wird das hergestellt, was man öffentliche Meinung nennt, also die Politik und die Sehnsucht nach Paris, die sich entweder in scharfem Tadeln der Zentraleinrichtungen oder in bitteren Betrachtungen über die Rückständigkeit der kleinen Stadt Luft macht.

Seltsam, wie alles an diesem Städtchen abprallt! Da ist nun ein tüchtiger Mann aus Marseille oder Paris gekommen, hat am lieblich bebuschten Flüßchen ordentlich Terrain gekauft, hat einigen Herbergswirten Geld zum Umbau, zur Modernisierung ihrer Betriebe geliehen, hat eine Auskunftsstelle des „Syndicat d'Initiative" – eine Organisation zur Hebung des Fremdenverkehrs – eingerichtet, hat eine Promenade mit einem Blumenbeet angelegt, hat den Abgeordneten des Kreises herangeholt, der das „Casino" mit einer Rede eingeweiht hat! Und tatsächlich sind auch Fremde gekommen, die im Fluß baden, angeln, Kahn fahren, in den Anlagen Bücher lesen, Handarbeiten machen und in den Hotels 10 Prozent Luxussteuer sowie 4 Prozent Aufenthaltsabgabe zahlen. Aber das Städtchen muckst nicht. Wenn die Blätter fallen, fahren die fremden Besucher mit ihrem Angelgerät nach Hause, und um die Kirche ist es gerade so still wie vorher. Die einzige Folge einer solchermaßen eingedrungenen Geschäftigkeit ist, daß die Abwanderung der Einheimischen nach Paris zunimmt. Der Zustrom von Fremden verstärkt den Blutumlauf der kleinen Stadt nicht etwa, sondern er verdünnt ihn.

Wohl ist in den letzten Jahren auf der Bahnhofstraße ein kleines Warenhaus entstanden, das meist „Magasin de Paris" heißt, es hat aber kaum ein Kleingeschäft zu verdrängen vermocht. Es verdankt sein Bestehen hauptsächlich dem Umstande, daß eine große Anzahl von häuslichen Fähigkeiten – wie Wäschenähen und -weben – verschwunden ist und die Handwerker teils weniger haltbare Gegenstände als früher anfertigen, teils neue Bedürfnisse zu befriedigen haben. Aber das Trauermagazin mit seinen pompösen Sarggriffen, Kreppschleiern und Glaskränzen blüht immer noch, und auch der Laden mit religiösen Artikeln, Gebetbüchern, elfenbeinernen Kruzifixen, Geschenken für die erste Kommunion und Wachskerzen für alle Gelegenheiten ist immer noch auf der Höhe. Nicht etwa, daß die Leute besonders religiös wären, aber sie gehen doch alle ins Hochamt am Sonntag, weil es eben ein gesellschaftliches Ereignis ist, und sie feiern fleißig die religiösen Feste, da sie ihnen Gelegenheit geben, möglichst viele Familien zu Promenaden durch die Stadt und zum Kaffee zu versammeln.

In den Weltstädten ist die patriarchalische Weisheit, daß die höchste Aufgabe des Menschen darin besteht, zu leben, abhanden gekommen. In der französischen Kleinstadt ist sie noch lebendig. Das Gerippe des Tages ist die Folge der Mahlzeiten und der Ruhepausen, die heilige Einrichtungen sind und von aller Welt respektiert werden. Eine fast andächtige Erhaltung des Lebens, ein ängstliches Abrücken von aller hastigen und planlosen Verschwendung der körperlichen und geistigen Kraft vermittelt dem Außenstehenden einen Eindruck davon, wie dünn und gemessen die Quelle des Wachstums, der Lebenskraft hier fließt. Zwei Faktoren vor allen vermögen in diesen Menschen verschwenderische Höchstleistungen und Ausnahmezustände jenseits der Vernunft zu entfesseln: die Verteidigung des Besitzes und die Ehre.

SÜSSES LEBEN!

Wovon leben diese Menschen eigentlich? Daß sie leben, und zwar intensiv leben, mit dem genauen Bewußtsein vom absoluten Eigenwert des Daseins, bildet beinahe ihre hervorstechendste Eigenschaft. „Süßes Leben! Schöne freundliche Gewohnheit des Daseins und Wirkens“ – wenn sie diesen Satz kennten, so würden sie ihn bejahen und dabei den Ton weniger auf Wirken als auf Dasein legen. Staatsanwälte aus kleinen Städten erzählen uns, daß fast alle von ihnen behandelten Straftaten von Zugereisten begangen werden, also entweder von fremden Geschäftemachern oder Angehörigen der Arbeiterklasse, die nicht bodenständig, sondern von dem vorübergehenden Bedarf einer örtlichen Industrie angelockt sind, oder schließlich von den vielen, vielen aus dem Auslande zugewanderten Landarbeitern. In einer Stadt von zehntausend Einwohnern wurden in einer Gerichtsperiode fünf schwere Fälle abgeurteilt, ein Mord, von einem polnischen Landarbeiter begangen, ein Sittlichkeitsverbrechen, dessen Urheber ebenfalls ein Ausländer, ein Maurergeselle, war, ein Fall von Straßenraub, der einem aus Bordeaux zugewanderten Hilfsarbeiter in einer Spinnerei zur Last fiel, eine Brandstiftung zum Zweck der Schädigung einer Versicherungsgesellschaft, von einem Pariser Mechaniker verübt, der eine Garage eingerichtet und damit Schiffbruch erlitten hatte, und schließlich eine schwere Körperverletzung mit tödlichem Ausgang, für die ein Einheimischer vor Gericht stand. Es handelte sich um einen ehemaligen Bäckermeister, der sich ein kleines Vermögen für seinen Sohn aufgespart hatte. Dieser Sohn, anstatt der Stolz des Vaters zu werden, verbummelte an der Seite einer Geliebten in Paris. Eines Tages suchte das Paar den Heimatort des Sohnes auf und wurde von dem bekümmerten Vater gestellt, der im Verlaufe eines heftigen Wortwechsels dem Mädchen, einem farbenprächtigen Frauenzimmer, mit seinem Stock über den Kopf schlug, was eine tödliche Erkrankung zur Folge hatte. Der Fall kam zur größten Genugtuung des ganzen Städtchens nicht zur Aburteilung, da der Vater in der ersten Sitzung einen Schlaganfall erlitt, von dem er sich bisher noch nicht erholt hat.

Der Kleinstädter hat wenig Neigung, den ruhigen Verlauf seines Daseins durch Kundgebungen der Leidenschaft zu gefährden. Eigentumsdelikte, besonders in der komplizierten Form von Unterschlagung, Fälschung und Betrug, die noch am ehesten für dies Milieu in Frage kämen, sind durch die übersichtlichen Verhältnisse in einer kleinen Stadt zu sehr erschwert, um Aussicht auf „glücklichen" Verlauf zu haben. Straftaten aus Leidenschaft werden den Parisern überlassen, und zwar hauptsächlich deswegen, weil die Erotik eine geringe Rolle spielt. Vielleicht sind die französischen Kleinstädte deshalb so schläfrig und so ohne Horizont, weil es in ihnen so wenig entfesselte Liebe gibt. In Frankreich ist auch die Liebe zentralisiert, geheimnisvolle Reisen in die Hauptstadt des Departements oder nach Paris sind beliebt und gewährleisten den Frieden der kleinen Stadt, deren Bewohner sowohl die edlen als auch die unedlen Erschütterungen aus ihren Mauern fernzuhalten wünschen, ohne daß dies immer gelänge. Denn der kleinstädtische Frieden ist von mancher in der Provinz lebenden Seele mit um so schrecklicheren Opfern bezahlt, als niemals jemand von ihnen erfährt. Nur der Beichtvater verschließt in seiner Brust die furchtbaren Seelenmorde, die die Provinz verüben kann. Die Welt hört nichts von den lautlos erstickten Tragödien, die ein stummes kleinbürgerliches Leben erfüllt haben. Eine Liebe, die niemals Wort werden konnte, ein rasender Ehrgeiz, der sich nicht einmal in der

Dunkelheit des Schlafes zu verraten wagte, eine Rache, die nie verübt werden konnte, Leidenschaften, von denen nicht ein Brief, nicht eine verwelkte Blume blieb. Geheimnisse, die weder das Testament noch das Grab hergab, – das ist manchmal die Kehrseite dieses verschlafenen Alltags, von der die Dichter Frankreichs in ihren Erzählungen aus dem Provinzleben Kunde bringen.

Junggeselle zu sein ist in der Welt, von der wir sprechen, ein unerlaubter und mindestens unhaltbarer Zustand. Ein unverheirateter Kaufmann oder Beamter, der nicht reich genug ist, um eine Haushälterin zu nehmen, findet nur mit Mühe eine Wohnung, da das Vermieten möblierter Zimmer ungebräuchlich ist. Er muß einen Raum im Hotel mieten und findet sich dreimal am Tage an der Table d'hôte ein, um mit den anderen Einsamen seine Mahlzeit zu nehmen. Der Anblick dieser Mahlzeiten ist sehr einprägsam. Das fleckige Tischtuch, die vergilbte Serviette, die unordentlichen Berge von Brot schaffen den unbehaglichen Eindruck vernachlässigter und unzufriedener Männer. Da sitzen sie nun mit aufgestützten Ellenbogen, den Zahnstocher im Munde, die Teller beiseite geschoben und ersetzen das ersehnte Geplauder mit Frau und Kind durch unduldsame politische Debatten oder Kartenspiel. Für sie gibt es nur eine Lösung: Heiraten oder Paris.

In der Gesellschaft kommt der Junggeselle nur als Heiratskandidat in Frage; als solcher ist der Beamte natürlich am stärksten gefragt. Nicht etwa, daß man seine Stellung als sozial besonders gehoben betrachtete, aber seine Zukunft ist gesichert, sein Werdegang hat ihn Sparsamkeit und Vorsicht gelehrt, denn der französische Beamte hat selten Vermögen, er ist auf seine Einkünfte angewiesen und immer bestrebt, sich der bürgerlichen Welt, in der er lebt, anzugleichen und in ihr Fuß zu fassen. Er weiß, daß der Versuch, sich mit Hilfe seines Amtes von der ihm sozial benachbarten Schicht abzusondern, an der Gleichgültigkeit des Bürgers gegen die staatliche Würde scheitert. Der Beamte ist als Machtfaktor nur insoweit geschätzt, als er Beziehungen mit sich bringt und als es nützlich ist, mit ihm selbst Beziehungen zu haben, um bürokratische Schwierigkeiten zu überwinden oder um Vorteile geschäftlicher Art zu erlangen, wie die Behörden sie mitunter zu vergeben haben. An sich ist der Beamte der traditionelle Gegenspieler des Kleinstadtbürgers, da er häufig den Ort wechselt, den Zentralismus verkörpert und, von oben gelenkt, durch eine festgefügte Welt vagabundiert, um dieser die Infektionskeime seines Wandertums mitzuteilen. Gerade deswegen ist die Bedeutung des Beamten im Steigen begriffen, er bringt sozusagen den Fortschritt in seinem Möbelwagen oder Reisekoffer mit, er vermittelt die lebendigen Impulse von draußen, er stört zunächst einmal unter allen Umständen, aber sehr häufig verwandelt sich seine Rolle des Ruhestörers in die des Anregers, des Entfachers frischer Luft.

Wenn man das Paradoxe nicht scheut, so kann man einen Vergleich zwischen dem Beamten und dem Inhaber der Garage ziehen. Die Bedeutung der Garagen in den kleinen Städten ist groß. Sie sind zahlreich, vorzüglich ausgestattet und arbeiten überraschend gut. Der Franzose ist ein Mechaniker ersten Ranges, der einem schadhaften Motor schnell und genau die Diagnose stellt. Sein Geschäft geht gut, er zieht nicht nur die durchreisenden Autos an und vermittelt so einen gewissen Kontakt mit der vorüberjagenden Außenwelt, sondern reizt auch die Einheimischen selbst zum Kaufen, zur Modernisierung ihres Lebens. Der Beamte repräsentiert das Kollektivum, seine Anwesenheit gibt der kleinen Stadt das Bewußtsein der Zugehörigkeit zur Gesamtheit, der Garagist repräsentiert die andere Macht, die Maschine. Seine Person, seine Werkstatt zeugt von der rastlosen technischen Entwicklung, von dem sogenannten Aufschwung, von dem fieberhaften Bemühen der großen Stadt, ja der ganzen Welt um Fortschritt. Das Automobil ist vielleicht der stärkste fortschrittliche Faktor in Frankreich, seine Verbreitung und Popularität ist außerordentlich. Doch darf man sich in Rückschlüssen vom Wagen auf den Menschen nicht zu weit vorwagen. Das Beharrungsvermögen des Kleinstädters ist auch hier sehr stark. Er kauft zwar einen Wagen, aber mit ihm durchaus nicht immer die Gesinnung, die man z. B. in Deutschland so gern mit einem Auto verbindet. Er fährt es zwar gut und bekommt es überall im Handumdrehen repariert, aber die Schlagworte von Tempo und Präzision prallen doch an ihm ab. Ich habe sogar würdige Priester ihr Auto über die Landstraße von Frankreich lenken sehen, habe aber nie gehört, daß gerade sie deswegen „liberaler“ oder „moderner“ wären.

Wenn das Leben in der französischen Kleinstadt sich hier als eine Art Idyll darstellt – an dem auf die Dauer teilzunehmen niemandem zu raten ist –, so muß man bedenken, daß der genügsame und lebenbejahende Geisteszustand dieser Menschensiedlung weder übertragbar ist noch ein Ideal darstellt, sondern mit einer bestimmten wirtschaftlichen Lage untrennbar verbunden ist. Wovon leben die Menschen in diesen Städten? Nun, sie sind zunächst einmal sehr genügsam und haben nur ganz geringe Bedürfnisse an Komfort, Kleidung und Unterhaltung. Der Kern einer kleinen Stadt wird von Häuserbesitzern gebildet, die ein wenig Boden oder Weinland in der näheren Umgebung haben. Von 90 Departements sind 49 reine Landwirtschaftsbezirke, in den übrigen 41 ist Landwirtschaft mit Industrie gemischt und zwar in fünfzehn Verwaltungsgebieten dank einer Großstadt. Nur das Departement Seine (Paris) ist ein reiner Industriebezirk. Der größere Teil von Frankreich ist also von der Landwirtschaft in Anspruch genommen (allerdings nicht voll ausgenützt), ohne daß deshalb die Anzahl der kleinen Städte in ihm kleiner wäre. Seine Bevölkerungsdichte ist so gering – fünfzig Einwohner auf den Quadratkilometer –, daß im Jahre 1926 über zwei Millionen Ausländer in Frankreich Arbeit fanden und zwar zum größten Teil in der Landwirtschaft. (Die Einwanderung von Ausländern nach Paris ist nicht mitgerechnet, da ihr Charakter dank den vielen Touristen nicht zu bestimmen ist.) Die Abwanderung der einheimischen Bauern und Landarbeiter in die Städte ist groß. Allein die Zahl der kleinen Städte bis zu 20000 Einwohnern ist seit 1921 von 569 auf 639 gestiegen. Diese Vermehrung ist zweifellos der industriellen Entwicklung zuzuschreiben. Trotzdem lebt der größte Teil der Franzosen immer noch von anderen Erwerbsquellen als der Industrie. Der innere Schuldendienst des französischen Staates beläuft sich auf ungefähr 22 Milliarden Francs im Jahre. Errechnet man aus dieser enormen Summe auch nur ganz oberflächlich den Durchschnitt der Inhaber von Staatsrenten – wozu die Besitzer ausländischer Staatstitel treten, – so ist die Frage, wovon die Leute in der kleinen Stadt eigentlich leben, wenigstens andeutungsweise gelöst.

Der Franzose hat sein ganz spezielles Verhältnis zum Kapital. Für ihn ist das Geld nicht Mittel, sondern Ziel. Er liebt den Reichtum, alle Schichten bringen dem Begriff Vermögen die gleiche bedingungslose Verehrung entgegen, selbst der Mann der Unterklasse empfindet aufgehäuftes Geld nicht als sozial anrüchig. Mit anderen Worten, der französische Kapitalismus ist mehr auf Dauer und Bewahrung als auf Schöpfung eingestellt. Davon weiß die Industrie ein Lied zu singen, denn der Aberglaube des Franzosen an Staatspapiere geht so weit, daß er lieber mexikanische

Staatsfonds kauft, eben weil sie von einem Staat mit Gesetzen, Oberhaupt, Armee usw. ausgegeben werden, als das Papier eines Industrieunternehmens, dessen Produkte er täglich sieht und benutzt und dessen Schornsteine ihm in die Fenster rauchen. Diese Einstellung des Franzosen entspricht genau seiner Zivilisationsidee oder ist vielmehr aus der gleichen Quelle wie diese geboren. Sie schließt das Risiko soweit wie möglich aus, das eben auch nur eine Form des Schicksals, des Unberechenbaren, des Gesetzlosen ist und die Vernunft einer stabilen, ununterbrochenen Entwicklung, deren Enden der Mensch in der Hand hält, bedroht. Die Erklärung für die Lebensform der kleinen Städte, ja Frankreichs überhaupt, liegt in der Masse des toten Kapitals, das sehr breit verteilt ist – und von dem einzelnen Besitzer so eng wie möglich zusammengehalten wird. Um das in einer Familie angesammelte Vermögen nicht zu zersplittern, begnügen die Eltern sich mit ein oder zwei Nachkommen, die sie abgöttisch lieben, in denen sie nicht nur die Freude ihres Lebens, sondern ihre einzige Zukunft sehen. In der Tat, der Franzose verläßt den winzigen Kreis seines Individualismus nur in der fanatischen Zuneigung zu seinem Kinde; der Strom dieses jungen Blutes ist seine einzige Verbindung mit dem, was man Zukunft, was man Gesamtschicksal nennt.

In der kleinen Stadt, die ich im Auge habe, ohne daß ich ihren charmanten, den Fluß und die sanften Hügel hervorrufenden Namen nennen möchte, leben 30 Prozent Rentner, 20 Prozent ländliche Angestellte, 30 Prozent Kaufleute und Händler, die alle werdende Rentner sind, sowie Beamte und freie Berufe und schließlich 20 Prozent Industriearbeiter, was dem Städtchen den Ruf eines aufstrebenden Industrieplatzes einträgt. Rentner, Angestellte, Kaufleute und Händler bilden eine feste Masse von fertigen oder zukünftigen Kapitalisten oder Dienern am Kapital. Die meisten Rentner haben etwas Land und sind teilweise Selbstversorger, was fehlt, liefert ihnen der Händler. Die Kluft zwischen dem daraus sich ergebenden bescheidenen Umsatz und dem Spardrang wird durch eine weitgehende Bedürfnislosigkeit wettgemacht, der die Häuser, Kleider und Möbel ihre Patina verdanken. Es wäre völlig aussichtslos, wollte ein Unternehmergenie diesen Menschen neue Bedürfnisse entlocken. Sie begnügen sich damit, ihre jahrhundertelangen Bedürfnisse zu pflegen und zu befriedigen, auch manchmal zu verfeinern. Das Ergebnis ist das, was wir Tradition nennen. Geradezu überwältigend war für mich die Feststellung, daß in meiner kleinen Stadt nur knapp die Hälfte der Rentner über fünfzig Jahre alt ist. Die Mehrzahl hat sich im Alter von vierzig bis fünfzig Jahren von den Geschäften zurückgezogen, steht vor der Haustür, prüft Wind und Wetter, besucht die Felder oder Weinberge, wenn sie nicht verpachtet sind, liest täglich zwei Zeitungen, eine aus dem Ort und eine aus Paris, ringt seit fünf Jahren mit dem Entschluß, einen Teil der Staatspapiere gegen chemische Aktien umzutauschen, und liest zur Erleichterung dieses Kampfes manchmal ein drittes Blatt, nämlich ein Finanzorgan, das dann später an allem Unglück schuld ist, wenn es schiefgeht.

So lebt die kleine Stadt, so möchte sie ewig leben. Aber wird die wirtschaftliche Entwicklung dieses Landes ihm diese Lebensform noch lange gestatten? Frankreich beginnt Exportland zu werden. Seine Industrie drängt nicht nur nach Absatzmärkten, sondern auch nach Steigerung des inneren Verbrauchs und völliger Änderung der Kapitalgesinnung. Wird diese Bewegung sich durchsetzen oder wird sie versanden? Das ist die Zukunftsfrage für Frankreich. Darum ist unser Bild auch nicht vollständig, nicht einmal genau, denn die langsam, aber fühlbar steigende Fülle der Übergangsformen – die Industrie, die wachsen will, teilt gewaltige Stöße aus – wäre nur auf Kosten der Grundstimmung einzufangen. Diese Grundstimmung aber läßt sich dahin zusammenfassen, daß der Franzose lieber am häuslichen Herd als am sausenden Webstuhl der Zeit sitzt.

Die gewaltige Widerstandskraft, die in der französischen Selbstauffassung steckt und die ganze Entwicklung des Landes vor allem in bezug auf die wirtschaftliche Umbildung, die sich ankündigt, noch auf unabsehbare Zeit hinaus bestimmen wird, beruht in erster Linie auf der Tatsache, daß die von uns geschilderte Zivilisationsidee nicht nur nach horizontaler Geltung strebt, d.h. für die Menschheit Sinn haben will, sondern auch vertikal durchgeführt ist und den gesamten Volkskörper von der Spitze bis zum Fundament, von der Idee bis zur kleinsten Funktion durchdringt. Wir haben es mit einer Deckung von Geist und Leben zu tun, die aus jedem Franzosen einen gebildeten Menschen macht. Freilich darf diese Bildung nicht in unserem Sinne verstanden werden. Sie äußert sich nicht einmal immer im Niveau des Individuums. Der Franzose ist häufig von einer überraschenden Unwissenheit, besonders Geographie ist seine schwache Seite, was ihm immer wieder Anlaß gibt, über sich selbst zu scherzen, ohne daß er aber Lust verspürte, diese Lücke auszufüllen. Er kennt weder das Aussehen der sein Land umgebenden Welt noch ihre Tendenzen und macht sich auch keine Gedanken über sie. Wird er doch seit Jahrhunderten mit dem Grundsatz erzogen, daß der Sinn der Welt sich völlig in der Geschichte und Geographie seines eigenen Landes darstelle und daß der Menschheitsweg sich am Wege seiner Nation zureichend ablesen lasse. Seine Bildung ist vielmehr eine Formung, sein Wesen ist gestaltet, sein Geist ist vernünftig. Ganz abgesehen davon, daß das Erziehungswesen ihm einen großen Schatz an humanistischen, also typisch französischen Gütern mitgibt, die zwar seiner Gesittung zugute kommen, ihm aber – leider! – die Orientierung in Europa nicht erleichtern, ist seine Person und sein Dasein von der zivilisatorischen Norm innerlich und äußerlich geprägt. Ihm ist ein Gleichgewicht beschieden, das in ungünstigen Fällen den Charakter der Bewegungslosigkeit annimmt. Er verfügt über eine Sicherheit des Urteils, die bis zum Eigensinn, bis zur Unbelehrbarkeit geht. Er weiß sich in allen Lagen zu erhalten und fühlt sich vor Überraschungen ebenso sicher wie vor den geheimnisvollen Stimmen des Schicksals.

Die tiefe Menschlichkeit des französischen Wesens kann in ihrer Konsequenz bis zur Unmenschlichkeit gehen, vor allem in solchen Dingen, die aufs wirtschaftliche Gebiet hinüberspielen, in seinen Beziehungen zum Kunden, zu der von ihm verkauften Ware, zu dem, was wir Pflicht nennen, und vor allem zur Arbeit. Obwohl er durchschnittlich fleißig ist und sein Metier liebt, so scheint es ihm doch, daß die Menschenwürde nicht erst durch Leistungen errungen zu werden braucht. Das deutsche Sprichwort „Arbeit adelt" ist ihm unverständlich, da er dank seiner zivilisatorischen Schulung den Adel im bloßen Menschsein hinlänglich ausgedrückt findet. Er hat mit anderen Worten ein gutes Gewissen, da die Spannung zwischen Sein und Leistung, von der Max Scheler so gern sprach, für ihn nicht besteht. Leben bedeutet für ihn ebensogut die Erfüllung einer moralischen Funktion wie der Pflicht genügen. Diese Forderung der Pflicht kann niemals über ihm schweben, sie quillt – wenn sie quillt – höchstens aus seinem Wesen und unterliegt dessen Gesetzen. Was man den französischen Individualismus nennt, gibt der Zähigkeit, mit der man in diesem Lande an der Tradition hängt, ihren Sinn.

Erneuerung kann es innerhalb dieses Fühlzwanges eigentlich überhaupt nicht geben, da das Gesetz, nach dem der

Franzose lebt, von ihm als richtig erkannt worden ist und keiner Umformungen von außen her bedarf. Ich sagte früher schon, daß sich diese Auffassung in einer bestimmten Form von Kapitalismus äußert. Sie lähmt auch das Gesetz von Angebot und Nachfrage, sie unterdrückt bis zu einem uns unvorstellbaren Grade den Wettbewerb und das Streben, eine Ware möglichst gut zu liefern, einen Gegenstand denkbar vollkommen anzufertigen. Die Glanzleistungen, zu denen gewisse Gebiete der französischen Arbeit auch heute noch gelangen, sind eher aus dem „honneur professionel“ zu erklären als aus dem Zwang, sich gegen die Konkurrenz zu behaupten. Auch die sprichwörtliche Gleichgültigkeit, ja Kälte gegen den Kunden erklärt sich aus diesem lockeren Zusammenhang zwischen Angebot und Nachfrage, der eine Fülle pittoresker Zwischenstationen ermöglicht. Der französische Kaufmann hat nicht die Gewohnheit, den Käufer festzuhalten oder gar anzulocken. Es kommt ihm nicht darauf an, ihn wegzuschicken oder durch Unpünktlichkeit zu verscheuchen. Daß Zeit eine Art von Ware ist, leuchtet keinem Franzosen ein. Ja, man kann sagen, daß das Gesetz, laut dem das Geld ebenso sicher dem größten Ertrag zufließt wie Wasser zu Tal, in Frankreich nur in beschränktem Umfange gilt.

Treibt der Franzose also seine Seinsbetontheit auf wirtschaftlichem oder, allgemeiner gesagt, auf kollektivem Felde bis zum Laster, so hat er doch als Person den größten Gewinn davon. Er ist glücklicher als wir und erfreut sich einer Harmonie, die dem modernen Volkswirt wohl Sorge bereiten mag, aber doch den größten Reiz seines Landes ausmacht und die es dem einzelnen, sei er auch noch so unscheinbar, ermöglicht, uns als Persönlichkeit entgegenzutreten. Der unauslöschliche Haß, den der Franzose dem sogenannten deutschen Militarismus entgegenbringt, muß von diesem Punkte aus erklärt werden. Er deutet die Disziplin, die er am Deutschen beobachtet, als Sklavengesinnung, und nur in trüben Stunden, wenn er seiner holden Schlamperei überdrüssig ist, versteht er sie als eine positive Eigenschaft, die einem Lande, dessen einzigen Reichtum die Arbeitskraft, die Energie, bildet, notwendig ist. Militarismus ist für ihn weniger eine Politik – in dieser Form wird er uns nur noch von den Toren vorgeworfen – als eine seelische Haltung, die ihm unverständlich ist. Er empfindet keine Bedenken gegen die Bewaffnungstendenz seines eigenen Landes, da er seiner ganz sicher zu sein glaubt und die Uniform verachtet. Er weiß, daß das Wort „Zivilist" – das in seinen Ohren an die höchsten Werte anklingt – bei uns ganze Menschenalter hindurch eine herabsetzende Bedeutung hatte. Militarismus ist für ihn die Lust, sich unterzuordnen, sich des eigenen Willens zu entäußern, den eigenen Rhythmus zugunsten des Marschtaktes preiszugeben und sich in eine möglichst exakte Maschine als namenloser Bestandteil einzufügen. Niemals kann er fassen, daß ein freier Mann Lust hat, sich mit Millionen in eine Einheitsfrisur zu teilen, deren saubere Geschorenheit, deren vernunftwidriger Scheitel – die Haare sind für den Scheitel da, der nicht, wie man denken sollte, dazu dient, den Haaren Haltung zu geben – beschämende Erinnerung an Freigelassene hervorruft. Französische Freunde haben mir nächtelang diesen unsere Nation demütigenden Scheitel vorgehalten und mich beschworen, ihnen zu erklären, wozu dieses Sträflingsabzeichen sonst dienen soll, als seinen Träger für den Helm und die Gleichheit der Kompaniefront vorzubereiten. Nicht daß die Deutschen sich zu Verbänden politischer und erzieherischer Tendenz zusammenschließen, wird als Militarismus gedeutet, zumal da jeder Vernünftige den Sinn dieser Verbände als Ringen um die nationale Form erklärt und ernst nimmt; aber daß ihre Angehörigen alle Zeichen und Symbole der Armee übernommen haben und sich – von „Rotfront“ bis „Stahlhelm“ – in Uniformen, Kasernenjargon und strammem Drill erschöpfen, läuft der humanistischen Auffassung von Menschenwürde tief zuwider. Ist diese deutsche Generation eine Horde von Sklaven, die vor Lust und Erwartung zittert, wieder den Fußtritt der alten Unteroffiziere im Gesäß zu spüren, oder ist sie eine Zelle für die künftige Gemeinschaft, die um den nationalen „Leib“ kämpft? Das ist die Frage! Der „Militarismus“ ihres äußeren Gehabens ist es, der diese Frage in einen fürchterlichen Zweifel verwandelt.

Dieser Zweifel erschüttert den Franzosen allerdings weniger als uns selbst. Für ihn genügt schon ein kleiner Anstoß, um sein Vorurteil in Bewegung zu setzen. Das Vorurteil hat ja in seinem Leben eine ganz eigene Schwerkraft, er hält dessen Rumoren oft für das Walten der Vernunft und beschert uns dann eines jener fürchterlichen Reisebücher, zu deren Gegenstand unser Land mit besonderer Vorliebe gemacht wird. Aber sein Unverstand hat oft tiefe Ursprünge. Wer wie er den Sinn seines Lebens erkannt zu haben glaubt, dem zuckt auch schon das Richtschwert in der Hand, um fremden Ideen den Kopf abzuschlagen. Der Sinn des französischen Lebens ist um so leichter erkennbar, als er auf allen seinen Gebieten an die Oberfläche tritt. Keine Uniform, kein Arbeitskleid, sei es die Bluse des Arbeiters, sei es der Talar des Advokaten, vermag diesen Sinn zu überdecken. Aus allen Löchern und Falten schaut die Persönlichkeit hervor. Ein Pariser Briefträger an einem Sommertage bietet einen wahren Anschauungsunterricht. Die Art, wie er die Uniform aufgeknöpft, die Mütze in den Nacken geschoben hat und die Hose über das höchst eigenwillige Schuhzeug hängen läßt, verrät den Stolz eines Menschen, der sich keinen Augenblick als einen von zehntausend Beamten fühlt, sondern sich immer seines unangreifbaren Privatlebens bewußt bleibt. Die Uniform hat es in Frankreich nicht weiter gebracht, als daß sie, wenn sie freiwillig getragen wird, zur Spielerei dient und eine Art von sonntäglicher Verkleidung hergibt, wie z.B. bei den Feuerwehrleuten der kleinen Städte und Dörfer, wo Männchen mit blinkenden Helmen auf ausgezogener Leiter in den rosa Abendhimmel steigen.

WEIN UND BROT

Die Nation dient dem französischen Menschen, um ihn zu erhöhen. Die Nahrung wird der Erde nicht entrissen, sie bietet sich dar. Dem Reichtum des Bodens verdankt er es, daß er auch im Essen und Trinken seine Gesittung entfalten kann. Frankreichs Weine sind von solcher Herrlichkeit und Vielfalt, daß ihr Genuß fast zur geistigen Tätigkeit wird. Auch der ärmste Landarbeiter oder Großstadtproletarier trinkt seinen Rotwein oder Apfelwein, die dank ihrer Flüchtigkeit und Durchsichtigkeit den schweren Rausch unmöglich machen, dem Geschmack aber ganz andere Differenzierungspflichten auferlegen als Schnaps, Bier oder Wasser. Denn es sind nicht nur die „grands crus“, die Physiognomie haben. Auch die „petits vins“, die nicht gewichtig genug sind, um den Transport in die Städte zu lohnen oder zu ertragen, lassen jenen eigentümlichen Geist entsteigen, der das Lebensgefühl des Trinkenden erhöht. Es gibt in der Touraine, auch bei Pouilly und im Jura in einem Jahre weißliche Sorten, die durch ihre säuerliche Frische, ihre kindliche Leichtigkeit unvergeßlich werden und die man im nächsten Jahre dort vergeblich sucht. Nicht anders ist es in Burgund, wo man dem Wanderer einen offenen Wein auf den Tisch setzt, der gerade wegen seiner Einmaligkeit dauernde Erinnerungen an seine ölige, fast stoffliche Schwere hinterläßt. Man spürt das ganze Land in ihm, die üppige Hügelpracht, den goldenen Himmel, die nachdenkliche Heiterkeit seiner Bewohner. Es ist klar, daß jeder, der ihn trinkt und dieser Spiegelung verfällt, einen Augenblick gleichsam nach innen schaut und sich besinnt.

Um dieses Augenblicks willen verdient der Wein seinen Platz im Bilde der menschlichen Gesittung. Ganz zu schweigen von den großen Marken, deren Genuß so viel Urteil und Sammlung erfordert, daß sie kaum noch zur Materie gerechnet werden können. Es gibt eine ganze Wissenschaft von diesen Weinen, von ihren Standorten und Jahrgängen und schließlich von ihrer Verwendung bei den Mahlzeiten. Die eleganten Bordeaux-Weine, die witzig machen und die Geselligkeit adeln, die schweren Sorten von der Côte d'or, die den philosophischen Geist im Menschen frei machen, seinen Worten Gewicht geben und die Speisen, zu denen sie getrunken werden, von jedem Erdenrest befreien, die Gewächse von der Loire, die mit der Fröhlichkeit eine ins Weite schauende Jugend schenken, die Sorten von der Côte du Rhône, die den Trinkenden seßhaft machen und ihn zwingen, sich der Erde bewußt zu werden, aus der sie stammen, und endlich die seltenen Pyrenäensorten, die Lust zu wandern und eine stille Unruhe geben, – diese Hierarchie, die man noch lange beschreiben könnte, baut sich wie ein anmutiger Bogen über dem französischen Leben auf. Wer mit ihnen Bescheid weiß, wer sie baut, ordnet und genießt, ist oft ebenso ein „lettré" wie ein Kenner Montaignes und Lafontaines. Weintrinker von diesseits und jenseits der Grenze werden sich immer leicht zusammenfinden, ihre volksmäßigen Verschiedenheiten werden durch die Hingabe an den gleichen Stoff eher und fester überbrückt als durch sogenannten kulturellen Austausch. Es ist ja kein Zufall, daß die weinbauenden Teile Deutschlands den „römischen Hauch", dessen sich Frankreich rühmen darf, ebenfalls verspürt haben. Hier waltet eine Verbundenheit, die im Mittelalter Weltform war. Die adligen Gewächse von Rhein und Mosel, aus Franken und der Pfalz sind der Beitrag einer vermenschlichten Natur zu dem hohen Bilde, das einst durch die Kraft des Glaubens und seine Verleibung in Farbe, Kontur und Stein, in Städtebau und Domkirchen, in beredter Schrift und der innigen Arbeit frommer Pinsel Gottes Wohlgefallen war. Der Wein macht uns verwandt im Geist.

Der Franzose verpönt den Rausch, und der Wein leiht sich dazu nicht her, da er das Bewußtsein nicht trübt, sondern verschärft und belebt. Deutschtümler werfen dem Franzosen von Zeit zu Zeit den Mangel an Trinkliedern vor. Nun wohl, wie soll man zum Wein singen, wenn man reden muß! Singen ist die erste Stufe des Außersichseins, aber der Franzose will vom Wein die Entmaterialisierung des Gesprächs, stärkere Kühnheit des Gedankens, kurz Konzentration. Die gleiche Rolle teilt er ihm bei den Mahlzeiten zu, mit denen er fast immer verbunden ist, denn der Franzose setzt sich lieber an den gutbestellten Tisch als zur einsamen Flasche. Maß ist auch hier das Gesetz des Genusses. Eine Mahlzeit muß aufgebaut, muß komponiert sein, seien die Gerichte auch noch so bescheiden. So wesentlich ist die Anordnung, daß die Speisen sich fast wie ein Rahmen um den Kern, das weiße Weizenbrot, ausnehmen, das die Basis alles Essens ist. Es gilt nicht, ein Gericht zu vertilgen und sich damit die Genugtuung der Sättigung zu verschaffen; die Wonne des Essens liegt in der durchdachten Steigerung einzelner Elemente, an denen nur gekostet wird. Das Menü ist der Ausdruck des französischen Zivilisationsgedankens beim Essen. Es verrät ebensowohl Ordnung wie Dauer, denn die Reihenfolge der Speisen ist unveränderlich und für alle Klassen und Qualitäten bindend. Der Fremde, der sich in einem von Ausländern noch nicht zerrütteten Gasthaus damit begnügen wollte, sechs Sorten Gemüse und sonst nichts zum Diner zu nehmen, würde sich den Ruf eines Störenfriedes erwerben und schlecht bedient werden. Er hat, um als gesittet zu gelten, dem Ritual zu folgen, das von altersher feststeht, und sich der gegliederten Polyphonie des Menüs zu unterwerfen. Der Wirt ist jederzeit bereit, den Suchenden zu beraten und seinem irrenden Geist die nötige Richtung zu geben, aber er kann keine Ausschweifungen dulden. Andererseits kann man sich durch Beisteuerung selbständiger Gedanken, z. B. in bezug auf eine Gewürzzutat oder den Grad der Festigkeit einer Sauce, den Ruf eines geistvollen Menschen erwerben. Man wird jedoch gut daran tun, diese Initiative nicht zu weit zu treiben und nicht darauf zu bestehen, die geschmorten Pilze gleichzeitig mit dem Hammelrippchen zu essen, selbst wenn es der niedrige Trieb noch so gebieterisch verlangte. Und es wäre ein Irrtum zu glauben, daß man es sich in einem einfachen Dorfwirtshaus eher erlauben könnte, auszubrechen, als in einem vergoldeten Spiegelsälchen im Zentrum von Paris. Denn mögen der Rohstoff und die Auswahl noch so beschränkt sein, auch der Bauer und der Kleinbürger halten an der Hierarchie der Platten fest. Auch sie wollen kosten, nicht essen. Man kann sich denken, daß unter diesen Umständen eine praktische Massenverpflegung im Rahmen sozialer Veranstaltungen nur schwer durchzuführen ist. Der Franzose besteht eben bis zur äußersten Möglichkeit darauf, genießender Mensch, nicht Konsument zu sein und an einer Form der Nahrungsaufnahme teilzunehmen, dank der die Stunden der Mahlzeiten kein Zurücksinken ins Animalische, sondern eine Bereicherung des Alltags sind. Die französische Küche kämpft seit einem Jahrzehnt einen schweren Kampf mit den Anforderungen der wenig geschulten Ausländer, die für das Fortbestehen der Gaststätten zwar unentbehrlich sind, aber der Speisetradition kein Verständnis entgegenbringen oder, was noch schlimmer ist, ihren eigenen anarchischen Geschmack mitführen und ihn befriedigen wollen. Fast noch verderblicher als die Amerikaner, die am liebsten alles auf einmal und zwar roh essen möchten, sind in Paris die Russen, die weniger als Konsumenten und mehr als Wirte und Köche auftreten und dank ihrer schmeichelnden und anpassungsfähigen Methoden jene barbarischen und von Saft und Fett triefenden Platten einführen, die sich kaum durch die schärfsten Schnäpse entstofflichen lassen und schließlich jene langgezogene Traurigkeit oder gefährliche Heiterkeit erzeugen, die von der gaîté durch mehr als durch ganz Europa getrennt ist. Der Feinschmecker muß von Jahr zu Jahr sozial tiefer steigen, um wenigstens in den einfachen Gaststätten noch die alte Ordnung und Sicherheit, wenn auch in bescheidener Form, zu finden. Freilich hat die Tradition der Küche in Frankreich Hüter. Eine Fülle glänzender Schriftsteller von Brillat-Savarin bis zu Léon Daudet rechnet zum Dienst an der Tradition auch die Pflege der kulinarischen Ordnung und Qualität. Zahlreiche Gebildete folgen ihnen auf diesem Wege und erachten es als ihrer Bildung angemessen, Weinbergschnecken, Bekassinen, Nieren in Weißwein, Rebhühner in Grünkohl, gebackenen Hummer, Wachtelpastete, Rindslende mit Mark, Austernsuppe und Huhn in Brotteig samt dreißig Sorten Käse, samt der Ordnung, in der sie genossen, samt den Weinen, die dazu getrunken werden, ebenso in den Kosmos ihrer Nation einzubeziehen wie die Grammatik oder die Kunst zu reden. Glücklicherweise liegt für den Franzosen nichts sozial Anrüchiges darin, sich einer wohlbestellten Tafel hinzugeben, denn er weiß sein Land reich an Korn, Wein und allem Eßbaren, er kennt die Milde seiner Jahreszeiten ebensogut wie die Eigentümlichkeit auch seiner ärmsten Landsleute, zuletzt am Essen zu sparen. Er hat auch hier ein gutes Gewissen.

TAKT

Sinn für Reihenfolge und Stufung erscheint in den Beziehungen der Menschen untereinander als Takt, der eine Erleichterung dieser Beziehungen, aber auch ein Hindernis sein kann. Der Franzose besitzt ihn als beides. Seine mißtrauische Kühle verläßt ihn ebenso selten wie sein sicheres Gefühl für die Äußerung oder Geste, die der jeweiligen Stunde entspricht. Da er Hingabe in jeder Nuance wie eine Krankheit fürchtet und als Verlust des Gleichgewichts, ja Gefährdung seiner Freiheit empfindet, so ist er auf der Hut. Wenn er warm werden möchte, so erprobt er fast immer erst den Umweg über den Witz oder, wenn die Gelegenheit dies verbietet, über das Pathos. Da er es vermeidet, zur Sache zu kommen, hält er sich für einen glänzenden Unterhändler, ohne sich klarzumachen, daß er in den letzten zehn Jahren fast alles durch die Mittel eines verwöhnten Kindes erreicht hat. Wenn er dem Partner gegenübertritt, so trägt er ganz Frankreich als eine Art von Heiligenschein mit sich. Sein Einsatz ist fast immer, auch bei privaten Geschäften, ein nationaler. Er kann nicht unsicher wirken, da die Sprache zunächst einmal alles für ihn besorgt und einen Paravent bildet, hinter dem er sich sammeln kann. Ein Minimum an Persönlichem, ein Maximum an Zivilisation – das ist es, was der Franzose Takt nennt. Die guten Manieren sind ihm nicht angeflogen, sie sitzen ihm im Wesen und bilden einen unlösbaren Teil seiner Gesittung, dem auch nur für einen Augenblick zu entschlüpfen ihm ganz unmöglich ist. Da er diese Gesittung für die einzig existierende hält, ist er überzeugt, daß er immer recht hat, und empfindet für sein Gegenüber immer eine Art von Nachsicht, auch wenn dieses sie weder gefordert hat noch ihrer bedarf.

Das Elementare ist bei ihm so diskreditiert, daß er es dem Partner kaum verzeihen kann, wenn dieser aufs Wesentliche zu sprechen kommt. Daher die Farblosigkeit aller internationalen Zusammenkünfte, die von ihm beherrscht werden. Widerspruch, Protest und ein nacktes „Zur Sache!" erscheinen ihm als Ausbrüche unpassender Leidenschaft. Stumm hebt er die Augen zum Himmel. Kein Kongreß kann so ergebnislos sein, daß er nicht gerade aus dieser Unbewegtheit, diesem Mangel an Für und Wider eine Bekräftigung seines Standpunktes herausläse. Die Folge ist häufig, daß er sich bei Treffen mit Angehörigen anderer Völker gern mit den schwächsten und abhängigsten von ihnen umgibt. Sie wenigstens können es sich nicht leisten, die „mésure" zu verlieren. Was dem flüchtigen Blick hier als Unaufrichtigkeit erscheint, ist in Wirklichkeit nur folgerichtig. Der Franzose ist tatsächlich, als Nation genommen, unbelehrbar, er begreift einfach nicht, daß er widerspruchsvoll erscheinen muß, er, der doch so viel Takt hat! Ein Aktschluß bei Strindberg dünkt ihn unter Umständen ebenso taktlos wie eine deutsche Ministerrede. Was ihn abstößt, ist der öffentliche Durchbruch einer Leidenschaft, das Anstürmen gegen Grenzen, die ihn nicht stören, die sogar die Stützen seines Wesens sind, mögen diese Grenzen nun die des Schicksals oder die des Friedensvertrages sein. Um so leichter fühlt er sich gekränkt, als sein Sinn für das Passende – dessen Maßstab sein Privileg ist – in der Tat zuverlässig ist. Er wird nie eine Wunde seines Gegners berühren, aber es kommt ihm nicht in den Sinn, diese Wunde schließen zu wollen. Ebensowenig wird er auf ein privates Gefühl anspielen, wenn dies empfindlich ist, aber er wird es auch dann vermeiden, wenn dies Gefühl nach Klärung verlangt. In dieser Vorsicht kann ein Reiz liegen, der sich besonders dann entfaltet, wenn es gilt, stundenlang geistvoll zu plaudern, ohne das mindeste zu sagen. Diese Zurückhaltung, die oft an Starrheit streift, ist nicht unvereinbar mit den Ausbrüchen, an denen vor allem das politische Leben in Frankreich so reich ist. Sind die Karten einmal aufgedeckt, so läßt man sich willig von der Brandung tragen, die Beredsamkeit heißt. Das Agens ist auch in der äußersten Verkümmerung der Phrase noch die Idee. Je unpersönlicher das Thema ist, um so leidenschaftlicher die Debatte. Das französische Temperament steigert sich am stärksten im Monolog, der fast immer zur Selbstdarstellung, zur Ausbreitung der als national empfundenen Ideologie wird. In einem solchen Wortstrom wird die Bezeichnung „französisch“ allein schon zur Pointe und erspart dem Redner jede Beweisführung. „Was ich getan habe, war französisch“; diese Wendung überzeugt stärker als die schärfste Schlußfolgerung.

Lächelnder Engel
Kathedrale von Reims

Frémiet: Jeanne d'Arc

Paris: Place de Rivoli

Rude: Der Aufbruch von 1792

Paris: Arc de Triomphe de l'Etoile

Chaudet: Bonaparte als erster Konsul

Bayonne: Musée Bonnat

Delacroix: Der 28. Juli 1830
Paris: Louvre

P. D. Martin: Die Gärten von Marly
Versailles: Museum

Corot: Brücke von Mantes
Paris: Musée des Arts Décoratifs

Cézanne: Die Bucht von Marseille

Vivin: Place du Panthéon

Paris: Galerie Bing

Utrillo: Kirche von Creil

Privatbesitz

Chardin: Stilleben

Paris: Louvre

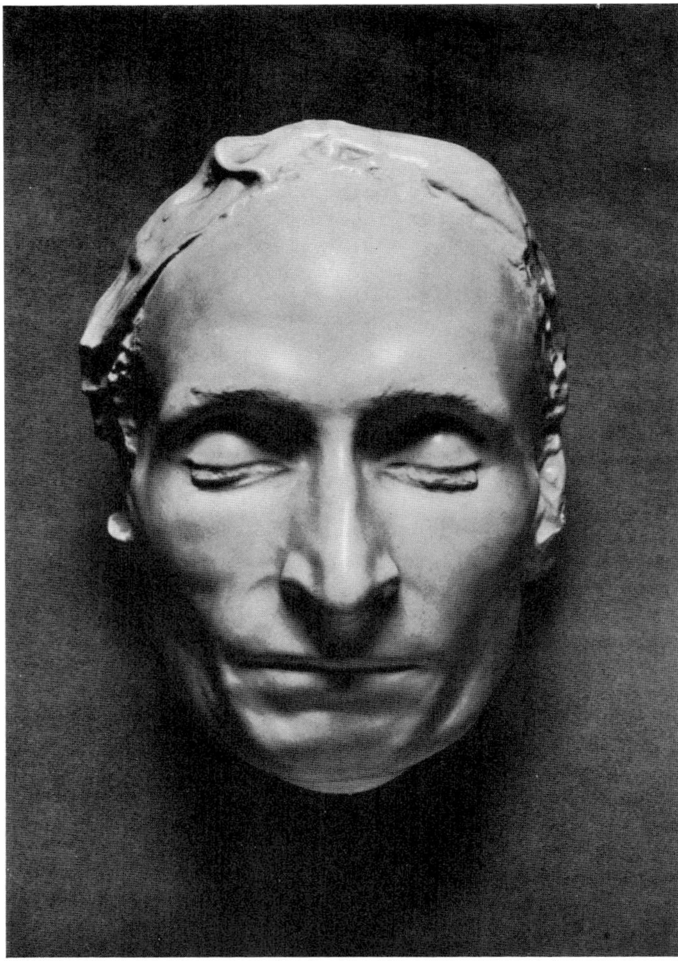

Pascals Totenmaske

Aus: Benkard, Das ewige Antlitz

Baudelaire
Zeitgenössisches Photo

Poincaré und Joffre
Pressephoto

Briand
Pressephoto

Manet: Die Bar in den Folies-Bergère

London, Collection Courtault

HÖFLICHKEIT

Seit Jahrhunderten genießen die Franzosen den gänzlich unzutreffenden Ruf des höflichsten Volkes, aber man kann wohl verstehen, wie er zustande gekommen ist und sich erhält. Daß der Franzose gute Manieren hat, daß er zeremoniell artige Briefe zu schreiben liebt, daß er jedermann, besonders den Frauen, die höflichste Anrede zuteil werden läßt, daß er die bei ihm gekaufte Ware wie ein Geschenk überreicht, daß er gewandt Auskunft gibt und sich geräuschlos delikaten Situationen anpaßt, alles das besteht und ist kein Aberglaube. Aber das hindert ihn nicht, seine Liebenswürdigkeit mit Bedacht zu dosieren. Er ist höflich aus Zivilisation, aber er ist liebenswürdig nur da, wo er seine Unabhängigkeit nicht bedroht fühlt. Er treibt diesen Drang bis zur Paradoxie und schenkt seine Freundlichkeiten eher dem Schwachen, dem Tieferstehenden als dem, der ihm in der aktuellen Situation überlegen ist. Geradezu faszinierend ist ja die Unhöflichkeit der Ladenbesitzer, der Kellner, der Kutscher und aller derjenigen Leute, die eigentlich im Interesse ihres Gewerbes zum Entgegenkommen gezwungen sind. Ganze innere Dramen spielen sich in Schneiderinnen ab, die zwischen der Behauptung ihrer Persönlichkeit und dem Zwang zum Absatz auf die erschütterndste Weise hin- und herschwanken und für das Geheimnis, eine Kundin zu mißhandeln und ihr gleichzeitig doch ein Kleid zu verkaufen, ihr ganzes Vermögen geben würden. Da der Kunde aber meistens einen Gegenstand kaufen und nicht einem Drama beiwohnen will, so muß er den Eindruck einer geradezu sinnlosen Unhöflichkeit gewinnen und sich schließlich nach den Läden anderer Länder sehnen, wo die Kleider zwar nicht so schön, die Käufe dafür aber um so reibungsloser sind. Ein Pariser

Taxichauffeur möchte unter keinen Umständen als Lakai gelten und doch ein möglichst hohes Trinkgeld haben. Er hilft sich dadurch aus der Verlegenheit, daß er vom Fahrgast ein noch höheres fordert, als dieser gibt, und ihm den höflichen Dank vorenthält. Infolgedessen hat sich in Frankreich der Brauch ausgebreitet, Trinkgelder nicht als eine Gabe, sondern als eine Art von Lösegeld entgegenzunehmen, um auf diese Weise die Menschenwürde beim Empfänger und beim Geber hochzuhalten und doch möglichst stattliche Summen freizumachen. Der Räuber ist ein freier Mann, und der Ausgeplünderte hat sich keinen Hochmut vorzuwerfen, während ein Mensch, der aufs Trinkgeld bescheiden wartet, vielleicht sogar seine Leistungen in dieser Erwartung erhöht und freudig „Danke" sagt, ein Sklave ist und der Geber nicht minder unwürdig als großer Herr dasteht. Daß unter solchem inneren Zwiespalt die Höflichkeit im Lande leidet, kann nicht überraschen, aber glücklicherweise zerfällt ja nicht das ganze Land in diese beiden Klassen des Gebenden und Nehmenden, und genug Raum bleibt für den natürlichen Anstand der Franzosen übrig, der demjenigen am meisten zugute kommt, der von ihnen keine Leistung und keinen Dienst verlangt. Daß jederzeit auch wahre Liebenswürdigkeit mit im Spiel sei, kann man ja nicht verlangen. Wir haben den Franzosen als eingeschlossen, ja mißtrauisch und immer besorgt um seine Würde geschildert und dürfen uns nicht wundern, daß seine guten Umgangsformen kein Gefühlsausbruch, sondern eine natürliche und oft ziemlich kühle Funktion seines zivilisierten Wesens sind.

Unsere Erkenntnis, daß er lieber dem Schwachen als dem Starken zulächelt, scheint zu schwanken, wenn wir den Schalterbeamten und überhaupt den unteren, mit dem Publikum in Berührung kommenden fonctionnaire am Werke sehen, das darin zu bestehen scheint, Leute aus der wartenden Menge, die ihn beim Nägelreinigen zu stören wagen, zurechtzuweisen. Dieser Typus des öffentlichen Lebens ist vollständig unerschöpflich in Mitteln, das Publikum zu ärgern, ihm raffinierte Schwierigkeiten zu bereiten und die Abwicklung jedes normalen Betriebes zu verhindern. Jede Einrichtung heißt zwar service, ist aber keineswegs ein Dienst am Publikum, sondern am Geist der Behörden und wirkt durchaus als Kampfeinrichtung gegen die aufsässige Menge, die von der Obrigkeit die Erfüllung aller nur denkbaren vermessenen Wünsche fordert, als da sind Briefmarken, Ausweise und vor allem Bescheinigungen. Im Augenblick, wo der Staatsbürger sich in einen Kunden verwandelt, darf er auf keinerlei Höflichkeit mehr rechnen. Zwischen ihm und den Behörden herrscht Kriegszustand, denn er hat in den Staat, sofern man unter ihm die Obrigkeit versteht, kein Vertrauen und möchte ihm eins auswischen, wo immer es nur möglich ist. So sehr er sich mit der Nation eins fühlt, so tief er imstande ist, mit Frankreich solidarisch zu sein, so wenig bedeutet der Staat für ihn die Gesamtheit der allgemeinen Interessen und den soziologischen Ausdruck der Nation.

Man sollte denken, daß die Kongruenz der Verwaltung, der verschiedenen Herrschaftsformen in der Geschichte, der Landesgrenzen mit dem, was man Volk nennt – diese Kongruenz ist ja von der früh erreichten Einheit Frankreichs untrennbar – auch eine Deckung der Empfindungen, des Pflichtgefühls, des Opfersinns und der Achtung geschaffen hätte. Aber das ist durchaus nicht der Fall. Der Satz von Hölderlin: „Immerhin hat das den Staat zur Hölle gemacht, daß ihn der Mensch zu seinem Himmel machen wollte!“ ist hier nicht anwendbar, denn der französische Bürger sieht in seinem Staat nur insofern den Himmel, als er eines Tages hineingelangen möchte. Der Staat ist ihm die Macht, an der er auch gerne gelegentlich teilnehmen möchte, der Verteiler von Ämtern und „faveurs“, zu denen er Zugang zu haben wünscht, der Aufrichter von Hemmnissen und Schwierigkeiten im Geschäfts- und Privatleben, die nur durch die Teilnahme an seiner Machtfülle zu überwinden sind. Der Franzose fühlt national, aber nicht kollektiv. Sein Egoismus entspricht seinem Drang nach Freiheit und wird von ihm nicht als Widerspruch zu dem gemeinsamen Lebensgefühle empfunden, das alle eint. Er kommt viel zu häufig und intim mit dem politischen Betrieb in Berührung, um nicht der oberflächlichen Ansicht zu sein, daß der Staat eine dauernd wechselnde Konstellation von Machtgruppen ist, die gerade wegen des unaufhörlichen Wechsels die Herrschaft bis auf den letzten Tropfen auspressen. Das ist die Schattenseite der intensiven Teilnahme am Ringen um die Führung. Die innenpolitische Auseinandersetzung ist zu sehr mit Ideen durchtränkt, die wahr oder falsch sein müssen, als daß der Bürger nicht immer die Empfindung haben müßte, die falschen Ideen oder die Verräter an wahren Ideen seien am Ruder. In keinem Lande leidet eine Partei so empfindlich durch Teilnahme an der Macht in ihrem Ansehen wie in Frankreich, denn der Wähler ist unter allen Umständen enttäuscht. Hat er doch vom Siege seiner Partei sofortige Erfüllung aller seiner Wünsche um so mehr erwartet, als diese praktischen Forderungen unlösbar in die Ideologie seiner Partei eingeflochten sind!

Die Parole der „nationalen Einigkeit“ kann nur im Zustande der Not wirken. Sobald der einzelne seine Freiheit wieder erlangt hat, sobald er von der Angst um sein Vermögen oder sein Territorium befreit ist, wünscht er wieder in den Kampf einzutreten, der ihm bei seiner Ansicht von der Zufälligkeit der Staatsleitung natürlich, ja Pflicht erscheint. Die Behörden – so dünkt es ihn – sind nicht die Vertreter der Gesamtheit, sondern die Büttel einer zufälligen Konstellation, die sich morgen ändern wird. Man schlägt sich mit ihnen herum oder man versucht, sie für Privatinteressen einzuspannen. Der Wunsch, den Beamten unterzukriegen, kann sich nur mit dem Streben messen, ein Zipfelchen von der Macht „Staat“ zu fassen oder ihr ein Schnippchen zu schlagen. Die ganze Steuergesetzgebung trägt diesem Geisteszustand Rechnung, dem gegenüber die indirekten Steuern als die praktischsten erscheinen, denn sie sind sozusagen unsichtbar und schalten den Beamten unmittelbar aus. Was man von den Behörden erreichen will, versucht man unter allen Umständen zunächst einmal „hintenherum“ zu erlangen.

Jede Regierung muß mit diesem mißtrauischen Widerstand des Bürgers gegen ihre Tätigkeit rechnen und darauf bedacht sein, von Zeit zu Zeit zugkräftige Parolen zu finden, die den Staat populär machen und seine Bedeutung für die Gesamtheit dartun. Der Patriotismus ist in diesem Sinne von allen Regierenden bis zur Ermüdung mißbraucht worden. Den beiden Kabinetten Poincaré (1926 bis 1929) ist es gelungen, ein neues Bindemittel zu finden: den Kampf gegen den Kommunismus. Die proletarische Bewegung, die sich bezeichnenderweise weniger von den sozialen Zuständen als von äußeren Ereignissen, der Tätigkeit der III. Internationale in Moskau, den Marokkofeldzügen usw. nährt, kann auf Generationen hinaus keine ernsthafte

Stoßkraft erlangen, weil der Kapitalismus in Frankreich noch nicht jene hohe Form durch die Industrialisierung erreicht hat, auf die jede proletarische Bewegung angewiesen ist. Die Kommunisten sind infolgedessen in erster Linie Kämpfer gegen die Armee und die Kolonialherrschaft und befolgen in zu sklavischer Weise die aus Moskau gelieferten Schablonen, um nicht durch diese phrasenhafte Anbetung des Sowjetstaates, dessen wahre Bedeutung ihnen als echten Franzosen entgeht, die praktische Wirkung einzubüßen. Trotz ihrer propagandistischen Fähigkeiten und der Intelligenz ihrer Führer sind sie machtlos, sie scheitern an ihrem hundertprozentigen Franzosentum. Da sie die wirtschaftlichen Gesetze der heutigen Weltordnung nicht beherrschen, ist ihnen das versagt, was die Kraft des Kommunismus darstellt: die Technik der Weltrevolution. Sie erschöpfen sich in Kämpfen mit den Sozialisten, die um so fruchtloser sind, als letztere ihre Taktik vollständig auf die Struktur des Landes eingestellt haben und infolgedessen imstande sind, die kleinbürgerlichen Elemente, ja die Landbevölkerung, soweit sie im Lohnverhältnis steht, zu erfassen.

Anstatt den bürgerlichen Staat zu bedrohen, bringen sie ihm Nutzen, denn sie erhöhen seine kollektive Bedeutung. Die Regierungen führen einen vollständig grotesken Kampf gegen diese Partei und schrecken vor keinem noch so brutalen und verfassungswidrigen Mittel zurück, um deren Pariser Organ, die „Humanité", immer wieder zu verbieten, um die Parteifunktionäre zu verhaften und jede Form von Ansammlung zu unterdrücken. An den Tagen des 1. Mai ist Paris ein Heerlager von Polizisten und Truppen, „vorbeugende" Massenverhaftungen sind an der Tagesordnung, und es gibt Gelegenheiten, wo auf jeden organisierten Kommunisten mindestens fünf schwerbewaffnete Ordnungshüter kommen. In jedem Lande mit einer wirklich starken und klassenbewußten Industriebevölkerung hätte diese herausfordernde Taktik des Innenministeriums längst eine wirkliche, widerstandsfähige und kampfkräftige revolutionäre Bewegung hervorgerufen. Manchmal hat man den Eindruck, daß die französischen Behörden dieses Ziel geradezu erstreben. Nicht als ob sie selbstmörderische Absichten hätten, aber sie wären gewiß zufrieden, wenn der von ihnen bekämpfte Kommunismus etwas gefährlichere Formen annähme und einen augenfälligeren Widerstand leistete, als dies bisher der Fall war, denn die ganzen Bürgerkriegsmanöver sind nichts weiter als Dienst am Staate. Sie zeigen dem ewig nörgelnden, ewig mißtrauischen Bürger, daß die Regierung doch zu etwas gut ist, daß sie wenigstens auf einem Gebiete als Zusammenfassung der individuellen Interessen zu gelten hat, nämlich in der Verteidigung des Eigentums. Dem Franzosen wird von der Presse unaufhörlich eingehämmert, daß Herr Cachin und seine Leute eine Zerstörung der Ordnung vorbereiten, die den einzelnen seine Ruhe, seinen Besitz, kurz seine Freiheit kostet. Er erfährt täglich schreckenerregende Einzelheiten von den angeblichen Vorbereitungen für den „grand soir“, von den teuflischen Organisationszellen, mit denen der Kommunismus alle staatserhaltenden Einrichtungen, vor allem die Armee und die Schule, durchsetzt, und fühlt sich schließlich von Gefahren umgeben, denen zu begegnen dem Individuum allein unmöglich ist.

In dieser Verlegenheit fällt sein Auge auf den rührigen Staat, der ganze Kavalleriedivisionen in Bewegung setzt, um des inneren Feindes Herr zu werden. Seine Interessen finden bei den Behörden den natürlichen Schutz, den er sich allein nicht zu geben vermag, und dankbar erkennt er die Bedeutung des Staates, der hier den Hebel gefunden hat, um kollektivistische Empfindungen in Bewegung zu setzen und zu seiner Stärkung auszunutzen. Der Verlauf der Kommunistenverfolgungen gibt den Regierungen recht: die Franzosen haben völlig darauf verzichtet, das Lächerliche dieser Bürgerkriegsspielerei zu entdecken, das ihnen sonst kaum entgehen würde. Der Staat ist schlau genug gewesen, sich auf die Seite der Bürger zu schlagen. Das war nur im Kampfe gegen die Feinde des Eigentums möglich. Der Preis ist hoch, aber sind die Kommunisten nicht „antinational"? Der Staat hat bewiesen, daß er nicht der Plagegeist des einzelnen, sondern sein starker Beschützer ist. Versöhnliches Licht fällt auf die untersten Beamten, die eine solche Beleuchtung dringend nötig haben. Ob diese „Kampfgemeinschaft" von Staat und Bürger veredelnd auf die sich am Schalter und in den Büros abspielenden Beziehungen auswirken wird, ist freilich eine andere Frage.

GESCHMACK UND GOÛT

Der Franzose kann Höflichkeit nicht entbehren, und wenn er sie sich und anderen versagt, so tut er dies nur, um die Quelle zu schützen, aus der sie stammt. Er ist so sehr Mensch, daß es ihm keinen Abbruch tut, wenn die Höflichkeit für ihn mehr eine ästhetische als moralische Kategorie ist. Es gilt zu begreifen, was der Geschmack, der „goût", für ihn bedeutet. Denn in diesem Wort ist sowohl das enthalten, was ihn vor anderen Völkern auszeichnet, als auch das, was ihn von diesen trennt. Die Auffassung vom goût ist eine der großen Schwierigkeiten für die Erkenntnisse des französischen Wesens, das gerade uns in diesem Punkte um so fremder, um nicht zu sagen exotischer erscheint, als wir gewöhnt sind, den Geschmack als einen beiläufigen oder doch jedenfalls nicht zentralen Begriff aufzufassen. Wenn wir eine Leistung als geschmackvoll bezeichnen, so wollen wir ihr damit höchstens eine gewisse Gefälligkeit nachsagen, gleichzeitig aber klingt auch der Mangel an Kraft, Wesentlichkeit und Genialität mit. Wem von uns könnte es wohl einfallen, die Deckenmalereien in der Sixtinischen Kapelle geschmackvoll zu finden? Hieße das nicht dem Urteil den Tadel gegen das Nurdekorative, das gesellschaftlich Verbindliche und Leidenschaftslose beimessen? Der Geschmack – so scheint es – äußert sich gern im Schnörkel, im Spielerischen und ist immer an eine Form geheftet, die gesellschaftlich bedingt ist. Freilich fällt es uns ja auch schwer, gerade in der gesellschaftlichen Gebundenheit einer Geistäußerung etwas anderes zu sehen als eine Schwäche und Gefährdung der Unbedingtheit. Stände uns der französische Zivilisationsbegriff zur Verfügung, so wäre eben alles anders. Wir würden dann der Ansicht sein, daß jede künstlerische und intellektuelle Tat immer dort den wahren Wert habe, wo sie aus dem Gemeinschaftsgefühl der Zivilisation geboren sei und dies bestätige. Da der französische Geist am höchsten in der Konsolidierung zu wirken glaubt, sieht er sich auch berechtigt, die Taten an der Norm der Gesittung zu messen und solche als geschmacklos zu verwerfen, die sich außerhalb dieser Norm zu behaupten wagen oder sich ihr gar entgegenstellen. Dies ist nicht etwa stofflich gemeint; ein revolutionärer Akt kann im französischen Sinne durchaus geschmackvoll sein, vorausgesetzt, daß er nicht gegen das Maß, die mesure, sündigt, die nicht als Spannungsausgleich, sondern als der freiwillige, wohlüberlegte Verzicht auf Spannungen zu verstehen ist.

Es ist eine bekannte Erscheinung, daß intellektuelle Ausländer in Verzweiflung geraten, wenn sie zum ersten Male mit dem Gesetz vom „goût" zusammenprallen und unter einer scheinbaren Vermengung nicht entsprechender Kategorien leiden, die dem Franzosen in Wirklichkeit gar keine Vermengung, sondern eine Scheidung ist! Welches Kopfzerbrechen schafft es uns nicht, wenn der Franzose unter den höchsten menschlichen Werten auch den „goût" aufzählt, wenn er für eine philosophische Schlußfolgerung höchsten Ranges kein größeres Beiwort als „geschmackvoll" finden kann, wenn er, wie Laserre, von einer „inélégance morale" spricht und auch die schauerlichsten Verirrungen des modernen französischen Kunstgewerbes nur deshalb als von einem goût sublime geprägt kennzeichnet, weil sie die Tradition fortsetzen. Wahrlich, hier redet er eine fremde Sprache, die ganz und gar nicht mehr europäisch, dafür aber um so französischer ist. Einen Akt von Wedekind lehnt er ebenso als geschmacklos ab wie etwa einen Bismarckturm oder das Niederwalddenkmal, ohne dabei an diejenigen Züge zu denken, die den Bismarckturm wirklich zu einem Greuel machen. Was ihn in beiden Fällen abstößt, ist weniger der Mangel an gutem Geschmack, den letzteres Beispiel einwandfrei verrät, als das Maßlose in beiden Beispielen. In dieser Denkreihe erhält das Denkmal einen Wert, den es in Wirklichkeit gar nicht hat, während das Schauspiel nach Maßstäben gemessen wird, die ihm nicht zukommen. „Le goût allemand pour le kolossal" ist eine beliebte Zeitungsphrase, wenn es gilt, eine als unfranzösisch empfundene deutsche Leistung zu diskreditieren, gleichviel ob es sich um die Sinfonie der Tausend handelt oder um die I.-G. Farben oder den Leipziger Bahnhof oder den Messias von Klopstock. Diese Ironie, die beim Leser einen unbeschreiblichen Zustand der Selbstzufriedenheit hervorruft, soll zum wohltuenden Vergleich mit den maßvollen Produkten der französischen Gesittung anregen und ist immer ein ästhetisches und moralisches Urteil zugleich. Wir wissen, daß es auch gegen Lady Macbeth und gegen die Schellingsche Philosophie gerichtet ist und überall da in Tätigkeit tritt, wo der Mensch gegen seine Grenzen anstürmend gezeigt wird. Goût ist der Sinn für Grenzen, und zwar für Grenzen, die niemals als Einengung und Hindernis gelten dürfen, die im Gegenteil ein Ausdruck der Vernunft für das Mögliche sind. Wer das Unmögliche will, ist geschmacklos, denn er hat kein Organ für das im Menschen wirkende Gesetz.

Nur so wird es verständlich, warum der Franzose das Monopol auf den goût zu haben glaubt und gleichzeitig außerstande ist, einen in unserem Sinne geschmackvollen Neubau aufzuführen oder ein halbwegs erträgliches Denkmal aufzustellen. Das heutige Frankreich ist eine wahre Schreckenskammer von häßlichen Inneneinrichtungen, abstoßenden Fassaden und süßlichleeren Standbildern, – natürlich nur soweit diese modernen Ursprungs sind. Warum ist es unmöglich, uniforme aber geschmackvolle Massenartikel herzustellen und zu vertreiben? Warum finden fabrikmäßig hergestellter Wandschmuck und Hausmöbel von anspruchloser aber passabler Form keine Käufer? Der Franzose ist zu sehr Persönlichkeit, um Standardartikel zu ertragen. Ganz abgesehen davon, daß er sich auf eine Konsumsteigerung, die ja die Voraussetzung für den Vertrieb solcher Dinge ist, nur zögernd einläßt, muß eine Ware, um ihm zu gefallen, in irgendeiner Weise individuelles Gepräge tragen. Dies Bedürfnis kann die Produktion nicht befriedigen, sie bietet ihm statt dessen „kitschige" Artikel, deren ideenreiche Häßlichkeit im Grunde weiter nichts ist als eine Entartung des persönlichen Gepräges. Da die Uniformierung des Verbrauches unmöglich ist, wird die Urteilslosigkeit des zur Masse gehörigen Konsumenten mißbraucht. Die Herstellung einfacher und zugleich hübscher Möbel hat in Frankreich bisher nicht Fuß fassen können. Man beschränkt sich auf oberflächliche Nachahmungen alter Gegenstände, die dank der Mittelmäßigkeit des Materials und der Unsicherheit in den Ornamenten – denn ohne diese geht es natürlich nicht, da ein Stück ja auch „reich" sein muß – jenen trostlosen Mischmasch ergeben, von dem die Durchschnittswohnungen voll sind.

Aber auch die kaufkräftige Oberklasse macht keine Miene, die latenten Fähigkeiten des Handwerkers wieder zu erwecken, da sie vor den modernen Schöpfungen einfach Angst hat, die hinter Ironie verborgen wird und die Tradition nicht verlassen will. Alte Möbel sind der Ausweg der wohlhabenden Kreise, die sich gut einrichten wollen. In Paris bestehen ganze Straßen nur aus Antiquitätenläden, die in reizvollem Durcheinander Stoffe, Bibelots, Möbel und Bilder feilhalten und deren Vorräte sich dank der immer wieder eingeschobenen Nachahmungen nie erschöpfen. Für uns ist ein Sessel aus der Zeit des fünfzehnten Ludwig eine Erinnerung, wir haben romantische Beziehungen zu ihm, die wir legitim pflegen dürfen, da unser Zeitbegriff dies gestattet. Für den Franzosen ist ein solcher Sessel aktuell, denn die Gegenwart ist für ihn nur eine fortgesetzte Vergangenheit, aus den Linien und Stoffmustern des Möbels spricht ihn die Kontinuität seines Lebensgefühls und die Dauer seiner Zivilisation an. Für ihn hat die stilerzeugende Kraft der Gesamtheit, deren endgültiges Versagen allen unseren Baubemühungen zugrunde liegt, eigentlich nie aufgehört. Oder besser, er ist noch nie auf den Gedanken gekommen, daß sie erschöpft sein könne, obwohl es ihn stutzig machen müßte, daß der Franzose bis zur großen Revolution niemals in alten Möbeln wohnte. Selbst die Renaissance in Frankreich war, wenn auch wenig schöpferisch, so doch durch und durch französisch. Racines und selbst noch Voltaires Tragödien mit antikem Stoff wurden zu ihrer Zeit immer im modernen Kostüm gespielt, auf dem die Epoche höchstens durch einige Zutaten angedeutet war. In solchem stilistischen Selbstbewußtsein sprach sich in der Tat wahre Kontinuität aus. Aber wo ist sie heute? Wenn es wahr ist, daß der Stil sich selber schafft, falls die Epoche nur den Willen zu ihm in sich trägt, so ist es sinnlos, alte Möbel zu Hilfe zu nehmen. Wäre es nicht besser, hier den Stillstand, das Nachlassen des schöpferischen Gesamtwillens einfach festzustellen? Es ist freilich wahr, daß ein Baustil sich ebensowenig „schaffen" läßt wie eine Kultur. Aber es gilt doch, sich des Stillstandes zunächst einmal bewußt zu werden, um überhaupt irgend etwas unternehmen zu können. Sicherlich erzeugen die radikalen Architekten der Schweiz, Deutschlands und Hollands keinen Gesamtstil, aber sie schaffen doch wenigstens Bewegung. Frankreich aber wünscht selbst diese Bewegung nicht und fährt fort, dem Begriff „Tradition" seinen leeren und toten Klang zu erhalten, den er in Ländern mit weniger Gefühl für Stabilität nun einmal hat. Wäre es anders, so wären Frankreich und die übrige Welt sich darüber einig, was als geschmackvoll zu gelten habe, und die edle Überlieferung der französischen Stadtbilder wäre nicht durch jene täglich anschwellende Flut von konventionell verputzten Fassaden und süßlich-armen Denkmälern verunziert, die dem Bewunderer dieses Landes solche Rätsel auferlegt.

DAS WORT

Wir stehen vor einem Phänomen, das sich nur als Entartung der Vollkommenheit bezeichnen läßt, wenn man zur Überzeugung gelangt ist, daß die Kontinuität der französischen Zivilisation bedroht ist. Und das scheint uns in der Tat der Fall zu sein. Der goût, der für alle Lebensäußerungen gelten müßte, ist auf diejenigen Erscheinungen, in denen auch wir ihn suchen, nicht mehr anwendbar. Er hat sich aus der schaubaren Welt völlig zurückgezogen, hat die Dinge in ihre unbeseelte Leblosigkeit zurückgestoßen und ist nur noch in der Sprache fühlbar. Die formale Sicherheit, der unbeirrbare Sinn für das Maß, die schöne Klarheit, der Instinkt für den Rang der Worte, die Empfindung für das Passende, mit einem Wort der Geschmack hat sich in die französische Sprache geflüchtet und wirkt in ihr mit einer Unerschütterlichkeit, die man Unsterblichkeit nennen möchte, wenn sich nicht jüngste Symptome für einen bewußten Widerstand gegen diese Vollkommenheit zeigten. Es gibt kein reineres Zeichen für die alle Volksschichten durchdringende Macht der französischen Zivilisation als die Fähigkeit jedes Franzosen, sich seiner Sprache zu bedienen. Mag er auch noch so ungeschult und vernachlässigt sein, er weiß sich auf eine Art auszudrücken, die der Norm entspricht. Er erfreut sich eines fertig geformten und bis in die äußersten Verästelungen durchgearbeiteten Sprachgutes, das an der Vollkommenheit ebenso teilnimmt wie der bewußte Stil der Autoren. Seine Darstellungsweise ist auch bei den belanglosesten Anlässen gebaut und logisch gestuft, niemals begnügt er sich damit, die Ereignisse, die er schildern will, in der Gegenwartsform aneinanderzureihen, es liegt ihm im Blute, die Dinge zu ordnen und das Wichtige auch syntaktisch gegen das

Nebensächliche abzusetzen. Seine Verwendung „gebildeter“ Ausdrücke ist durchaus natürlich, sie erscheinen ihm nicht klassenbetont oder feierlich, denn der Unterschied zwischen Schriftsprache und Unterhaltungssprache liegt für ihn kaum vor. Das läßt sich auch in solchen Gegenden feststellen, wo Dialekt oder gar, wie in der Bretagne, eine fremde Sprache gesprochen wird. Die Verwendung der Mundart schadet nicht seinem Sinn für das allgemein gültige Französisch und erhöht ihn bisweilen. Sobald er mit einem Fremden spricht, der seinen Dialekt nicht versteht, fühlt er sich wieder auf der großen nationalen Sprachebene, die glatt ist und keine Hindernisse birgt.

Auch hier ist der Franzose durch seine Einigung anderen Völkern um Jahrhunderte voraus. Seine Sprache ist für ihn ein Gut, das er in Ehren hält; er fühlt in ihr jene klare Vernunft walten, die ihm sein Selbstbewußtsein verleiht. Seine Erziehung ist zu einem erheblichen Teil dem Kult der Sprache gewidmet. Kampf um den Sprachgeist ist sowohl der Unterricht in der Landessprache auf den Volksschulen als auch die parallel geordnete Beschäftigung mit dem Französischen, Lateinischen und Griechischen in den höheren Lehranstalten. Die „version“, die Übersetzung eines Absatzes Livius ins Französische, dient weniger der Grammatik als dem formenden Prinzip der Sprachen, das immer aufs Französische bezogen ist. Dienst an der klasssischen Form ist gleichzeitig Dienst an der französischen Form: der Schüler überträgt dreißig Zeilen Livius sozusagen in dreißig Zeilen Montaigne. Das ist auch die Kraftquelle, aus der sich der Widerstand gegen die Modernisierung des Sprachunterrichtes nährt. Es kann eben im humanistischen Bildungsgang keine Bewegung gegen den klassischen Geist zugunsten des französischen Geistes bestehen, da letzterer nur als eine Fortsetzung des ersteren erscheint und jedes Bildungsbemühen, sei es auch noch so sehr als „im Leben" unverwendbar verschrien, der Pflege der Muttersprache zugute kommt. Freilich würde der Franzose nie das Wort „Muttersprache" gebrauchen, ja er macht sich darüber lustig, wenn der Elsässer es als einen heiligen Begriff proklamiert. Denn für sein Ohr klingt in diesem Wort zu viel Natur, zu viel Erdgebundenheit und Bluterbe mit, um seine Auffassung von der Sprache als einem Produkt der Vernunft zu befriedigen. Sprache, das ist für ihn kein lallender Heimatslaut, sondern die exakte und bewußte Funktion der Gesittung. Sprache ist eine Waffe gegen die Natur, nicht ihr Geschenk. Sprache ist Gesellschaft, nicht Offenbarung. Er spricht nicht, um sich zu äußern, sondern um zu unterhalten oder um zu überzeugen.

Das Wort ist das wichtigste Instrument, das die Zivilisation ihm mitgegeben hat. Es ersetzt ihm angesichts großer Aufgaben die Gnade, die Berufung. Gut zu sprechen, gut zu schreiben gehören zu einwandfreien Umgangsformen ebensosehr wie zu jeder Art öffentlichen Lebens. Wer aufsteigen will, muß über den Sinn der Worte nachdenken, muß sich darin schulen, sie zu stufen, sie in wohlgebauten Sätzen zusammenzufassen und diese Sätze zur Einheit zu gliedern. Das Rhetorische gehört zur Ausbildung der Persönlichkeit und macht schon einen halben Advokaten und beinahe einen ganzen Politiker. Überflüssig, den ewigen Vorwurf wieder aufzunehmen, daß diese Kunst des Wortes mindestens zur Hälfte auf leeres Phrasengedresche hinausläuft. Der sachliche Blick kann darin kein ausschließliches französisches Laster erblicken, denn der Mangel an Gedanken ist nicht auf ein einzelnes Volk beschränkt, und es ist an sich gleichgültig, ob dieser Mangel sich in guter oder schlechter Formulierung oder gar nur in blöder Ratlosigkeit verrät.

Freilich ist die leere Beredsamkeit gefährlicher als leeres Schweigen, denn sie kann immer noch Leidenschaften in Bewegung setzen, da sie über Schlagworte verfügt. Und Schlagworte sind gerade das, was den Franzosen, ob er nun redet oder zuhört, am meisten anzieht. Er hat ein geradezu mystisches Gefühl für sie und läßt sich, gerade weil er ohne Phantasie ist, von ihnen bis zur Hingabe berauschen. Der Name eines Begriffes ist für ihn keine Bezeichnung, sondern eine Abkürzung dieses Begriffes, den er voll ausgeschrieben in sich trägt. Ja, ist es denn verwunderlich, daß sich in seinem Kopfe bei dem Wort „nation" ganze Erdrutsche an Erkenntnissen, Doktrinen und festen Vorstellungen, meinetwegen auch Vorurteilen loslösen? Wie soll ein Mensch, der den Zweifel nicht kennt, der das Wesen im Ausdrückbaren sieht, nicht auf Schlagworte reagieren? Ein Schriftsteller wie Maurras, der wahrlich kritischen Sinn und schärfste Unterscheidungskraft sein eigen nennt, bekennt willig, daß gewisse Formeln ihn mit einem magnetischen Licht treffen; „à demie voix, dans le silence de la nuit, il me semble que je redis des syllabes sacrées: Ordre et Progrès. Famille, Patrie, Humanité." Das Wort hat hier seine höchste Funktion erreicht, nicht nur die Masse zu leiten, sondern auch den Führer zu inspirieren, fast rührt es an jene Sphäre der Gnade, von der es durch seinen gesellschaftlichen Ursprung getrennt ist. Das Schlagwort wird im gleichen Augenblick zum lebendigen Begriff, wo es bei der aufnehmenden Menge einen bestimmten, festumrissenen Gedanken auslöst und zum Erklingen bringt. Der Franzose hat deshalb so viel Schlagworte, weil seine Zivilisation an eine Fülle von leicht formulierbaren Gütern geknüpft ist, die ganz an der Oberfläche seines Bewußtseins liegen. Wenn der Führende sagt „Vaterland" oder „Freiheit" oder „Zivilisation" oder „Ehre", so mögen diese Worte noch so leer dahingerufen werden, die Massen werden immer wissen, daß jeder einzelne von ihnen ohne Ausnahme, ohne Unterschied der Stellung, der politischen Partei oder der Rasse gemeint und beim Namen genannt worden ist. Man rufe die gleichen Worte über eine deutsche Versammlung, es werden sich sofort Streitigkeiten zwischen allen denjenigen erheben, die glauben, daß sie allein auf die „Nation" oder die „Ehre" Anspruch haben.

In einem solchen klaren Verhältnis zwischen Wort und Begriff liegt die Gefahr der französischen Sprache. Sie ist, da sie von den höchsten Meistern des Landes, von Joinville bis zu Valéry, verwaltet und geformt worden ist, vollkommener als das Individuum und infolgedessen in mehr als einem Falle sein Herr. Wo die Dichtigkeit des Denkens nachläßt, da schützt ihn die Sprache vor Entlarvung. Sie eilt dem Menschen voraus und zwingt ihn, ihren Bewegungen zu folgen, auch wenn er ursprünglich eine andere Richtung im Auge hatte. Das beeinträchtigt nicht nur die Ursprünglichkeit des Ausdrucks, sondern verführt auch zur Lüge im höheren Sinn dergestalt, daß der Sprechende plötzlich sieht, was die dahinflutende Syntax ohne ihn angerichtet hat, und dann nicht mehr den Mut aufbringt, bis zu dem Punkte zurückzugehen, wo er noch mit der Sprache einig war. Revenir sur une décision heißt ja denn auch eine Entscheidung ändern, was nicht nötig gewesen wäre, wenn die Worte es nicht so eilig gehabt hätten, den Satz in vollendeter Rundung abzuschließen. Die Verführung des Französischen, dessen Einheit ja nicht das Wort, nicht einmal der Satz, sondern der ganze, in einem Atemzug beschlossene Sprachbogen bildet, ist um so zwingender, als es schwer ist, dem ästhetischen Vergnügen einer Antithese zu widerstehen, auch wenn sie dem Willen des Sprechenden im Augenblick nicht völlig entspricht. Das Französische ist in unserem Sinne eine fertige Sprache, während das Deutsche dank seiner Zusammensetzungsmöglichkeiten – und dank seiner Unerforschtheit! – ein endlos hin- und widerflutender Ozean ist. Die Möglichkeiten sind nicht nur erprobt, sondern auch festgelegt. Den Sinn eines Wortes zu bestimmen, wird nicht dem schöpferischen Menschen überlassen, sondern von den Sprachbehörden, vor allem der Académie Française, wahrgenommen. Neue Worte müssen lange antichambrieren, ehe sie in das Heiligtum der Wörterbuchreife eintreten dürfen, und wenn sie einmal drinnen sind, zeigt es sich gewöhnlich, daß es sich nicht um Neuschöpfungen, sondern um heimisch gewordene Fremdwörter handelt. Alle Möglichkeiten der Satzkonstruktion lassen sich durch Tausende von meisterlichen Beispielen belegen, und wer sich einmal auf ein „entweder" eingelassen hat, ohne die Folgen zu überlegen, dem fliegt ein „oder" ganz von selbst zu. Eine wundervolle und durchgearbeitete Sprache zur Verfügung haben heißt nicht immer Herr über sie sein, wenn man sie auch noch so gut anzuwenden versteht. Der Franzose wird niemals zu dem Gefühl gelangen, seine Sprache gleichsam selbst zu erzeugen. Er tritt an einen gezählten und geordneten Reichtum heran, seine Meisterschaft erweist sich in der Wahl. Auch hier schafft er nicht, sondern ordnet. Sein Reich sind nicht die Elemente, sondern die Vollkommenheit.

Wir sprechen immer noch von dem, was der Franzose Zivilisation nennt. Indem wir die Sprache mit diesem Begriff unlösbar verknüpft sehen, indem unser Blick vom Wort ganz organisch zur Literatur gleitet, ist unsere Meinung von der französischen Literatur schon genannt. Das gesellschaftliche Wort ist in Frankreich vom dichterischen Wort ebensowenig getrennt wie die Dichtung von der Gesittung. Das Land Hölderlins und Stefan Georges kann nicht umhin, in dieser Tatsache, auf die der Franzose mit Recht stolz ist, eine Schwäche oder mindestens einen Mangel an Hierarchie zu erblicken. Wieder einmal stehen wir vor dem trennenden Abgrund der Wesensverschiedenheiten, dessen Tiefe die französische Literatur besonders deutlich werden läßt. In der Tat ist diese Literatur, die an Reichtum der Formulierungen, an Summe des Beschriebenen, Analytischen und Geordneten, an Niveau und Menschlichkeit der aller andern Länder überlegen ist, nicht etwa die Abkehr vom öffentlichen Leben, sondern ein Teil von ihm. Sie ist nicht etwa die Kontrastierung des geformten Erlebnisses mit den allgemeinen Werten, sie ist deren Bestätigung. Sie will die Ordnung der Werte und Gesellschaft konsolidieren und die Typik der Gesamtheit fortsetzen und sammeln, nicht etwa bestreiten.

Die Literatur der Franzosen will nicht in den Kosmos greifen, will keine neuen Gesetze Blitzen gleich „aufs flache Mittelland" des öffentlichen Lebens schleudern; sie wird überhaupt erst verständlich als ein Teil der nationalen Struktur. Ernst Robert Curtius, dessen glanzvolle wissenschaftliche Tätigkeit selbst ein Beweis dafür ist, da er als „Fachmann" für französische Literatur sehr schnell und zwangsläufig zur Gesamtdarstellung gelangte, hat gesagt, daß die

Literatur im Bürgerbewußtsein des Franzosen die Stelle habe, die beim Engländer der Sport einnimmt. Schlagender kann man kaum kategorisieren. In einer ungeschickten Hand würde sich diese Erkenntnis sehr bald zu dem Mißverständnis verwandeln, daß die französische Literatur „zweiten Ranges" sei. Der Umstand, daß sie sich nie von der Zivilisation getrennt und deren Gesetze nie durchbrochen hat, könnte zu dem Irrtum verleiten, daß sie nichts weiter sei als eine ihrer zahlreichen und erfreulichen Funktionen. In Wirklichkeit ist sie aber ein neuer Beweis für die humanistische Einheit des französischen Wesens, das sich zu sich selber nicht anders als positiv verhalten kann und Literatur ebenso unbeirrbar aus seinem Zentrum ausstrahlt wie Menschlichkeit. Ja, wir können nicht anders als hierin die Stärke Frankreichs erblicken, das eben nur Wesentliches kennt und alles Lebende als wesentlich gelten läßt.

Nicht der Wissenschaftler nimmt in Frankreich unter den Intellektuellen die erste Stelle ein, sondern der Schriftsteller, der bestimmt ist, als Gegengewicht gegen den Fachmann zu wirken und den Zerfall des Geistes in Disziplinen zu verhindern. Der Spezialist erscheint als der Hilfsarbeiter, der sich freiwillig vom Kern entfernt hat und nur gerechtfertigt ist, wenn er wieder zu ihm zurückgelangt, während sich der „homme de lettres" seiner umfassenden Wirkung bewußt ist und seine Tätigkeit als Generalnenner für die fachlichen Funktionen begreift, die er etwa sonst noch ausübt. Jeder führende Franzose, sei er nun General, Wirtschaftler oder Politiker, fühlt sich verpflichtet, an der Literatur teilzunehmen und ihr wie einer Gottheit zu opfern. Er versieht seine sachlichen Kundgebungen mit Bezügen auf die Literatur, und das Wesentliche dabei ist, daß er seine Reden, Tagesbefehle, Berichte und Gutachten durch solche Zitate weniger schmückt als verständlich macht. Ein

Wirtschaftler, der in einer Generalversammlung Barrès zitiert, erweckt nicht etwa Heiterkeit, sondern Solidarität. Denn jeder Anwesende ist stolz darauf, an einer Zivilisation teilzunehmen, die den Schriftsteller, anstatt ihn auszuschließen, dringend braucht. Das künstlerisch geformte Wort ist nicht für die Mußestunden beiseite gestellt, es ist ein Bestandteil des Niveaus. Es dient nicht den Ausnahmezuständen, es dient dem Dasein in seiner ganzen unzerstörbaren Kontinuität, denn die Teilung in „Weihestunden" und „Tätigkeit" ist ebensowenig anerkannt, wie man einen Unterschied zwischen „dem Höheren im Menschen" und „Forderungen des Tages" gelten läßt.

Jeder Führende ist bemüht, das Schlagwort, die Prägung, die er braucht, um zu wirken, aus der Literatur zu entnehmen und seine Formeln durch Bezug auf das Schrifttum sozusagen zu legitimieren. Er kann dies um so leichter, als die Literatur niemals die Fühlung mit der Gesellschaft verliert und ihr jederzeit verständlich ist. Ein flüchtiger Blick auf die Geschichte zeigt, daß die zentrale Stellung der Literatur sich an allen Wendepunkten praktisch bemerkbar gemacht hat. Man kann sagen, daß Robespierre in dem Maße die Fühlung mit der Wirklichkeit verlor, wie ihm die Schriftsteller zu fehlen begannen. Napoleon hatte ganz recht, wenn er ausrief: „Wir haben keine Literatur? Das ist der Fehler des Innenministers!", denn die Verwalter der neuen Staatsform begingen in der Tat einen Mißgriff, wenn sie die Legitimierung durchs Schrifttum nicht mit allen Mitteln erstrebten. Daß Chateaubriand Minister des Äußern wurde, war weniger seiner besonderen Befähigung für dieses Amt zuzuschreiben als dem Bedürfnis der Restauration, sich vor dem Geist auszuweisen. Der Sturz Louis Philippes brachte Lamartine an die Spitze des Staates, und es wäre undenkbar gewesen, Victor Hugo nach Sedan nicht ins Parlament einziehen zu lassen.

Sobald man die Literatur dem sogenannten „praktischen Leben" gegenüberstellt und sie zu ihm in Gegensatz bringt, wie dies in Deutschland geschieht, ist die Teilung der Erde vollzogen und der Dichter hat das Nachsehen. Zwar ist ihm das All zur kosmischen Bewältigung freigegeben, aber vom Einfluß auf Führung seines Volkes ist er ebenso ausgeschlossen wie von der Mitwirkung am öffentlichen Leben. In Deutschland spielt der Schriftsteller auch heute noch nicht die mindeste Rolle. Er ist so machtlos, daß man nicht einmal seine Feindschaft, geschweige denn seine Gleichgültigkeit fürchtet. Weder in kulturellen noch in nationalen Angelegenheiten wird er befragt, und ein Führer würde seinen Ruf aufs Spiel setzen, wenn er in einer „ernsten" Angelegenheit auf eine literarische Formulierung zurückgreifen würde. Ein Fachmann kann sich durch Literatur lächerlich machen, ja, sich wirtschaftlich schädigen, und der Protest eines Dichters ist den Behörden der liebste, da keine gewichtige Körperschaft über ihn Rechenschaft verlangen wird. Die Literatur erscheint dort als eine Disziplin neben anderen und zwar als die unbedeutendste, weil niemand sie zu verwenden versteht. So starke Impulse Deutschland auf dem Gebiet der Pädagogik und der Sozialpolitik zu versenden hat, so scharf sind diese von dem getrennt, was man geistiges Leben nennt. Die Literaten führen, solange sie sich nicht durch Erfolge der Aufnahme in die besitzenden Klassen würdig gemacht haben, eine Art von Gettoexistenz und vergelten Verachtung mit Verachtung. Um diesen Zustand wenigstens auf politischem Gebiet zu rechtfertigen, hat man die Wendung in Umlauf gesetzt, daß der Dichter über den Parteien stehe und ihn durch diese scheinbare Erhöhung unschädlich gemacht. In Wirklichkeit ist die Literatur noch nicht einmal parteifähig geworden. Das Höchste, was bisher erreicht werden konnte, ist, daß die Linksparteien das Schrifttum gegen die blinde Geistfeindlichkeit der Reaktion zu schützen versuchen, ohne daß es bisher gelungen wäre, den Behörden, seien sie nun rückständig oder nicht, den dazu notwendigen Respekt einzuflößen. Man muß also zu dem Schluß kommen, daß der Staat sich gegen den Geist entwickle oder daß die Literatur bei uns keinen Anspruch darauf erheben könne, die umfassendste oder auch nur hervorragendste Form des geistigen Lebens zu sein. Zu unserem Trost nehmen wir mit letzterem Argument vorlieb, denn Victor Hugos Ausspruch, daß die Literatur die Zivilisation sei, kann in der Tat nur in Frankreich gelten.

Der deutsche Schriftsteller ist durchgängig gegen die Gesellschaft gerichtet. Selbst wenn er nicht revolutionär im politischen Sinne ist, so nimmt er doch eine scharfe Scheidung zwischen dem staatlichen und dem menschlichen Problem vor und gibt letzterem den Vorzug. Für ihn ist Feindschaft zwischen der Ordnung, in der er zufällig lebt, und den Erschütterungen, die er gestaltet. Er empfindet sich esoterisch oder revolutionär. Solidarität mit der Gesamtheit der Nation ist allzu schnell als Nationalismus diskreditiert und auch mit einem gewissen Recht, denn diese Gesamtheit bietet sich nicht ohne weiteres dar. Sie aufspüren heißt im heutigen Deutschland beinahe sie schaffen. In seinen höchsten Typen ist er auf Umformung, ja auf Erzeugung des Weltbildes bedacht, und die vorhandene Ordnung kann ihn dabei nur verwirren. Mir schwebt so wenig eine Polemik gegen den deutschen Literaten vor, daß ich mich fast geneigt fühle, ihm recht zu geben. Denn es kann ihm nicht wie dem Franzosen genügen, das vorhandene Weltbild auszudeuten, weil er wahrscheinlich gar keines finden würde. Es ist ihm unmöglich, sich als eine Bestätigung der Gesellschaft zu empfinden, denn er verdankt dieser Gesellschaft, die er vor sich hat, nicht das mindeste, am wenigsten die Formen, in denen er denkt und singt. Sein ganzes Leben könnte er durchs deutsche Volk irren, ohne auf eine Wirkung des „Wilhelm Meister" zu stoßen, während er in den Kosmos fassend überall Spuren dieser Geisttat finden wird. Da es ihm versagt ist, auf die Nation zu wirken, begnügt er sich mit dem All. Die Zeit ist ihm verschlossen, also nimmt er mit der Ewigkeit vorlieb.

Deutschland hat das Genie als Fall, Frankreich die Literatur als Einrichtung. Deutschland hat die Hymne, Frankreich den Roman. Man muß an Frankreich weniger die Werke bewundern als die Schriftstellerei. Es ist nicht so sehr das Schöpferische, das uns dort anzieht, als das Zivilisatorische. In Frankreich schreibt es, wie es im Gelände stürmt und regnet. Täglich erscheinen wohlgeschriebene Bücher, die fast alle gelesen werden und immer noch Platz für neue Erscheinungen freilassen. Stoffeifersucht ist unbekannt. Jeder Autor greift das Thema auf, das ihm paßt, ungeachtet aller Präzedenzfälle. Denn das Thema ist immer der Mensch und gilt als unerschöpflich. Der Mensch steht in der Mitte alles Geschriebenen. Seine Grundform ist die Vernunft. In den Abweichungen des Menschen von der Vernunft besteht das zentrale Thema der französischen Literatur, die ein ungeheures, ein gigantisches Archiv für Form des menschlichen Verhaltens ist. Die Intensität, mit der dieser Gegenstand behandelt wird, reicht vom göttlichen Rasen bis zur Langeweile. Sie spannt sich von der Kritik, die vielleicht die höchste Form des französischen Schrifttums ist, bis zur stofflichen Aufzählung, die gewiß seine schwächste ist. Sie umfaßt mit einem Wort Montaigne und Zola. Aber da sie der fast zerstörenden Größe ebensowenig entraten kann wie der fast versteinernden Mittelmäßigkeit, da sie Leidenschaft ebensosehr braucht wie gute Manieren, ist ihre Quersumme das Niveau, die Kontinuität.

Daß die französische Literatur niemals die Verbindung mit der Zivilisation abgebrochen hat, macht ihre hohe Qualität aus, die in unseren Augen leicht zur Schwäche wird, wenn wir darauf bestehen, sie aus ihrem nationalen Zusammenhang loszulösen und mit der Dichtung anderer Länder zu vergleichen. Sie ist so sehr eine Prosaliteratur, daß sie der Poetik und der Kultur der Gattungen bedurfte, um sich des Überganges in den Vers bewußt zu werden. Ihr Wort ist gesellschaftlichen Ursprungs und wirkt als Beziehung, nicht als Wesen. Es stammt aus der Konversation, nicht aus der Zauberformel. Es wird durch Bildung erworben, nicht durch Offenbarungen geschenkt. Sein Zauber liegt in der Vollkommenheit, die erlernt und erkämpft wurde. Infolgedessen läuft die Literatur niemals Gefahr zu verstummen, wohl aber kann es ihr geschehen, daß sie leer läuft. Ja von großen Gebieten ihrer Produktion kann man sagen, daß sie dem Terror einer selbständig gewordenen Sprache anheimgefallen sind. Proust hat das ebenso gewußt, wie Valéry und Gide es wissen. Ihr Werk beginnt, Widerstand gegen den zivilisatorischen Zwang der Sprache zu werden. Die Zukunft der französischen Literatur hängt vom Erfolg dieses Widerstandes ab. Wer den Zwang zur Antithese bricht, der rettet das Schrifttum vor dem Fluche, nicht durch den Geist, sondern durch die Geläufigkeit des Satzbaues regiert zu werden. Geht man vom Worte als dem Material des Dichtenden aus, so beginnt die ganze französische Literatur zu schwanken. Baudelaire hat in einem Wort-Wert gedichtet, der aus anderen Quellen floß als aus der Zivilisation. Er hat jene Hymnik geahnt, die aus dem Urschauer stammt und das Wort zur schöpferischen Weihe, zum eigenen Dasein erhebt. Neben den „Fleurs du mal" erscheinen die anderen Gedichte französischer Sprache fast immer wie Notizen zu einem Roman oder wie Aphorismen. Baudelaire wälzt die französische Dichtung ebenso um wie Pascal das Denken. Beide sind noch nicht auf dem Gipfel ihrer Wirkung angelangt.

III.

ZWISCHENSPIEL

DER REALISMUS UND DAS VOLLE MENSCHENLEBEN

Mit Realismus bezeichnet man in Frankreich die Erkenntnis, daß zwischen zwei Punkten der gerade Weg der kürzeste ist. Auf diesem Weg ist weder Raum für ein „Verweile doch“ noch Zeit für einen Abstecher, ob es sich nun um Gesichtspunkte oder um Knotenpunkte handelt. Wir werden das Auftauchen und Walten dieser Erkenntnis im politischen und wirtschaftlichen Leben schildern und dartun, wie eine ganze Generation entschlossen ist, die Ideale und Schlagworte der menschlichen Gemeinschaft mit den Gesetzen der Realität zu vertauschen. Die Betreiber dieses Gedankens werden dabei von der Sorge bewogen, daß Frankreich ins Hintertreffen geraten und rückständig werden möge. Ja, sie sind überzeugt, daß ihr Land bereits von anderen Staaten, was Ergiebigkeit des Produktionsapparates angeht, überholt sei.

In den Bereich des alltäglichen Lebens übertragen, ist der Realismus der Kampf gegen die stolze Schlamperei, die das hervorragendste Merkmal des französischen Alltags ist. Der Wirtschaftstheoretiker Lucien Romier, der für rationelle Produktionsmethoden, Vereinheitlichung der Ware und Organisation der Politik eintritt, brauchte eigentlich ein weniger feierliches Gegenstück, einen Menschheitserzieher, der sich z.B. für die Abschaffung der Hausmeister, der Conciergen, einsetzte.

Es ist nicht genug, daß der Realismus in die Industrie eindringt, wo er doch nur wenigen sofort zugute kommt – nein, seine wahre Sendung liegt darin, im privaten Bereich wenigstens die schlimmsten Plagen abzuschaffen, denen zu widerstehen der in Frankreich Lebende häufig seine besten Kräfte opfert. Nun ist es zweifellos viel einfacher, die

Anzahl der in Frankreich hergestellten Typen von T-Eisen auf ein Zehntel herabzusetzen, als die Conciergen abzuschaffen, obgleich es nichts gibt, über dessen tiefe Sinnlosigkeit alle Welt sich so einig ist wie die Hausmeister und Hausmeisterinnen. Sie haben allerdings die tiefste Daseinsberechtigung, die es in diesem Lande überhaupt gibt und die darin liegt, da zu sein. Die Hausmeisterin – denn dieser Posten wird meistens von Frauen versehen, weil Männer dank ihrem Körperbau im allgemeinen überhaupt nicht fähig sind, einen Rohrstuhl so füllig besetzt zu halten, wie es nun einmal dazu gehört – die Hausmeisterin öffnet den Mietern des Hauses die Haustür, da diese keinen Schlüssel haben, weil es eine Hausmeisterin gibt, die die Tür öffnet. Sie bewohnt eine kleine Wohnung, die Loge genannt, deren Glastür einen freien Überblick über den Flur und ein genaues Betrachten aller ein- und ausgehenden Personen gestattet. Auf dem Herde der kleinen Wohnung schmort gewöhnlich ein scharfriechendes Gericht, Schweinsnieren oder so etwas, dessen fetter Dunst sich an den Spiegeln und Marmorwänden des Flures festsetzt. Die Hausmeisterin sitzt da und ist mit einer Zeitung oder den Postsachen für die Mieter beschäftigt, denn alle Post für das ganze Haus wird in der Loge niedergelegt und von dort aus verteilt. Auch eine Katze ist gewöhnlich vorhanden. Die Möglichkeiten, sich die Ungunst der Hausmeisterin zuzuziehen, sind für den Mieter völlig unbegrenzt. Er kann die Gewohnheit haben, nachts spät heimzukehren, was die Hausmeisterin zwingt, im Halbschlummer den Türstrick zu ziehen, er kann dabei seine Pflicht, laut seinen Namen ins Dunkel des Hauses zu rufen, um die Hausmeisterin zu unterrichten, vergessen, er kann zu viel Post bekommen, er kann es ablehnen, mit der Hausmeisterin in einen vertraulichen Meinungsaustausch über die Dame im vierten Stock zu treten, kurz, er fällt in Ungnade, ehe er es ahnt. Ich habe zum Beispiel eine tiefe Abneigung dagegen, wenn ich um zwei Uhr nachts nach Hause gekommen bin und die Hausmeisterin endlich wachgeklingelt habe, in der dunklen Einsamkeit des Treppenhauses meine Stimme erschallen zu lassen und mich selbst beim Namen zu rufen. Es klingt so gespenstisch, wenn ich ins kalte Nichts hinein „Sieburg!" rufe, als wäre ich gar nicht ich, sondern ein anderer.

Die Mittel der Hausmeisterin, mich zur Botmäßigkeit zu erziehen, sind zahlreich. Mir wird für drei Tage die Post entzogen, Besucher, die meine Wohnung erfragen, werden irregeleitet, dem Hausbesitzer wird der Verdacht nahegelegt, daß ich sonderbar und vielleicht ein Wüstling oder gar ein Mohammedaner sei, und schließlich wird die Fremdenpolizei verständigt, daß ich häufig in der Nacht Besucher mit schweren Traglasten empfinge, die laute Verwünschungen gegen Mussolini ausstießen. Denn es ist eine Tatsache, daß die Beamten der Fremdenpolizei bei der Durchführung ihrer „Enqueten", die der Verleihung der Ausweispapiere vorausgehen, ihr Material meist in der Pförtnerloge sammeln. Im Krieg waren die Hausmeisterinnen den Rekrutierungsbehörden unentbehrlich, da sie unbeliebte Hausbewohner, soweit sie noch das Glück hatten, in Zivil durch die große Zeit zu schleichen, für den Felddienst in Vorschlag brachten. Wie macht man sich nun beliebt? Ich habe als bestes Mittel folgendes erprobt: Bevor man morgens das Haus verläßt, trete man, den Hut ziehend, in die Loge ein, spreche mit klarer, munterer Stimme ein „Guten Morgen, schönes Wetter heute!", werfe einen freudig erstaunten Blick auf das Biest von Katze, als ob man es zum erstenmal sähe, und rufe aus: „Was für ein prächtiges Tier haben Sie da, liebe Dame!", schnuppere nach dem Herde hin, wo die Schweinsnieren knistern, und scherze: „Na, Sie leben ja nicht schlecht, liebe Dame!“, was aber schon etwas zu weit gegangen ist, weswegen es gut sein wird, sogleich eine Hundertfrankennote auf den Tisch zu legen und seine Post an sich zu nehmen, soweit die Dame nicht in ihr liest. Alsdann trete man erhobenen Hauptes auf die Straße und ins Leben hinaus und hüpfe, außer Sichtweite gekommen, froh auf, weil heute wieder einmal alles gutgegangen ist.

Es gibt in Paris nicht einen einzigen Mieter, der nicht vor dem Basiliskenblick der Hausmeisterin täglich bebte, der sich nicht den größten Demütigungen aussetzte, um es mit ihr nicht zu verderben. Aber niemand kommt auf den frevlerischen Gedanken, sie abzuschaffen. Das muß schon einer gewaltigen Volkserhebung überlassen bleiben. Oder vielleicht wird der Realismus, bevor er die Gewerkschaften am Parlament beteiligt, zur Befreiung der Menschheit schreiten und, vom Gedanken ausgehend, daß die Conciergen überflüssig sind, den Bürger mündig sprechen und ihm einen Hausschlüssel verleihen.

Leider wird der Realismus mit der größten französischen Schwierigkeit zu tun bekommen, daß die Überflüssigkeit einer öffentlichen oder privaten Einrichtung durch ihre Alteingesessenheit völlig aufgehoben wird. Der Franzose ist weniger stolz auf seine Tugenden als auf seine Fehler. Mein Schuhmacher würde sehr enttäuscht sein, wenn ich ihm anstatt eines Trinkgeldes die Menschenrechte verleihen würde, da er letztere schon hat, und wenn ich ihm Vorwürfe mache, daß er seine Arbeit trotz heiliger Versprechungen nicht liefert oder schlecht ausführt, so wird er sich auf die große Revolution berufen, vor der Handwerker und Kunde gleich sind. Dem Kunden aber, dem die Sohlen seiner Schuhe wichtiger sind als der ganze Bastillesturm, wird plötzlich klar, daß ein Volk erst dann stolz auf seine Vergangenheit sein kann, wenn es sie täglich anwendet. Denn man glaube nicht, daß in Frankreich das Verhältnis zwischen dem Verkaufenden und dem Käufer im einfachen Bezahlen und Empfangen der Ware erschöpft sei. Keineswegs, die Ware ist ein Geschenk, die Bezahlung ist nur die Vergütung der Unkosten, und der Brauch, dem Verkäufer außer der Bezahlung noch ein Trinkgeld in die Hand zu drücken, ist eine rührende Anerkennung der Tatsache, daß der Verkäufer mit der Ware eigentlich ein Stück seines Herzens weggibt. Wie reich sich auch das menschliche Leben im Lichte solcher Beziehungen gestalten mag, so füllen sich doch die einfachsten Verrichtungen durch sie mit einer Schwere, die dem Realismus unter allen Umständen auffallen müßte. Sehr innerliche Menschen verbrauchen sich hierzulande stark bei solchem Tun, wo jeder Geschäftsmann zum Pelikan wird und jeder Kunde von der Wucht ewiger Dankbarkeit erdrückt durchs schöne Leben wankt.

Jedes Geschäft wird eben in eine Fülle von Privatangelegenheiten aufgelöst, und man kann durch nichts größeres, ja unliebsameres Aufsehen erregen, als wenn man sich eine Ware telephonisch bestellt – was ja jeden Gemütskontakt ausschließt – oder in einen Bilderladen auf der Rue La Boétie gestürzt kommt, kurz grüßt, auf ein im Fenster stehendes Werk von Van Dongen weist und es kaufen will, mit der deutlich geäußerten Absicht, es sofort zu bezahlen und womöglich auch noch gleich mitzunehmen. Ein solches Vorgehen würde geradezu Mißtrauen erregen, das sich nicht nur auf die Echtheit der vom Käufer angebotenen Tausendfrankennoten, sondern auch auf seinen Charakter erstrecken würde. Ein richtiges Pariser Geschäft will angeknüpft, stimmungsmäßig vorbereitet, besprochen und befühlt werden und muß nach Abschluß im Herzen aller Beteiligten noch lange nachklingen. Was man auch immer kaufen will, man hat einen Freund, der in der Umgebung des Händlers Beziehungen hat. Verschiedene telephonische Fühlungnahmen, Zusammenkünfte mit dritten Personen, eine Reihe von Besuchen, Plauderstunden über allgemeine Fragen, mit einem Wort, die Bildung einer persönlich-freundschaftlichen Atmosphäre ist dringend notwendig. Sie wird durch nichts besser hervorgerufen als durch Hinzuziehung von Vermittlern.

So kommt es denn, daß sich zwischen dem Kunden und der Ware immer eine Kette von Vermittlern aufbaut, die sich entweder amüsieren wollen – wenn es sich um Freunde handelt – oder etwas zu verdienen hoffen, wenn es Fremde sind. Diese seltsame Erscheinung hat einen der wichtigsten französischen Berufe hervorgerufen, dessen Beseitigung eine vornehme Aufgabe des Realismus bilden müßte, nämlich den des „démarcheur", was mit „Agent" nur unvollkommen übersetzt ist. Wenn sich in meinem Viertel das Gerücht verbreitet, daß ich einen Autoreifen kaufen will, so stellt sich bald der démarcheur ein, der mich zunächst daran zu hindern sucht. Deutlicher gesagt, er hindert mich, in den nächsten Laden zu gehen und einen solchen Reifen dort gegen bar zu erwerben. Statt dessen weist er mich darauf hin, daß er einen Freund in Auteuil wohnen hat, der mir die Ware um fünfundzwanzig Prozent billiger verschaffen kann. Eine Zusammenkunft mit dem Freund wird verabredet, wir treffen uns in einer Bar, trinken einen Wermut und stellen bald fest, daß wir alle drei reizende Menschen sind. Der Freund hat den zu liefernden Reifen zwar nicht auf Lager, er ist nämlich Hotelwirt, aber an der Hand. Die Lieferung wird verabredet. Ich könnte einen passenden Reifen binnen einer Stunde aus irgendeinem Laden holen, beuge mich aber der menschlichen Atmosphäre, die sich inzwischen entwickelt hat, warte eine Woche und bekomme endlich nach zahlreichen telephonischen Mahnungen das Gewünschte. Daß der démarcheur und sein Freund die eingesparten fünfundzwanzig Prozent redlich verdient haben, ist mir klar.

In Tausenden von Abarten und Schattierungen taucht der Vermittler auf, um durch sein Eingreifen nachzuweisen, daß zwischen zwei Punkten der gerade Weg, mag er auch der kürzeste sein, eine unverzeihliche Roheit wäre. Im farbigsten Abglanz, an dem wir bekanntlich das Nachtleben haben, zeigt sich das Wesen des Vermittlers, wenn man in Paris „bummeln" geht, eine der grauenvollsten und demütigendsten Tätigkeiten, die man im Dienste zureisender Freunde überhaupt ausüben kann. Begibt man sich in ein elegantes Nachtlokal, das allen New Yorker Anforderungen entspricht, so verliert man trotzdem nicht die Fühlung mit dem Pariser Leben. Man ist sogleich von einer Schar Dienstbeflissener umwimmelt, die sich als Angestellte des Unternehmens präsentieren, in Wirklichkeit aber Vermittler auf eigene Rechnung, also selbständige Geschäftsleute sind. Das Recht, die Wagentüren zu öffnen, die jeder Gast mit Wonne selber aufmachen würde, wenn man es ihm nur erlaubte, wird gepachtet. Das Telephon ist gepachtet, die Garderobe ist gepachtet, die Toilette ist gepachtet, ja der Knabe, der dir auf die Frage, wo die Toilette sei, geschwind antwortet „unten links", ist ein Pächter. Er bezahlt für das Recht, diese Frage entgegenzunehmen und – gegen ein Trinkgeld – zu beantworten, eine Pachtsumme an den Besitzer dieses Lokals, der auf dem sozial sehr gesunden Standpunkt steht, daß, wenn die Leute schon so dumm sind, sein teures Restaurant zu besuchen, sie auch möglichst viele Menschen ins Brot setzen sollen. Wenn man sich dies einmal klargemacht hat, so beginnt man, den Vermittler, wenigstens im Rahmen des Nachtlebens, als eine sittliche Einrichtung zu begreifen, bei der man sich von dem Gefühl, sein Geld zum Fenster hinauszuwerfen, bis zu einem gewissen Grade freikauft und als Gegenwert ein gutes Gewissen erhält.

Die Aufzählung verwandter Phänomene könnte beliebig fortgesetzt werden. Man könnte die Etappen schildern, die ein Theaterbesucher zu durchlaufen hat – an der Tür versucht ihn ein der Theaterleitung bekannter und von ihr geduldeter Mann zunächst am Erwerb einer Karte an der Kasse zu hindern, und zwar mit dem Hinweis, daß alles ausverkauft sei, daß er aber zufällig noch einige Billette mit einem kleinen Aufschlag zu vergeben habe; dringt der Besucher trotzdem bis zur Kasse vor, so erhält er zwar ein Billett, aber ohne Nummer, da diese von einem besonderen Tribunal erst mit Blaustift draufgeschrieben wird; schließlich kann er immer noch nicht im Theater Platz nehmen, sondern muß warten, bis ein weibliches Wesen – eine Pächterin natürlich – ihn auf seinen Platz führt, den er sehr gut allein finden könnte, aber nicht aufsuchen darf, weil sonst kein Grund wäre, der Pächterin ein Trinkgeld einzuhändigen. Diese „placeuse" ist ein besonders lohnendes Objekt realistischen Reformwillens. Mit ihr ist es ähnlich wie mit der bewaffneten Macht, deren Existenz Kriege hervorruft, zu deren Durchführung man eine bewaffnete Macht braucht. Die placeuse ist zutiefst überflüssig, ihr Posten dient dazu, der Inhaberin eine Einnahme zu verschaffen, ohne daß sie ein praktisches Bedürfnis befriedigt. Jeder Theaterbesucher wäre gern bereit, das Trinkgeld für die gute Frau mit dem Eintrittsgeld zu erlegen, wenn er dafür frei und ungehindert, ohne alle überflüssige Führung seinen Sitz aufsuchen könnte. Aber darauf will sich die Allgemeinheit als das mystische Wesen, das sie ist, nicht einlassen, sie will ihm einen Franken abnehmen und ihm dafür etwas liefern, wofür er keine Verwendung hat. Mein Vorschlag an eine placeuse, meinen Franken entgegenzunehmen, mich dafür zu segnen und mich dann frei meines Wegs in den Zuschauerraum ziehen zu lassen, wurde entrüstet abgelehnt – sie bestand darauf, für ihr Geld eine Quittung in Form von Arbeit zu erteilen. Sie eilte also hinter mir her bis zu meinem Platz, nahm ihren ehrlich verdienten Betrag und ging stolz, nichts geschenkt bekommen zu haben, davon.

Ja, man könnte diesen seltsamen Erscheinungen noch manche andere anreihen und dabei die Hoffnung ausdrücken, daß der Realismus, der so schöne Fortschritte macht, mit ihnen aufräume und rationelleren Methoden Platz mache. Aber je länger ich mir vorstelle, was damit alles verschwinden würde, um so mehr fange ich an zu bedauern, daß ich die Aufmerksamkeit der Realisten überhaupt wachgerufen habe. Denn so wenig ich eine reizvolle menschliche Beziehung bekommen will, wenn ich einen Autoreifen verlangt habe, ebensowenig will ich das Gefühl haben, Angestellter des Staates oder der Allgemeinheit zu sein, wenn ich über die Straße gehe. Aber darauf wird es hinauslaufen, wenn die Organisation einmal begonnen hat. Es ist schwer zu entscheiden, was aufregender ist: ein Berliner Schutzmann, der einen nicht vorhandenen Verkehr regelt, oder ein Pariser Chauffeur, der auf die Fußgänger Jagd macht. In diesem Falle haben wir es mit einem Exzeß der Freiheit zu tun, in jenem aber mit einer Ausschreitung der Ordnung. Vor diesen zwei Möglichkeiten bleibt mir keine Wahl. Denn die Ordnung darf nun einmal keine Möglichkeit haben, aus der Rolle zu fallen, während der Freiheit alles, selbst die Ordnung, erlaubt ist. Die Befürchtung liegt nahe, daß der Realismus, auf Frankreich losgelassen, vieles zerstören wird, um dessentwillen dies Land manchem Herzen bisher teuer war. Mein Flickschuster, dem es erbärmlich geht, hängt alljährlich am 1. August ein Schildchen an die Tür seines Kellerladens, auf dem steht: „Bin aufs Land, geschlossen bis 1. September.“ Das steht zwar in Widerspruch zu der primitivsten sozialen Rechenkunst, aber muß ich nicht den guten Mann dafür segnen, daß er sich in allem Jammer so viel Menschenwürde bewahrt hat, am 1. August, wenn der Sommer leuchtend über Frankreich steht, aus seinem Keller ins Freie aufzubrechen, um bei seiner Schwiegertochter an der Marne zu wohnen und dort vier Sommerwochen lang die Angelschnur in den dahinströmenden Fluß zu hängen? Liegt nicht in dem französischen Widerstand gegen die Sachlichkeit des Geschäftes ein Protest gegen die Maschinerie des Alltags, der er nicht erliegen will? Steckt nicht in der Unfähigkeit, die menschliche Arbeitsleistung als ein der Allgemeinheit gehöriges Gut zu begreifen, die Gegenwehr gegen den Beitritt zur großen Armee der Lohnsklaven? Was ist die stolze Schlamperei des mittleren Franzosen anderes als ein Standhalten gegen die Strammheit, ohne die ein richtiger Betrieb nicht funktionieren kann! Gewiß, ein richtiger „Betrieb“ ist auf Grundlagen der französischen Geistesverfassung überhaupt nicht möglich. Aber man müßte dem Franzosen erst einmal beweisen, daß ein „Betrieb“ überhaupt wünschenswert ist. Weil er bei der Entwicklung Europas unvermeidlich ist, braucht er noch lange kein Ideal zu sein. So wie Frankreich heute lebt, in holdem Durcheinander, in selbstbewußter Begeisterung für jede Art von Aufenthalt und Zeitverlust, im flatternden Stolz auf seine Abneigung, pünktlich zu sein und eine Verabredung einzuhalten, im Trotz auf seine Überzeugung, daß man Geld nehmen soll, wo es sich findet, ohne sich dadurch auch nur im mindesten verpflichten zu lassen, in dieser Zufriedenheit mit seinen Fehlern, in dieser Zwanglosigkeit seiner Tugenden, bildet Frankreich heute das feste Bollwerk Europas gegen das, was man bequem den Amerikanismus nennt, gegen die Mechanisierung des Lebens, gegen die Absteifung des privaten Daseins durch Gesetze, gegen die Pest der Zweckmäßigkeit, gegen den alles Unnütze zermalmenden Triumph des Apparates. Gebt dem fortschrittlichen Europäer ein Stück Schnur in die Hand, er wird nicht ruhen, bis eine Antenne daraus wird, gebt es dem Franzosen, er wird schließlich doch eine Angelschnur daraus machen, oder er wird sich, wenn kein Gewässer des holden Frankreich mehr für ihn frei ist, daran aufhängen.

Keiner von diesen Entscheidungen soll ein Wert beigemessen werden, keiner dieser Menschen ist besser oder reiner als der andere. Aber der Franzose ist glücklicher. Er sieht angesichts der rastlosen Welt um sich, deren Getöse das Bedürfnis nach Realismus in seinen Führern wachgerufen hat, des Teufels Schlinge wohl: Wer viel arbeitet, kann viele Bedürfnisse befriedigen, aber er wird, indem er sie befriedigt, zahllose neue schaffen, die auch gestillt werden wollen. Der Arbeiter wird also dazu übergehen müssen, systematisch zu arbeiten. Kurzum, der Realist gibt dem Teufel den kleinen Finger in der Hoffnung, dann wenigstens die andere Hand frei zu haben. Aber ehe er sich's versieht, ist diese für alle Ewigkeit um ein Werkzeug gekrampft. Zwar ist zwischen zwei Punkten der gerade Weg der kürzeste, aber dieser Weg ist asphaltiert, er bietet keinen Schatten, er hat keine Bäume, unter denen man schlampig und zufrieden verweilen könnte. Von Blumen ganz zu schweigen.

DAS PARISER TELEPHON

I.

Ort der Handlung: Eine Junggesellenwohnung in der Rue Bellechasse. Zeit: Dezember 1929, abends 9 Uhr.

Herbert, ein Journalist, sitzt im Sessel und liest in einer Modezeitschrift für Damen, da der Gesichtsausdruck der Modellfiguren seine Nerven beruhigt. Vor ihm auf dem Tisch steht ein hellblauer Siphon, eine Flasche Whisky und zwei Gläser; das eine ist für ihn bestimmt, das andere für Arthur, der soeben eintritt. Arthur ist Diplomat und kennt Herbert aus dem Krieg, den sie zum Teil gemeinsam verbrachten. Sie haben eine Zeitlang denselben Unterstand geteilt, – das erklärt die an sich naturwidrig guten Beziehungen der beiden Vertreter zweier so verschiedener Berufe.

Herbert: „Guten Abend, mein Lieber, da bist du ja. Ich glaubte schon, du kämest nicht mehr."

Arthur: „Um ein Haar wäre ich für den Rest des Abends auf der Gesandtschaft festgehalten worden. Im letzten Augenblick gab es eine Menge Arbeit."

Herbert: „Was ist denn los? Ich dachte, du hättest nur Briefe zu öffnen. Oder gibt es ein Geheimnis?"

Arthur (macht einen Seelenkampf durch): „Ja, ein Geheimnis. Kannst du schweigen? Wirklich? O Herbert, es kann mich die Karriere kosten. Also höre, die französische Regierung will den Minimaltarif für Kokosnüsse und Nagelfeilen nicht geben. Unsere Vertreter sind ratlos. Wir mußten um neue Instruktionen für sie telegraphieren. Die Dinge stehen schlimm. Aber, Herbert, ich beschwöre dich, schweige wie das Grab!"

(Herbert macht eine Bewegung zum Telephonapparat, der auf dem Tisch steht.)

Arthur (ist schreckensbleich aufgesprungen): „Was willst du tun? An deine Zeitung telephonieren? Um Gottes willen, lieber Freund, tue das nicht, verrate mich nicht! Ich bitte dich! – Was lachst du?"

Herbert: „Deine Staatsgeheimnisse stehen ja alle schon im ‚Temps' von heute nachmittag. In allen Einzelheiten. Ich wußte das schon um halb fünf. Sieh hier, auf der letzten Seite. Die Franzosen sind eben nicht so diskret wie ihr."

Arthur: „Oder ihre Journalisten sind besser."

Herbert: „Oder ihre Diplomaten."

Arthur: „Rege mich jetzt nicht auf. Es steht also schon in der Zeitung! Das ist ja furchtbar! Diese Journalisten sind doch gräßliche Kerle. Ich muß sofort die Gesandtschaft anrufen und ihr Bescheid sagen."

Herbert: „Tue das, mein Lieber. Hier ist das Telephon. Die Nummer hast du wohl im Kopf." Er steht auf und murmelt im Abgehen: „Ich werde unterdessen ein Bad nehmen."

II.

Arthur nimmt das Telephon und möchte sprechen. Er wartet fünf Minuten, beginnt dann auf die Gabel zu hämmern, läuft rot an und brüllt schließlich: „Enfin!"

Das Telephon (gibt eine tiefe Frauenstimme von sich): „Alors, quoi enfin?"

Arthur (duckt sich und knirscht): „Gobelins 25–19! Non – 25! Non – 19! Mais non – 2519!"

Das Telephon (beginnt zu tosen, zu rauschen, zu quäken, zu brüllen): „25 – 19 sur 17, pour Fleurus. 25 – 19, 25 – 19, non, sur 17, pour Fleurus, 25 – 90, 45 – 90. Mais sonnez donc! 26 – 80. 26, 26, 26, 0, 0, 0, 0." (Tiefe Stille, Arthur lauscht und beginnt dann auf die Gabel zu hämmern.)

Das Telephon (eine frische, unbefangene Frauenstimme): „J'écoute!"

Arthur: „On ne repond pas, Madame! Gobelins 25 – 19!" (Das Telephon rauscht, pfeift, brüllt, quäkt.)

Arthur: „25 – 19? Non? 19 – 25? Erreur!" (Der Kampf geht weiter, Arthur wird falsch verbunden und erhält Antwort, wird dann – vielleicht – richtig verbunden und erhält keine Antwort. Er verlangt die Aufsicht, die Beschwerdestelle, ab und zu steckt Herbert, der sich von seinem Bade abtrocknet, den Kopf herein und macht besorgte Augen. Arthur ist in Schweiß gebadet und erhält schließlich von einer lieblichen Stimme die Auskunft, daß die gefragte Leitung gestört ist. Er bricht zusammen.

Herbert tritt ein und bettet ihn, Stille. Es ist halb zehn geworden. Von unten hört man den Autobus fern über den Boulevard rollen.)

III.

Herbert: „Wie schön still es hier ist! Wir sind doch mitten in Paris, zwei Minuten von der Kammer, fünf Minuten von der Place de la Concorde. Und doch hört man die Geräusche der Stadt nur wie ein Brausen. Es ist wie das ferne Meer. Paris ist natürlicher als die Natur. Schöne, schöne Stadt!"

Arthur (hat sich halb aufgerichtet): „Was sagst du? Es ist eine gräßliche Stadt. Nicht mal die Telephone gehen. Überhaupt, nichts funktioniert, die Briefkästen werden nur durch Zufall geleert, die Wasserleitung spendet ihre Flüssigkeit wie eine Gnade, die W. C. werden von den Eingeborenen als eine Herausforderung empfunden! Die Theater haben ja nicht einmal Drehbühnen. Und das will eine moderne Großstadt sein!"

Herbert: „Ich habe Paris nie behaupten hören, daß es eine moderne Großstadt sei. Im Gegenteil, ein richtiger Pariser macht gar keinen Hehl daraus, daß ihm am sogenannten Komfort nichts liegt. Ich finde sogar, die Einwohner sind im Grunde stolz darauf, daß ihre Stadt die erste der Welt ist, ohne daß sie einen Finger dafür rühren. Sie sind eben der richtigen Überzeugung, daß die Größe einer Stadt von der Kanalisation ganz unabhängig ist."

Arthur: „Wovon ist sie denn abhängig? Von der Einbildung ihrer Bewohner? Von ihrer Geschichte? Von der Bedeutung, die wir ihr beilegen? Wir überschätzen sie."

Herbert: „Lieber Freund, du bist Diplomat und brauchst darum diese Dinge nicht zu verstehen. Du kannst sie vielleicht gar nicht verstehen. Denn obwohl du ein Reaktionär bist, glaubst du an Fortschritt. Von diesem Glauben lebt ihr Diplomaten ja. Ihr *löst* eben Fragen. Wir stellen sie nur."

Arthur: „Wer, wir?"

Herbert: „Wir Schriftsteller. Wir begnügen uns damit, die Gesetze des Lebens zu *zeigen*. Ihr bildet euch ein, neue zu finden, weil ihr sonst an eurem Daseinsrecht verzweifeln müßtet. Aber auf diese Weise kann man das fremde Land, in dem man arbeitet, nie begreifen. Und eine Stadt wie Paris am wenigsten. Paris ist schön durch das Gesetz, nach dem es entstanden ist und lebt. Mit dem Telephon muß man sich abfinden."

Arthur: „Nie!!"

Herbert: „Doch, mein lieber Junge. Das Telephon ist allen Großstädten der Welt gemeinsam, Paris aber lebt ewig durch das, was es ausschließlich besitzt."

Arthur: „Auf diese Weise bleibt es eine mittelalterliche Stadt. Denn du sagst ja selbst, daß nichts Neues hinzukommt."

Herbert: „Hinzu kommt natürlich nichts, das ist richtig. Denn was hinzukommt, kommt von außen. In Paris kommt alles von innen, durch Wachstum. Paris war immer fertig, denn es hatte einen Mittelpunkt, ein zentrales Gesetz. In der Formel Ludwigs XIV. lag bereits die moderne Stadt. Gabriel und Soufflot arbeiteten für das zwanzigste Jahrhundert. Der erste Organisator, der Paris „modernisieren“ wollte, war der Präfekt des II. Kaiserreiches, der Baron Haußmann, – eine Katastrophe. Er glaubte an den Fortschritt. Er hatte das ewige Gesetz der Stadt aus dem Auge verloren.“

Arthur: „Ohne ihn käme heute überhaupt kein Wagen im Zentrum mehr von der Stelle.“

Herbert: „Findest du wirklich, daß die Wagen von der Stelle kommen? Hast du dich nicht selber neulich beklagt, daß du mit deinem Auto von der Oper bis zum Louvre zwanzig Minuten gebraucht habest? Du siehst also, daß meine ‚geistige‘ Auffassung von Paris manchmal auch die praktischste ist.“

Arthur: „Aber du wirst doch zugeben, daß man über das Telephon wahnsinnig werden kann. Gerade du als Journalist solltest mir recht geben. Ich verstehe überhaupt nicht, wie du in Paris arbeiten kannst. Du brauchst das Telephon doch viel dringender als ich. Du kannst doch nicht überall anwesend sein.“

Herbert: „Natürlich ist das Telephon zu mir genau so unfreundlich wie zu dir, obwohl mich das niemals veranlassen könnte, die anonymen, armen, grauen Geschöpfe anzuschnauzen, die in den Ämtern hinter ihren Klappenschränken sitzen und täglich eine Million an Zahlen aussprechen. Versuche es doch einmal mit meinem Mittel und sende den Damen deines Amtes einen Kasten glacierte Kastanien. Davon werden zwar die Verbindungen nicht besser, aber zwischen dir und den Telephondamen wird die tröstliche Erkenntnis aufgerichtet, daß wir alle in gleicher Weise unter der Grausamkeit des Mechanismus zu leiden haben."

Arthur: „Kastanien? Niemals! Siehst du, das ist mir just so unsympathisch an Paris, diese unsachlichen Methoden im Geschäftsverkehr. Ich will keine persönlichen Beziehungen, sondern eine telephonische Verbindung. Ich pfeife auf die Erkenntnis, daß wir alle leiden, – ich will Gobelins 25 – 19!"

Herbert: „Aber du bist doch Diplomat. Und alle Welt weiß doch, daß du der Frau des Direktors im Handelsministerium nur darum den Hof machst, damit du im Vorzimmer ihres Mannes nicht immer so lange zu warten brauchst."

Arthur: „Das ist ganz etwas anderes. Die Diplomatie ist eine lebendige Methode. Ich will aber kein Diplomat sein, wenn ich eine Zentralheizung repariert haben möchte. Die Handwerker sollen ihre Arbeit machen, sollen ihr Geld kriegen und damit fertig."

Herbert: „Wenn du bei deinen Anschauungen verharrst, wirst du es niemals warm in deiner Wohnung haben, und du wirst Paris nie verstehen."

Arthur: „Möglich. Ich bin eben in dem Glauben hierher gekommen, daß Paris die Hauptstadt eines Kulturlandes sei."

Herbert: „Und du hast die Bestätigung für diesen Glauben am Telephonapparat gesucht? Armer Junge. Frankreich ist eben so vollkommen, daß es nur noch einiger oberflächlicher Verbesserungen bedarf, – nämlich an seinen Zentralheizungen und an seinem Telephon. Das sagt übrigens auch einer deiner französischen Kollegen."

Arthur: „Das scheint mir ein schöner Prahlhans zu sein."

Herbert: „Im Gegenteil, einer der klügsten Männer Frankreichs. Er war übrigens eine Zeitlang Pressechef am Quai d'Orsay und hätte dort von den Journalisten eine Menge lernen können, wenn er nicht zufällig selbst Schriftsteller wäre."

Arthur: „Aha!"

Herbert: „Jawohl, lieber Arthur, die Schriftsteller sind eben in der glücklichen Lage, die Dinge sowohl von der beruflichen als auch von der menschlichen Seite aus betrachten zu können. Dein französischer Kollege weiß genau so gut wie du, daß weder die Technik noch die Politik in Frankreich vollkommen sind. Ich möchte hinzufügen, daß mir die Politik, soweit sie dich betrifft, denn für innere Politik interessierst du dich ja leider nicht, sogar besonders schlecht zu sein scheint."

Arthur: „Aber Frankreichs Politik ist ja sein Schicksal."

Herbert: „Darin hast du leider recht. Meine Befürchtungen für Frankreich stammen aus der Beurteilung seiner Politik. Da es nicht an den Fortschritt glaubt, wie du das heute abend bei deinem Versuch zu telephonieren festgestellt hast, glaubt es auch nicht an die neuen Mittel der Politik."

Arthur: „Ja, man könnte noch weitergehen und sagen, Frankreich beurteile die neuen Mittel der Politik ebenso skeptisch, wie es die Technik beurteilt. Es mißtraut beiden. Es sieht in beiden den Feind seiner Ruhe, seiner Sicherheit, seiner Lebensform, kurz seiner Kultur."

Herbert: „Ja, und das alles, obwohl es auf beiden Gebieten über Meister verfügt. Es hat ebensogroße Völkerbundstheoretiker wie Automobilkonstrukteure. Aber diese sind Handwerker, wie Bramante, wie Dürer ein Handwerker war, – nur daß ihnen der Gott fehlt, den diese hatten. Sie gehen im Handwerk auf, haben aber keinen Glauben."

Arthur: „Den haben die Deutschen, die doch die größten Fortschrittsfanatiker sind, auch nicht!"

Herbert: „Richtig, aber die Deutschen haben ihr System. Ihre Ingenieure, ihre Chemiker, ihre Völkerrechtler ordnen ihre Methode sogleich in eine Philosophie ein. Sie sind Romantiker. Jeder Fahrstuhl in Deutschland steigt sozusagen mit dem Bewußtsein auf und nieder, daß er es im Rhythmus der Zeit tut. Jeder Achtzylinder in Deutschland bildet sich ein, als das lebendige Herz der Nation zu klopfen. Das wird schlimm enden. Das Land wird bald so vollkommen eingerichtet sein, daß man überhaupt nicht mehr wissen wird, wo und wie man atmen soll. Es ist der Militarismus eines Landes, das fest entschlossen ist, nie mehr Krieg zu führen."

Arthur: „Und trotzdem hat Frankreich Furcht vor diesem Lande."

Herbert: „Nicht trotzdem, sondern deswegen. Nur die Dummen in Frankreich fürchten einen Krieg von Deutschland. Die Klugen fürchten von diesem Nachbar, was sie von der ganzen übrigen Welt – nur nicht vom Balkan – fürchten: den Fortschritt. Den Fortschritt, der den Komfort zum Gesetz macht, die Technik, die über den Geist triumphiert, die Maschine, die das umständliche, krabbelige und schmuddelige Lebensglück des Franzosen in eine blitzblanke und unbewohnbare Mustereinrichtung verwandelt. Frankreich ist schmutzig, unzuverlässig, verlogen, schäbig, rückständig, rechthaberisch, prahlerisch, borniert."

Arthur (erschrocken): „Du hassest Frankreich?"

Herbert (ergriffen): „Ich liebe es, ich bete es an! Ich ziehe die Quersumme aus seinen zahllosen schlechten Eigenschaften und finde seine größte Tugend: den Widerstand gegen den Fortschritt. Wenn ich nicht schlafen kann, so sehe ich die Insel Frankreich, umdrängt von der Sturmflut der neuen Welt. Nein, keine Insel, – eine Arche! Nein, keine Arche, – der Berg Ararat! Das Trachten des Menschen nach Menschenglück, das ist Frankreich. Der anarchische, rücksichtslose, gesellschaftsfeindliche Trieb nach Glücklichsein, – das ist Frankreich. Nenne es Sicherheit, nenne es Kapital, nenne es Rationalismus, es ist immer derselbe leidenschaftliche Drang zu leben, zu leben! Und so ist es nur natürlich, daß es beim Umherblicken ausruft: Feinde ringsum!"

Arthur: „Du verstehst also, wie schwer es ist, mit Frankreich Politik zu machen."

Herbert: „Wenn ich keine andere Aufgabe hätte, als mit Frankreich Politik zu machen, ich würde verzweifeln. Aber du bist nicht nur Diplomat, ich bin nicht nur Journalist, wir sind auch Menschen. Wir sind Menschen, in deren Adern altes Blut strömt, Menschen, die das Leben lieben, die Schönheit lieben. Wir flüchten nach Frankreich, weil es der letzte Rest des verlorenen Paradieses auf Erden ist."

(Das Telephon klingelt lange und leidenschaftlich.)

Herbert (nimmt den Hörer): „Allo, Allo!"

Das Telephon (aus der Tiefe): „Ecoutez, je voudrais commander trois grands homards pour demain!"

Herbert (fassungslos): „Pardon? Quoi?"

Das Telephon: „Vous êtes la Maison Prunier?"

Herbert: „Erreur! (Hängt an. Mit tonloser Stimme zu Arthur:) Falsch verbunden!"

Arthur (still): „Na, das kann ja vorkommen."

Herbert (still): „Aber es kommt zu oft vor. Den ganzen Tag bestellen die Leute Hummern bei mir. Schließlich habe ich auch andere Dinge zu tun, als den Leuten zu erklären, daß ich nicht das Restaurant Prunier bin."

Arthur: „Hast du denn eine ähnliche Nummer?"

Herbert: „Keine Spur, eine Logik ist in diesen ewigen Verwechslungen überhaupt nicht zu finden. Es bleibt ein Geheimnis. Ich bin einfach in den Stromkreis des Lebens eingeschaltet. Sein einziges Gesetz ist, keine Gesetze zu haben."

Arthur: „Kannst du dich nicht einmal bei der Aufsicht beschweren?"

Herbert: „Bei wem?"

Arthur: „Bei Gott."

(Sie schweigen. Es ist schon spät. Vor den Fenstern Nacht und Stille. Der Himmel ist wahrscheinlich hellrot. Das Schweigen draußen hebt und senkt sich wie die Brust eines Schlafenden. Wir sind in Paris.)

PAN CHAUFFIERT

Der Sommer kommt ebenso plötzlich nach Paris, wie eine Kriegserklärung alle jene überrascht, die seit Jahrzehnten auf sie hingearbeitet haben. Was wir vorher haben, ist gar kein Wetter, kaum ein Zustand. Fünfmal am Tage stürzt ein pfeifender, heulender, tobender Regenguß herab, der nach kurzer Zeit jäh abbricht, um einen ansichtskartenblauen Himmel und eine dampfende Wärme zu hinterlassen, die die ganze Stadt in ein Treibhaus schlechter Laune verwandelt.

Als der Sommer begann, war ich zufällig dabei. Es war zwischen Ville d'Avray und Versailles, dort wo die asphaltierte Waldstraße ihren höchsten Punkt erreicht, um jäh abzustürzen gegen die vergoldeten Torgitter der Königsstadt. Ein Gott schlug ungeheuer, aber unhörbar auf die Pauke des Lichtes. Die kleinen, fettigen, schweißerregenden Wolken machten sich beschämt davon. Die Bläue des Himmels vertiefte sich, der Wind schlug um und kam stark, fast kühl und berauschend hart von Osten. Die Baumkronen, die Wiesen, die Hügel, die Welt atmeten auf. In allen Restaurants von Deauville bis Biarritz stiegen lautlos die Preise.

Eine kleine halbe Stunde nach diesem Ereignis begann die Armee der Pariser Automobile die Höhe zu erstürmen, auf der ich stand. Der Ausbruch des Sommers war also in der Stadt schnell bekannt geworden und hatte die schläfrigen Haushalte durcheinandergebracht. In Tausenden von Ankleidezimmern flog der Inhalt weiblicher Kleiderschränke aufs Bett, um die Feststellung zu ermöglichen, daß wieder einmal nichts zum Anziehen da sei. Infolgedessen war die Wahl zwischen zwölf Kleidern mit Mänteln und acht Kostümen mit leichten Pelzen ungeheuer schwer.

Puderwolken stäubten, Lippenstifte stiegen aus ihren Hülsen, der Hausherr telephonierte an die Garage, wo die seit drei Tagen schlaffen Pneus in panischer Eile aufgepumpt wurden. In dreißigtausend rotlackierten Benzinpumpen stieg die klare Flüssigkeit gurgelnd in die Glasbehälter.

Ich nahm auf meiner Höhe sozusagen die Parade dieser Wagenarmee ab. Die großen Fahrzeuge erstiegen hochmütig schnurrend im dritten Gang den Berg, die kleinen Wägelchen gingen krachend in die zweite Geschwindigkeit und krochen rasselnd und tobend nach oben. Die Sonne brach sich in den Glasscheiben und Scheinwerfern, die dem Zuge auf diese Weise lange, weiße Blitze voraussandten. Wie ich deutlich sehen konnte, war die Kleiderfrage befriedigend gelöst. Seegrüne Kabrioletts enthielten seegrüne Mäntel mit Rotfuchs, schwarze Limousinen hatten schwarze Kostüme mit winzigen schwarzen Hütchen geladen. Wo die Kraft der Motoren unter zwölf Pferde sank, spielte der Zusammenklang zwischen dem Anstrich der Karosserie und dem der Dame kaum noch eine Rolle. Die Männer waren sowieso überall gleich in ihren möglichst schwarzen Anzügen mit dem fettigen Ordensband im Knopfloch und in möglichst steifen Kragen, denn ein Sonntags-Anzug bleibt sich in Frankreich auch in den Kreisen gleich, die in der Lage sind, die ganze Woche hindurch Sonntagsanzüge zu tragen.

An einem Sommertag verteilen sich die Autos, die in meilenlangen Kolonnen durch die Stadttore hinausmarschieren, schnell in der Landschaft. Die Gemüsehändler und Schlachtermeister, die ihre Familie in den Lieferwagen geladen haben, geben das Rennen zuerst auf. Beim ersten richtigen Waldstück angelangt, machen sie halt, packen die Eßkörbe und Rotweinflaschen aus, werfen sich ins staubige Gras und entfalten die vom Morgenkaffee her mit viel Entsagung aufgesparte Zeitung, während die Natur rings um sie nur durch eine Wolke von Auspuffgasen zu sehen ist und infolgedessen einen romantischen Schimmer erhält.

Die feinen Leute scheiden ebenfalls schnell aus. Beim ersten Restaurant, dessen Preise ihrer sozialen Stellung würdig sind, machen sie halt und nehmen an Tischen mit karierten Tüchern Platz, während der maître d'hôtel, als biederer Herbergswirt verkleidet, das Menü macht: Hummern mit Essig und Öl, Tournedos mit gehackten Trüffeln und Salatherzchen, Artischockenböden mit Gänseleberpastete, Käse, Erdbeeren, Kaffee, Benediktiner, dazu dickfließenden Anjouwein und was sonst den Sommertag beleidigen kann, den man durch Butzenscheibchen mit schlechtem Gewissen tiefer und goldener werden sieht. Von außen sehen diese „hostelleries" ganz nett aus, künstliches Fachwerk, künstliche Winkligkeit, Geranien auf den Fensterbrettern, ein künstlich patiniertes Wirtshausschild „Zum goldenen Hahn" oder „Zum Vater Auto". Drinnen steht dick die blaue Luft von Zigaretten und Bratfett, der Lärm der Stimmen schwillt geisterhaft an, je wüster die Tische sich mit Asche, Apfelsinenschalen und Zigarrenenden bedecken. Puderwolken fliegen auf, die Servietten bedecken sich mit Lippenrot in der Herzform reizender Münder.

Wir fahren indessen mutterseelenallein in den Wäldern umher, halten auf öden Höhenstraßen, die auf den Karten gelb gemalt und daher unter der Würde jedes besseren Wagens sind, und betrachten sprachlos die liebliche Ile de France im blauen Dunst ferner Höhen und Himmel, schnurren zufrieden durch mittagschlafende Dörfer, besehen uns kühle, verfallene gotische Kirchen und erörtern bei der Rast neidlos die Vorzüge teurer, blaugemalter achtzylindriger amerikanischer Wagen. Wir sind uns darüber klar, daß solche Fahrzeuge auf die meisten Frauen eine starke erotische Wirkung ausüben und fragen uns als kühle Psychologen, ob Miß Florence vom Casino de Paris beim Anblick unseres verbeulten sechspferdigen Wagens fest bleiben wird.

VERKEHR

Andere Städte haben den Verkehr, wir in Paris dagegen haben nichts weiter als entsetzlich viel Autos. Berlin hat sein berühmtes Tempo, dafür fährt man bei uns um so schneller.

In Paris besteht ein Auto aus einem Signalhorn und einer Bremse. Alles andere kommt nicht in Betracht. Das Signalhorn dient hauptsächlich dazu, Lebensfreude auszudrücken. Auf schönen, schnurgraden Landstraßen läßt man es ertönen, wenn man froh wird. Man läßt es jauchzen vor Freude. In den engen, gewundenen Straßen des Pariser Zentrums genießt man sein Echo, das sich an den steil hochragenden Häuserwänden gellend bricht, oder man entlockt ihm jähe Töne, um die Leute zu erschrecken. Nichts ist in der Tat schöner, als wenn die Menschen gleich kleinen Erdflöhen an meinem Wagen vorbeihuschen, um sich schnell noch im letzten Augenblick an die andere Häuserwand zu pressen. Ihr sonst so ausdrucksloses Auge wird in solchen Augenblicken tief, rein und kindlich vor Angst; sie haben, dem Tod durch mein linkes Vorderrad knapp entgehend, wertvolle, allerdings leider nur blitzartige Gedanken über die letzten Dinge. Kurz, ich bin imstande, durch den Schrei meines Signalhorns der Menschheit Ausnahmezustände zu vermitteln. Die Hupe heißt in Frankreich „der Warner". Mit Recht, denn sie hat eine Reihe von moralischen Funktionen. Sie warnt, aber sie tadelt auch. Ein richtiger Pariser Chauffeur hat eine ganz besonders reizende und taktvolle Art, mich durch zwei kurze, fast gehauchte Hupenlaute wegen meiner Unvorsichtigkeit zu tadeln, wenn er mir soeben den linken Kotflügel eingedrückt hat und nun ohne Groll das Weite sucht.

Außer dem Signalhorn haben wir noch die Bremse. Wenn wir so recht von Herzen mit kochendem Kühlwasser und einer zartblauen Ölwolke die Champs-Elysées hinaufsausen, ein Auge auf den Kilometerzähler geheftet, der 70 zeigt, das andere auf dem Triumphbogen ausruhend, der die rosa Ferne schließt und doch zu neuen Fernen eröffnet, – dann, ja dann haben wir keinen besseren Freund auf dieser Welt als unsere Bremse. Denn wenn sich plötzlich ein Hindernis, vielleicht ein Mensch oder gar ein Wagen zwischen uns und den fernen Triumphbogen schiebt, dann ziehen wir eben die Bremse, daß es raucht. Hätten wir nicht diesen festen Glauben an die Bremse, so würden wir es nicht wagen, uns ins Gewühl zu stürzen, wo es am dicksten ist. Ja, es würde uns überhaupt kein Vergnügen machen, an den Straßenkreuzungen in scharfem Tempo einen anderen Wagen anzugreifen und mit quietschender Bremse eine halbe Handbreite vor ihm stehenzubleiben. Da wir aber unsere Bremse kennen und lieben, so verschaffen wir uns zur Mittagszeit in den Verkehrszentren manche vergnügte Stunde. Wir spielen Nachlaufen und Verstecken, besonders, wie gesagt, an Straßenkreuzungen. Man könnte es auch Flirt der Wagen nennen. Ich komme dahergebraust, entschlossen, es mit jener hellgelben Limousine dort aufzunehmen. Sie weiß es schon. Sie läßt ihren Motorgesang anschwellen. Ihre silbernen Scheinwerfer scheinen mir zuzublinzeln: „Na, versuch's mal!" Ich versuche es, und siehe, dank meiner quietschenden Bremse lande ich einige Zentimeter neben meiner Limousine. Allerdings kann es auch passieren, daß die Bremse alt und verbraucht ist. Es gibt eben Menschen, die ihren Freund rücksichtslos verschleißen. Dann freilich fahren wir zu unserem großen Bedauern ineinander, verkratzen uns den gelben oder blauen Lack, verbiegen unsere Kotflügel, drücken unsere spiegelblanken Türen ein und finden wohl auch bittere Worte für einander.

Wie sehr der Pariser Verkehr als Kampf aufgefaßt werden muß, zeigt allein schon die Chronik der Straßenunfälle im „Intransigeant“, die dort im Ton von Heeresberichten als Kampfhandlungen dargestellt werden: „Lastwagen gegen Personenwagen“, „Straßenbahn gegen Motorrad“, „Lieferwagen gegen Radfahrer“. In der Tat, wenn ich mich heute morgen am Opernplatz, vom Kampfruf meines Signalhorns befeuert, nicht haarscharf vor dem Autobus „AO“ gedrückt hätte, wobei ich einige leichte Hautabschürfungen mit in Kauf nahm, so stände ich noch in drei Jahren unter der roten Signallampe und wartete, bis die Stunde des Rechtes geschlagen hätte, um den Boulevard unter Zustimmung aller beteiligten Schutzleute, Chauffeure, Kutscher und Fußgänger zu überqueren. Denn es an einer Pariser Straßenkreuzung allen recht zu machen, ist ja doch ganz unmöglich. Einer ist immer da, dem meine Anwesenheit nicht paßt: entweder ist der Schutzmann beleidigt, weil ich mit meinem Kotflügel sein Gesäß berührt habe, oder das Rechtsempfinden eines Taxichauffeurs bäumt sich auf, weil ich mit einem sanften Knacks seine Nummernlampe eingedrückt habe, oder ein Fußgänger füllt sich langsam mit Haß, weil er seit vierzig Minuten vergeblich versucht, den Fahrdamm zu überqueren. So leben wir alle Tage und sind mit unserm Wagen, der nur aus Hupe und Bremse besteht, durchaus zufrieden – bis dann im Oktober der Automobilsalon seine Pforten öffnet und qualvolle Begierden in unser sonst so idyllisches Herz wirft. Meist ist es eine Frau, die uns tückisch hinführt und uns zeigt, daß ein Wagen auch noch andere Bestandteile hat, z. B. Zylinder, und zwar möglichst viele, und Magnete, Kerzen, Zündung, Vergaser und was dergleichen Schnack mehr ist. Ja, der Oktober ist ein bitterer Monat, denn er schafft uns plötzlich die bürgerliche Sehnsucht, mit einem geräuschlosen, elastisch an- und abschwellenden Motor mit sinnvoller Verwendung von Früh- und Spätzündung gemessen über den Asphalt zu gleiten, anderen Wagen den Vortritt zu lassen, dem Winke eines expressionistisch gegliederten Schutzmannes zu folgen und vor einer leeren Straßenkreuzung so lange zu warten, wie es einem bunten Lichte gefällt – kurz, an jenem richtigen Verkehr teilzunehmen, ohne den eine große Stadt nun einmal nicht leben kann.

MONTMARTRE

Der Montmartre ist eines der stillsten Dörfer Frankreichs und gleichzeitig der lauteste und lasterhafteste Platz der Welt. Kleine, schräge Sträßchen steigen in Treppenform himmelan, gewähren einen Blick auf verfallene Häuschen, vor deren Türen auf gesprungener Steinschwelle die Katzen sich sonnen, und führen schließlich auf grasige Plätze, die von einem Geviert kleiner Bäume geziert sind. In den bäuerlichen Hütten hängt manchmal noch der Kochkessel an einer Kette über dem offenen Feuer, nebenan ist ein Brettergestell, zwischen dessen bemoosten Latten eine Ziege ihr rosiges Maul hindurchschiebt. Die alten Dächer senken sich langsam, wie einem schlafenden Bettler die Mütze übers Gesicht herabrutscht. Mansarden und Kamine drängen sich zu phantastischen Linienbündeln zusammen, und in die winkligen Idylle schieben sich die bleichen Antlitze von Paris, die fahlen, gelben, wässerigen Fronten der Mietskasernen, die vergeblich gegen das schmuddelige Dorfglück des Montmartregipfels zu protestieren versuchen.

Dort, wo die Royalisten nach dem verlorenen Kriege von 1871 die Kirche Sacré-Coeur erbauten, um von ihren Stufen aus dem Einzug des Königs in seine gute Stadt Paris zusehen zu können, hat die Spitzhacke ihr Werk begonnen. Gewaltige Abhänge, die den Blick auf ein unendliches, rauch- und dunstgekröntes Paris freigeben, rufen nach einer Hügelstadt kühnster Dimension. Welche Möglichkeit, einem Städtebauer diesen Gipfel zu überlassen, damit er sein Gefälle gliedere, damit er sanft sich drehende Straßen ziehe und helle Wohnwürfel aus Glas und Eisen erstehen lasse in der silbernen Farbe des Betons, in der sanftroten Glut des Ziegels. Die gewaltigen, liegenden

Fenster wären ins Unendliche gerichtet, die Vorplätze würden mit Moos besänftigt, die Absätze der breiten Treppen mit der hartgrünen Form des Tujabaumes geziert, die flachen Dächer mit Blumen gefüllt – und über dem alten Paris würde eine Bastei des Lichtes erstehen, die bei Nacht den ruhigen und breiten Glanz menschlicher Lampen über das unten liegende tosende Schlachtfeld des Vergnügens senden würde.

Es ist leider fast sicher, daß alles anders kommen wird, daß in zwanzig Jahren ragende Kasernen im neuesten Jugendstil den letzten freien Fleck dieses Gipfels verdeckt haben werden. Und die Boulevards des nächtlichen Vergnügens werden nicht am Kontrast sterben. Von der Place Clichy bis zur Place Pigalle zieht sich die Ader, in der verdorbenes Blut klopft. Tausende von Dancings, Cafés, Theatern und Restaurants haben die Fronten dieser Straßen mit den Geschwüren ihrer Dekorationskunst übersät. Von Mitternacht bis in den hellen Morgen hinein schiebt sich hier eine kreischende Menge mit der weichen Bewegung eines ungeheuren Tieres hin und her. Zwei Sorten von Menschheit sind hier brüderlich vermischt: die eine besänftigt den Rausch ihrer schwachen Leidenschaft mit Champagner, bewirft sich mit Bällen aus Watte, macht Lärm mit Klappern und Pritschen, schleppt schmale, langbeinige Stoffpuppen mit starren Augen und roten Mündern mit, die andere schnappt die Trinkgelder auf, die jene fallen läßt, öffnet ihr die Wagentür, zerrt sie in verschwiegene Lasterkeller, stiehlt Brieftaschen, treibt ihr die Weiber zu und erquickt sich in den Pausen dieses Betriebes an hundert Barschranken aus Zink. Die Frauen steigen wie selige Geister zwischen den Welten auf und nieder und reichen sich die goldenen Eimer. Sie trinken in ihren silbernen und roten Kleidern den Champagner der Reichen und erscheinen eine Stunde später schöner als vorher mit frisch geschminkten Mündern in den kleinen Cafés, um das blonde Bier ihrer mützentragenden Freunde zu trinken. Das Nachtleben ist ein Waffenstillstand im Klassenkampf. Der Reiche erhält die Erlaubnis, sich ungestört zu betrinken, sich mit beliebig vielen Frauen zu umgeben, sich im Frack ohne Mantel mit Gattin und Tochter, die den weißen federleichten Pelzmantel über dem Arm tragen, unbelästigt auf der Straße zu ergehen, im langsam schmelzenden Frackhemd Charleston zu tanzen, kalte Hühner zu verschlingen, sich Heimwehlieder vom Orchester vorschluchzen zu lassen und endlich, berauscht von Frauen, Wein und Jugenderinnerungen, vom Stuhl zu rutschen, – und der Arme darf ihn dafür ausplündern und schließlich verachten.

Amerika stellt die Gäste, Frankreich die Frauen, Rußland die Musik. Für das Herz des Amerikaners ist also von zwei Polen des alten Europa her gesorgt. Von Frankreich empfängt er einen Hauch jener versinkenden Welt, in der die Liebe eine Kunst war und die Frau an Wert wuchs, je freier sie sich hingab. Ihn weht eine Ahnung dessen an, was die europäische Frau war, die die Unterwerfung unter den Mann nicht scheute, niemals nach Sicherungen suchte, ihre Zärtlichkeiten verschwendete und am Ende doch die anmutige Siegerin blieb. Und könnte ein Geschäftsmann aus Chicago die wahren Werte Rußlands besser und gefahrloser genießen als in Paris, als auf dem Montmartre, dem Berge Ararat der Emigranten! Was der Amerikaner von Rußland haben will, das ist der Wolgaschiffer ohne Bolschewismus, das sind die langgezogenen Töne der großen gesungenen Seufzer, von denen er weiß, daß sie erst mit dem Tode des Singenden enden.

Der Amerikaner, der sich auch auf dem Montmartre als der unbestrittene Sieger der Zukunft feiern läßt, läßt sich in Paris das Stück „Europa“ vorspielen. Er erträgt geduldig die feine Verachtung der geschmeidigen Zuhälter, die ihm mit ihren Segeltuchschuhen auf den breitblitzenden Pump treten. Wenn die Strichjungen in den schleichenden Trott ihres zwecklosen Ganges, in die zierliche Hebung ihrer erstaunten Braue das ganze hochmütige Mitleid legen, das sie der knackenden, porösen Gesundheit des Amerikaners entgegenbringen, so denkt dieser, daß es zum Stück gehöre, und befreit durch kritische Bemerkungen über die französischen Hygieneeinrichtungen sein einfaches Herz, das von unbeschreiblicher und furchtsamer Hochachtung für dieses Europa gequält ist.

Ich denke mir, daß sein beschädigtes Selbstgefühl im Kontakt mit den Russen wiederhergestellt wird. Denn wenn die Russen anfangen zu spielen und zu singen, so sind sie ein jammerndes Häufchen Menschheit in seinen Augen, dem es an Tüchtigkeit fehlt, sich aufzurappeln. Es kann dem Gast aus New York zwar passieren, daß ihn die Balalaikaschwermut zu Tränen rührt, aber sie macht ihm keine Furcht. Denn der Russe auf dem Montmartre fühlt sich deklassiert, er ist ohne Stolz und beschimpft sein Vaterland. Es geht ihm übrigens meist gut. Möglich, daß die Gardeoffiziere einmal Teller gewaschen oder Taxis gelenkt haben. Heute sind sie in den Dancings Eintänzer, die ungeheure Trinkgelder der Amerikanerinnen einstecken, oder Kellner, Portiers, Begrüßer, Türöffner, Platzanweiser, Gutenabendsager, Bittehierrufer, kurz Mitglieder jener Gilde, die vom Vergnügen der Reichen den sozialen Tribut erhebt und dies mit um so größerem Nachdruck ausführt, als wenigstens ihre russischen Mitglieder eigentlich zur gleichen Klasse wie die Gäste gehören. Da stehen nun die ehemaligen Rittmeister und Flügeladjutanten breitschultrig und schön in roten Phantasieuniformen, machen in allen

Sprachen der Welt die Menüs und Honneurs und unterhalten sich, wenn sie einen Augenblick Atempause haben, miteinander über die Frage, wer von ihnen damals zuerst das Wladimirkreuz bekommen habe.

Gelingt es einem von ihnen, sich mit einem Juden zu assoziieren, so dürfen wir damit rechnen, daß er bald eine eigene „Nachtbude" aufmacht. Er wird in einem Seitensträßchen des Boulevard Clichy, der Rue Pigalle oder der Rue Fontaine einen alten Wagenschuppen oder einen geräumigen Kohlenkeller finden, wird den Raum notdürftig reinigen und mit Teppichen ausschlagen lassen und eine Unzahl winziger Schemel hineinstellen, auf denen dann später die Gäste die ungeheure Müdigkeit dreier durchbummelter Nächte balancieren. Sodann wird ein kaukasischer Schwerttänzer engagiert – der Schwertertanz war einst in den meisten russischen Offizierskasinos obligatorisch –, ein Geiger, zwei Balalaikaspieler und ein etwas dicker Sänger mit brennenden Augen und marmorweißem Taint, der Romanzen zu singen hat. Somit sind die Bedingungen für jene erstklassige Stimmungsorgie geschaffen, auf die der Gast ein Recht hat. Kleine schwache Lämpchen brennen auf den Tischen und kämpfen ihr trübes Licht mühsam durch den in Rauch und Dämmerung unendlich scheinenden Raum. Die Geige wimmert, die Balalaikas klagen, der Marmorne singt mit wollüstig geschlossenen Augen etwas unsäglich Trauriges durch die Nase. So entstehen Augenblicke, in denen die unberührten Töchter amerikanischer Geschäftsleute den jähen Entschluß fassen, sich dem ersten, der kommt, unverzüglich hinzugeben –, in denen die Geschäftsleute selbst an ihre Jugend und an das lange verschollene Fest ihrer Konfirmation denken.

Wartet nur, balde ist draußen Tag, heller lichter Tag. Eine kühle und doch brennende Frühmorgensonne wird sich auf die bestaubten Straßenbäumchen legen und die wässerigen, gelben, tuberkulösen Fassaden mit kaltem Rot färben. Ihr tretet auf die Straße, bei eurem Anblick kommen die Bettler geströmt, die Blinden, die Beinlosen, die Irrsinnigen, die Greisinnen. Ihr werdet euch mit Zehnfrankenscheinen von ihnen freikaufen und noch ein bißchen den Boulevard hinabschlendern, um Luft zu schnappen, froh, der Konfrontation mit Gott wieder einmal entronnen zu sein. Das Stück ist aus, die Dekorationen werden auseinandergenommen, die Kostüme in mottensichere Schränke gelegt, die Schauspieler nehmen sich die Schminke der falschen Leidenschaften vom Gesicht. Heute um Mitternacht ist die nächste Aufführung. Auftreten werden der Amerikaner, der Franzose und der Russe. Ob die Bühne die ganze Welt oder nur Europa ist, wissen wir nicht. Aber jedenfalls ist sie auf dem Montmartre, dem Berge über Paris und dem Ararat einer Sintflut, die auf sich warten läßt.

KAMMERSPIEL

Es wurde stabilisiert. Man sah es der Stadt an. In Paris sieht man der Stadt alles an, das Leben findet hier schneller seinen optischen Ausdruck als anderswo. Vier Millionen Einwohner wirken täglich in irgendeinem Schauspiel mit, aber nur einige Hundert wissen, in welchem. Jegliche Art von erhöhter Tätigkeit zieht hier Menschen an. Daß hundert Leute sich gaffend um drei asphaltierende Arbeiter versammeln, kommt auch in anderen Städten vor. Daß die gleichen hundert Leute von der mystischen Ausstrahlung einer Ministerrede angezogen werden und vor der Kammer herumlungern, dürfte wohl eine Pariser Spezialität sein. Diese hundert Leute stehen vor dem Elysée, wenn drinnen der Ministerrat tagt. Sie wissen selbst nicht, warum. Ihr Beruf hängt in keiner Weise mit der Politik zusammen, sie sind kleine Beamte auf einem eiligen Geschäftsgang, Telegraphenboten mit dringenden Depeschen, Hausmeister mit der Post der Mieter in der äußeren Rocktasche, ältere Fräulein, die eine Heiratsannonce beantworten gehen, kurzum Leute, die es nicht eilig haben und daher dem Begriff des Passanten genau entsprechen. Sie sehen sich das Gitter des Palais eine Weile stumm an, zerstreuen sich dann und haben lediglich – ohne es zu ahnen und zu wollen – den Zweck erfüllt, darzutun und in optisch erfaßbarer Weise zum Ausdruck zu bringen, daß etwas los ist.

Ein bevorstehendes Radrennen oder eine zu erwartende Regierungskrise schafft sich ganz verschiedene optische Formen. In beiden Fällen ist Zustrom zum Zeitungsstand, aber nicht nur die Käufer der Zeitungen sind jedesmal verschieden, sondern auch die Art, wie sie das Zeitungsblatt halten und lesen. Um drei Uhr kommt der „Intransigeant". Der Sportsmann wirft einen kurzen, ganz kurzen Blick auf die erste Seite: Schlagzeile über das Rennen. Dann faltet er energisch die vierte Seite auf und läßt die übrigen Blätter achtlos herunterhängen. So marschiert er los, überquert lesend den Straßendamm, des Fluchens der Chauffeure nicht achtend, und steigt lesend in die Straßenbahn. Der politische Leser sucht zögernd auf der ersten Seite herum, geht dann langsam zur dritten über, faltet die Zeitung umständlich so zusammen, daß der Artikel über die Haltung der Radikalsozialen nach oben kommt, und stellt sich dann unter einen Baum, an Winternachmittagen unter eine Laterne, um in Ruhe zu lesen. An politischen Tagen sehen wir also unter jedem Baum einen ernsten Leser unbeweglich stehen, an Sportstagen flattern weitgeöffnete Zeitungsblätter mit lesenden Männern daran hastig über den Fahrdamm. (Der Umstand, daß die Autobusführer im Fahren unbeweglich am Steuer sitzend lesen, darf niemand zu dem Glauben veranlassen, daß sie politische Artikel lesen; sie lesen natürlich den Sportsteil.)

An einem gewissen Juniabend waren die Pariser Straßen von beiden Sorten Leser bevölkert. Die eine Hälfte stand unter Bäumen und las, die andere las sich im hastigen Tempo die Boulevards entlang: denn die Stabilisierung und der Grand prix fielen auf einen Tag.

Als Herr Michel Walter über die elsässische Frage sprechen sollte, fühlte man dies vom Boulevard St. Michel bis zu den Champs-Elysées. Seine Intervention war für das Pariser Publikum weiß Gott kein großes Ereignis, zumal da es vom Elsaß nicht die blasseste Vorstellung hat. Aber alle fühlten doch, daß irgend etwas los war, sie wußten bloß nicht, was. Die Erneuerung des Asphaltbelages vor der Kammer hätte unmöglich mehr Menschen anlocken können als die bevorstehende Rede eines recht unbekannten Abgeordneten. Der Drang, einer fremden Geschäftigkeit zuzusehen, an der man Gott sei Dank nicht im mindesten beteiligt ist, war stark. Allein schon die acht Polizisten vor dem Tor genügten, Menschen anzuziehen, da auf jeden Schutzmann mindestens fünf Leute kommen, die mit ihm zu plaudern wünschen. Sonst geschah eigentlich nichts Rechtes. Die Passanten machten ein bißchen halt, wie wenn es gelte, sich im Vorübergehen an einem Asphaltofen zu wärmen, glotzten und gestikulierten ein wenig in der Luft herum mit Ausrufen wie „Na ja" oder „Es wird schon gehen" oder „Schau an" oder „Letzten Endes..." und näherten sich zögernd jedem, der das Haus verließ, um ihn anzuschauen, ob er nicht etwa Spuren der Weltgeschichte auf der Stirn trage, was denn auch meistens der Fall war, wenn er sich im letzten Augenblick noch einen Ruck gab.

Auf diese Weise muß jeder, der noch so achtlos vorübergeht, den zwingenden Eindruck gewinnen, daß in der Kammer etwas vor sich geht.

Alles, was man von den Wandelgängen der Kammer erzählt, ist wahr. Wenn einer schreibt: „Wie wir in den Wandelgängen der Kammer hören...", so ist das zwar kein Beweis, daß er es dort gehört hat, aber daß er es hätte hören können. Dazu braucht es nicht einmal wahr zu sein, einfach weil man dort alles hören kann. In einem kleinen Saal drängen sich Hunderte von Abgeordneten und Journalisten zusammen, in enger Symbiose verbringen sie den Tag und flüstern sich Geschichten zu. Vor den großen Fenstern weht einiges Gartengrün, und wenn das Abenteuer in den Juni fällt, so kann man sogar ins Freie gehen und in einem Winkel auf einer Gartenbank Platz nehmen.

Auch der Unschuldigste erlernt das Munkeln schnell, jenes Munkeln, das zur Brandung schwillt, wenn ein Minister den Saal durchquert. Wie sehr sich die Gruppen auch zu Fraktionen festigen mögen, die Minister können immer noch nicht darauf verzichten, sich harmlos unter die Menge zu mischen und der Volksvertretung den Puls zu fühlen. Es ist ein ernstes, ja oft das letzte Mittel, die Stimmung zu wenden. Wenn Herr Poincaré auftaucht im strengen schwarzen Rock und mit immer blankgeputzten Schuhen, so schießen die Menschen um ihn zusammen und decken ihn zu. Da steht er dann klein und zierlich in einem schwarzen, zappelnden, schwärmenden Haufen und läßt ein kostbares Wort fallen, das von hundert Ohren und Mündern aufgenommen wird, wächst und schwillt, polternd in die Beratungszimmer der Gruppen einbricht, tosend in den Sitzungssaal dringt und am anderen Morgen schreiend auf der ersten Seite der Zeitungen steht.

Man müßte eine Chemie der Gerüchte abfassen, wenn man erklären wollte, wie in diesem Hause die Strömungen entstehen. Es gibt in Paris Politiker, die es verstehen, die Luft mit politischen Miasmen zu erfüllen, ohne daß jemand es bemerkt. Alle Welt atmet diese Luft ein und ist dann plötzlich von einer Meinung durchdrungen, die man ursprünglich gar nicht haben wollte. Eines Tages enthält die Luft im Palais Bourbon den Bazillus „Tardieu". Abgeordnete und Journalisten, die soeben mit blankem Auge und gänzlich ahnungslos das Haus betraten, beginnen plötzlich trüben Blicks in Zungen zu reden und geben der Überzeugung Ausdruck, daß Herr Tardieu der nächste Ministerpräsident sein werde. Nichts einleuchtender als das, denn der Minister hat durchaus das Zeug zu diesem Amt. Aber wie kommt alle Welt plötzlich zu dieser Meinung? Herr Tardieu selbst hat kein Wort gesagt. Aber er hat gewiß in aller Stille jene Pandorabüchse geöffnet, die in Frankreich jeder tüchtige Politiker hat, und aus ihr ist in Millionen von Exemplaren auf unsichtbaren Flügeln das Wort „Tardieu" entschwebt, hat die Luft in der Kammer verdunkelt

– wir glaubten, es sei ein jäher Juniregen – und ist in jedes Bewußtsein eingedrungen, von wo es, in öffentliche Meinung verwandelt, aufs neue das Weite sucht.

EIN VOLK IN WAFFEN

Am letzten Sonntag wurde in Frankreich die Jagd eröffnet, was zu einer Massenerhebung des Volkes führte. Die kleineren Beamten der Ministerien, die Inhaber von Tabakbüros, die Nutznießer bescheidener Jahresrenten, sie alle rüsteten sich mit Ledergamaschen aus, hingen sich netzartige Jagdtaschen mit langen Fransen um, schnallten braune Patronengurte an, drückten sich einen verwegenen Filz auf den Kopf und griffen zur Büchse. Was ein Jäger ist, hat man bei uns schon lange vergessen, in Frankreich weiß man es noch, denn jeder ist ein Jäger oder besser ein Jägersmann mit einem Schießgewehr, das Piffpaff macht und mit Pulver und Blei geladen wird. Von Beauvais bis Mantes, von Etampes bis Meaux ging heissa das fröhliche Jagen, und die Ränder der großen asphaltierten Landstraßen, die zum Entzücken der Autofahrer kreuz und quer das Land durchschneiden, waren eingesäumt von einem Volk in Waffen, in Schrotwaffen allerdings.

So eine Jagd geht folgendermaßen vor sich. Wenn man den Zug und die ländliche Bahnstation verlassen hat, begibt man sich ins Gelände und wirft, dort angekommen, seufzend seinen Rucksack zu Boden, um seinen Inhalt zu verspeisen. Ein gesottenes Kücken in kaltem Zustande wird mit Weißbrotschnitten verzehrt und mit Rotwein begossen. Dann verteilt sich die Gesellschaft, meist sechs oder sieben Freunde, die in Paris im gleichen Viertel wohnen, strahlenförmig über den Stoppelacker, während ihnen die kleinen braungefleckten Jagdhunde munter vorausspringen. Dies Ausschwärmen gewährt einen höchst malerischen Eindruck. Mit der Entfernung wächst die verwegene Linie dieser Gestalten, sie halten die Büchse unter dem Arm, ihre Haltung drückt Spannung aus. Ein, zwei trockene Knalle ertönen, die Jagd ist im Gange. Heißa!

Die Hunde haben die gräßliche Eigenschaft, sich für den Autoverkehr zu interessieren. Und da der Pariser grundsätzlich nur an den großen Straßen jagt, so verliert er viel Zeit damit, dem Hündlein zu pfeifen, das sich vor die Räder fremder Wagen wirft, um Abwechslung zu haben. Man fährt an solchen Sonntagen wie auf Eiern. Nicht nur auf die Hunde muß man aufpassen, sondern auch auf die Jäger, welche die Straßen mit gezückter Büchsflinte in halbträumendem Zustande überschreiten, als wenn sie etwas auf ihr verloren hätten und es zu finden suchten.

Ab und zu fällt ein kleiner, feiner Regen, in braunen Büscheln drängen sich die herbstlichen Sträucher zusammen, die sanften dämmrigen Hügel steigen rundlich zu kleinen Wäldern auf, deren Laub schon müde und gelb wird, die Luft ist grau und weich, eilige Wolken ziehen stumm zu großen Horizonten, und in der Ferne aus dem silbergrauen Dorf rufen ganz vergeblich die Kirchenglocken. Über dem Lande Frankreich hängt, wohin man geht und irrt, aus feinem, ein wenig melancholischem Dunste gewoben, das unsichtbare Wort „Frieden" allenthalben. Die nachdenkliche Natur lädt uns immer wieder ein, uns unter einem Baume niederzulassen, auf einem Hügel zu verweilen, an einer Wegbiegung auszuruhen und einen Kückenflügel samt Rotwein hervorzuholen. Wer wird hier reisen, wer wird hier wandern? Man sitzt nur. Man sitzt auf einem Stein, als sei er die Schwelle des Hauses, und die Autos, die vorüberrasen, sind voll von verdammten Seelen, die keine Ruhe finden.

Die Bewaffnung des Pariser Volkes zur Eröffnung der Jagd war eine Friedenskundgebung ersten Ranges. Man sah Vater und Mutter durch den nassen Acker schreiten, sie mit der Jagdtasche, aus der eine halbvolle Rotweinflasche hervorlugte, er mit dem Schießgewehr, das seinen kleinen, wie zum Flöten gespitzten Mund erdwärts streckte. Als wir vorbeifuhren, machten sie halt und blickten uns lange nach, den Hund am Halsband festhaltend. Unser vorübersausender Wagen ging ihnen langsam, aber unverlierbar in die Erlebnisfülle dieses stillen Sonntags ein. Oder wir kamen durch ein Dorf, dessen Sträßchen verödet, dessen Fenster verhängt, dessen Ställe geschlossen waren. Kein Mensch, kein Tier, kein Soldat – nur Mittagsschlaf über dem entfalteten „Petit Parisien", nur Nickerchen, nur ein ewiges Viertelstündchen. Vier Jäger durchzogen die Dorfstraße und eskortierten fröhlich ein erlegtes Kaninchen, das ein munterer Knabe trug. Das Tier genoß noch in erstarrtem Zustand viele Zärtlichkeiten, heitere Blicke trafen es und gutmütige Scherze. Die Jägergruppe durchschritt das Dorf vom einen Ende zum anderen, ihre saftigen Epigramme störten den Schlaf der sonntäglichen Siedlung, an den Fenstern tauchten Gesichter auf, ein Huhn schwankte gackernd quer über den Marktplatz und sprang, um besser sehen zu können, auf den bemoosten Rand des Brunnens. Denn Hühner sind so klein.

Unwahrscheinlich, daß hier zum Jäger auch Wild gehört. Die Erwartung des Wildes, die Spannung, ob es kommt, genügt vollständig, um den Sonntag zu erfüllen. Man erwartet hauptsächlich Hasen und Rebhühner, findet aber nur Kaninchen. Diese Kaninchen kollern vergnügt an den Waldrändern herum, und ich bin überzeugt, daß der Jäger sie nur deswegen schießt, weil sie seine süße Spannung stören und jäh unterbrechen (zur Strafe also). Schön ist auch die Versammlung um das getötete Tier. Fällt ein Schuß auf dem Felde, so strömen die weit verteilten Jäger sternförmig zusammen, umstehen die Beute, plaudern gedämpft über das Glück des Schützen, beurteilen anerkennend den fetten Zustand des von Schrotküglein durchsiebten kleinen Leichnams, werfen prüfende Blicke in die Weite, denken flüchtig an den Kückenflügel in der Tasche und zerstreuen sich langsam wieder, dem neidlos bewunderten Schützen ein Epigramm zuwerfend.

Am schönsten sind die Jäger ganz von weitem gesehen. Da stehen sie regungslos im gelben Gefilde, und man weiß nicht, was sie tun. Plaudern sie miteinander, haben sie ein Rebhuhn rasseln hören, sind sie miteinander verwandt oder nur aus demselben Viertel oder haben sie sich zufällig getroffen? Jetzt gehen sie auseinander, langsam verschwindet der eine hinter einem Gebüsch, kommt nach zwei Minuten wieder zum Vorschein, jetzt kommt ein dritter langsam auf sie zu und bewegt seinen Arm, jetzt stehen sie alle drei still, drei schwarze Männerchen, jetzt hebt einer die Flinte, jetzt setzt er sie wieder ab, die Kirchenglocke tönt, das braune Laub raschelt: es ist zu spannend.

Abends, nachdem wir es mehrere Male mühsam vermieden haben, einen Hasen totzufahren – denn die Hasen sind leichtsinnig und tollkühn und springen, anstatt sich vertrauensvoll an die Jäger zu halten, auf der glatten Landstraße herum – nähern wir uns Paris und sehen viele Jäger, die ein Kaninchen in der Jagdtasche tragen. Diese Jäger haben, wenn sie uns begegnen, große Mühe, gleichgültig dreinzusehen. In ihrem Innern fordert sie eine Stimme – eine gute Stimme – auf, uns die gefüllte Jagdtasche mit fröhlichem Gelächter entgegenzuschwenken. Und bei Gott, wir würden sie verstehen und sie durch Händeklatschen ehren. Aber sie bezwingen sich und sehen uns starr ins Auge, mit der drohenden Frage: „Zweifeln Sie etwa –?“

Am Ende dieses ereignisreichen Sonntags gestehen wir uns alle, daß wir gerührt sind. Warum, ist nicht leicht zu sagen, man setzt sich sowieso schon leicht dem Verdacht aus, ohne nationale Würde zu sein. Aber dieses Volk in Waffen hat etwas Liebenswertes, wenn es den Jägersmann spielt mit Piffpaff und Pulver und Blei. Dieser gänzliche Mangel an Strammheit, dies neidlose Verweilen vor dem Kaninchen des anderen, dieses beschauliche Schlendern durch herbstliche Gefilde ist so friedlich und nur von dem Wunsche beseelt, in Ruhe gelassen zu werden.

Mit ihnen ist es wie mit den Anglern an Marne und Seine. Da stehen sie nun in langen Reihen und halten ihre Schnur ins sanfte Wasser. „Was gefangen?" – „Nein." – „Ich auch nicht." Die Zeit treibt vorbei mit dem Wasser von Seine und Marne, die Kirchenglocken rufen vergeblich durch die stillgraue Luft, und sie stehen Mann neben Mann mit friedlich hängenden Hosenböden, mit ihren Blecheimerchen, mit ihren Rotweinflaschen und nehmen alle drei Stunden einen fingerlangen Fisch behutsam vom Haken. O rühre, rühre nicht daran.

Ein Volk in Waffen? Ja, Sonntags!

PARISER FRÜHSTÜCKE

Es müssen doch Glocken geklungen haben in dieser Stadt. Wie anders sollte der Mittag beginnen als mit dem erzenen Ruf von Notre-Dame nach St. Sulpice, von St. Etienne du Mont bis hinauf zur Kirche vom Heiligen Herzen? Aber man hört die Glocken nicht, denn es ist überhaupt keine Stadt fürs Ohr.

Wenn in Paris Mittag ist, beeilt sich alle Welt, schnell still zu halten, um ausruhen zu können. Das Fieber des täglichen Lebens sinkt sofort um einige Grade, das sinnlose Getümmel der Straßen scheint sich plötzlich zu gliedern und ein Ziel zu bekommen: zu Tisch. Man hat den gleichen Eindruck wie am Meeresstrande bei Ebbe, noch sind die Wogen ungeheuer, aber ihre Gewalt leidet an der Gewißheit, von Minute zu Minute schwächer zu werden. Das Leben fließt ab von den Flächen der Straßen und Plätze. Die Rasenebenen scheinen sich wohlbehaglich zu dehnen, als ruhten sie von der Last aus, wie Inseln und Keile im rollenden Strom stehen zu müssen, und die Bäume entfalten sich zu lockerem Reichtum, denn für zwei kurze Stunden sind sie der Pflicht enthoben, das Gerüst der Straße wie Sparren zusammenzuhalten, das Getümmel zu gliedern und Ankerpfosten für die menschliche Dünung zu bilden. Die Kastanien und Platanen atmen tief aus und ein, sie verzehren Luft. Die Bäume frühstücken.

Die Mittagsstunde in Paris legt den Menschen das eherne Gesetz auf, unter allen Umständen zu frühstücken. Jede geschäftliche Offensive wird um zwölf Uhr abgebrochen, sei der Augenblick zur Fortführung der Operationen auch noch so günstig. Ein Ministerrat wird nur unter heftigen Gewissensbissen aller Beteiligten über die Mittagsstunde ausgedehnt. Untersuchungsgefangene sehen nur ein Ende des qualvollen Verhörs ab, die Mittagspause. Examenskandidaten sind gerettet, wenn in die verhängnisvolle Prüfungsfrage hinein die Uhr zwölf schlägt. Der probende Schauspieler läßt den erhobenen Mörderdolch sinken, dem Kammerpräsidenten erstirbt das Wort auf den Lippen, dem Mechaniker entsinkt die Ölkanne, ja selbst der Nichtstuer schaltet einen anderen Grad der Muße ein –, wenn die Frühstückszeit gekommen ist.

Diese zwei Stunden sind dem Pariser heilig. Sie geben seinem Tag jenes Maß, das ihn hindert, von einem tätigen Menschen zu einem Arbeitstier hinabzusinken. Sie sichern ihm sozusagen die Menschenwürde, an der gemessen die tägliche Arbeit den Charakter einer freiwillig gewählten Beschäftigung bewahrt. Das Gesetz des Tages ist ihm nicht die Arbeit, sondern ihre Unterbrechung. Der Broterwerb erhält infolgedessen den zweiten Rang angewiesen, der ihm hinter der ungleich wichtigeren Beschäftigung des Ausruhens gebührt. Kein Wunder also, daß Individuen, die sich Joghurt und Gurken zum eiligen Imbiß auf den Schreibtisch tragen lassen, als minderwertige Geschöpfe angesehen werden, als Sklavennaturen, für die Danton umsonst gestorben ist.

Die Gesetze einer menschenwürdigen Lebensführung kommen manchen Leuten tyrannisch vor. Nicht jeder Erdenbewohner erträgt es, auf dem Höhepunkt seines Arbeitstages ein Frühstück von acht Gängen mit Bordeaux und Kognak zu sich zu nehmen. Mit wüstem Kopf steht er nachher auf der Straße, dem Endiviensalat, dem Ananaspudding und dem Calvadosschnaps nachträumend, den er soeben genossen hat. Um ihn heulen die Autos, die von gestärkten Chauffeuren gelenkt werden, die Welt ist in einen Nebel von Bratenduft eingehüllt, über dem die Kirche Sacré-Coeur wie eine Zuckerbäckertorte emporsteigt. Der

Träumende gehört sicher jener zweifelhaften Menschensorte an, in der eine gute Mahlzeit den bohrenden Wunsch erweckt, auf einem Sofa ein Stündchen zu dösen. Unglücklicher Mensch, du bist des Glückes nicht würdig, von der Höhe einer Speisenfolge auf das irdische Treiben hinabzuschauen.

Es gibt in Paris nur eine Einrichtung, die der Heiligkeit der Frühstückspause zu spotten scheint, die Börse. Sie beginnt um halb eins und dauert bis halb drei, spielt sich also in frevlerischer Nichtachtung der guten Sitten gerade in denjenigen Stunden ab, die besseren Beschäftigungen vorbehalten sind. Das ist um so erstaunlicher, als gerade das Börsenviertel reich an hervorragenden Frühstückslokalen ist. Und sind nicht die Börsenmänner vor allem als Veteranen des Tafelns bekannt, tragen nicht gerade sie Fettleibigkeit und Zucker mit einer Würde, als gelte es, auf ehrenvolle Narben stolz zu sein? Gewiß, man lasse sich nicht täuschen. Was man dort auf den Stufen und zwischen den klassischen Säulen des Börsenpalastes schreien hört und zappeln, durcheinander rennen, gestikulieren sieht, das sind eben nur die jungen Leute, die die Befehle ihrer Meister ausführen. Die Herren der Börse begnügen sich damit, einen kurzen Blick auf die Lage zu werfen, und lassen sich dann in einem jener kleinen und ewig überfüllten Restaurants zum Frühstück nieder. Über eine gebackene Seezunge mit gelber, braungefleckter Sauce sinnend, lassen sie den fernen Tumult der Notierungen nur wie das Brausen eines Meeres an ihr Ohr dringen und empfangen bei der Omelette mit Marasquino die Botschaften ihrer Kommis, deren stürmisches Kommen und Gehen dem Essenden ein doppeltes Gefühl des Geborgenseins verleiht. Wackere Jünglinge, diese Kommis. Ihnen steigt der Duft der Tafel nicht zu Kopf, unbeirrt, ohne das gebackene Perlhuhn ihres Brotherrn überhaupt gesehen zu haben, traben sie von dannen, zwängen sich durch die dreitausend parkenden Autos und erstürmen mit dem Schrei: „Vierzehn Rio Tinto“ die Stufen des Tempels. Darf man das Angedenken der üppigen Frau Hanau in diesem Zusammenhang verschmähen? Der Tisch in der „Goldenen Ente“, an dem sie zu sitzen pflegte, ist längst von glücklicheren Geschäftsleuten eingenommen. Aber niemand saß mit so viel Ruhe wie sie beim Frühstück. Auf dem weinbefleckten Tischtuch lag die lange Liste mit Orders, die sie mit rotem und blauem Stift anmerkte. Sie liebte saftige Birnen über alles und war doch Manns genug, plötzlich Teller, Gläser, Messer und Gabeln beiseite zu schieben und ihren Schlachtplan mit einigen kurzen Strichen zu ändern, so daß zwei Schritt von ihr unter den griechischen Säulen sich sagenhafte Papiere zu sagenhaftem Leben erholten.

Wird die feste Form dieser Stadt je erschüttert werden? Gewiß nicht, solange die Straßenfronten ihr köstliches Silbergrau behalten, solange die Kuppeln des Pantheons und des Invalidendomes sich aus dem schweren Dunst emporstreiten, solange die Place de la Concorde den Himmel als Dach trägt, solange der versöhnliche Verfall der Steine auch die grellsten Neubauten glättet, solange die Champs-Elysées in gerader Flucht durch den Triumphbogen mitten in den Traum vom Ruhm führen, solange die verworrenen Parks den Verzweifelten oder Müßigen als grüne Zuflucht offen stehen, solange der Seinefluß den Sonntagsbürgern den Traum von Fischen schenkt, solange es Rotwein und Weißbrot die Fülle gibt. Aber das angstvolle Auge des Liebenden gewahrt doch schon Risse in der ewigen Form. Täglich entziehen sich bereits Zehntausende dem heiligen Gesetz, auf französische Art zu frühstücken. Auf den großen Boulevards gibt es schon einen Ort, wo man zu den frivolsten Tageszeiten, also z.B. um fünf Uhr nachmittags amerikanische Klubsandwichs aus Toast, Hühnerfleisch, Tomaten und grünem Salat verschlingen kann, und zwar im Stehen, in fünf Minuten, wenn es sein muß. Oder was ist die Bar jenes berühmten Fischrestaurants unweit der Madeleine anderes als ein gastronomischer Aufruhr! Dort sitzen auf hohen Stühlen um die braunpolierte Schranke geheimnislose Amerikanerinnen, die in allen Einzelheiten köstlich sind, ohne als Gesamtform zu befriedigen, und verzehren, von Cocktails beschwert, kalte Languste, sonst nichts! Wahrhaftig, man muß aus der Neuen Welt kommen, man muß weder Dome noch klassische Tragödien haben, um im Vorübereilen ein blutiges Steak zu genehmigen und dazu Mineralwasser zu trinken.

Daß die Pariser Malerei fast nur noch von Polen, Spaniern und Amerikanern geliefert wird, erscheint ohne weiteres klar, wenn man sich in das Montparnasse-Viertel verirrt. Die einst so ehrwürdige Kreuzung des Boulevard Raspail und des Boulevard Montparnasse trägt heute wie Hautausschlag die grelle Aufmachung von acht Cafés, in denen zu jeder Tagesstunde Haferbrei mit Butter, Schinken mit Ei, Haddock oder Tomatensalat gereicht wird. Da sitzen sie nun, die Wanderer aus fünf Welten und fürchten sich, den Fuß in den Strom Frankreichs zu setzen. In einer Kulisse von schwedischen Schnapsstuben, amerikanischen Buchhandlungen, russischen Tanzstätten, jüdischen Kunstgalerien und chinesischen Pedikursalons mißachten sie die Frühstücksstunde und erscheinen um zwölf Uhr verschlafen zum ersten Imbiß. Und doch reicht dieser winzige Anhauch von Pariser Luft, der sie täglich und nächtlich streift, schon aus, ihren toten Farben und Worten ein wenig von der stillen Wonne Paris zu vermitteln. Einmal kehren sie nach Chicago und Berlin und Kopenhagen und Warschau zurück und tragen ein bißchen Abglanz dieser Stadt.

Das Element der Lockerung wohnt auch der Arbeiterklasse inne. Die Zahl der arbeitenden Hände wird täglich durch Tausende von Ausländern vermehrt. Mehr als das, die dritte Internationale duldet keine Traditionen, wo käme sie hin, wenn sie die ehrwürdigen Überlieferungen der Pariser Frühstücke dulden wollte! Ihre Lehre formt Marschkolonnen mit einheitlicher Verpflegung, aber keine Genießer. Die Arbeiter, die um zwölf Uhr kalkbepudert in eine kleine Kneipe gehen und dort mit Suppe anfangen, um mit Käse zu schließen, können unmöglich organisiert sein. Sie haben eine Art, die säuerliche Salatbrühe mit Brot aufzutunken, die mir beweist, daß die Weltrevolution vorläufig auf Frankreich nicht zählen kann. Aber es gibt andere Speisestätten, im Nordosten von Paris, wo riesige, kalte Boulevards achtlos die Stadt durchbrechen. In strammer Front mit den frischen Mietskasernen steht ein Betonhaus in eisiger, ultramarinblauer Farbe glitzernd, eine Volksküche der kommunistischen Partei Frankreichs. Neben dem Eingangstor ein Schalter, an dem man Speisekarten kauft, oben ein riesiger Saal, dessen eisengraue Wände mit gewaltigen Drahtkörben voll Salat, Gemüsen, Pellkartoffeln und Äpfeln behängt sind. Am Büfett erhält man eine Schüssel mit Messer und Gabel, füllt sich an den Drahtkörben auf, was man wünscht, und nimmt dann an einem der großen, weißgescheuerten Tische Platz, auf dem Salzfässer und Wasserflaschen stehen. Die vom Geruch der Grünsachen erfrischte Luft hallt von allen Sprachen der Welt wider. Polnisch, Spanisch, Tschechisch, Deutsch und Italienisch formen sich zu jener Internationale, die die unerschöpfliche Arbeitsreserve des hochkapitalistischen Frankreich bildet. Welch eine junge Fröhlichkeit steigt von diesen Tischen auf, du altes Frankreich, eine Fröhlichkeit, die deinen edlen Rotwein und deine rassigen Saucen verschmäht. In der Mitte des Saales ist ein freier Raum, in dem Turngeräte, Trapeze und Ringe schaukeln. Wer so luftig und leicht ist, daß er sich selbst von Salat beschwert fühlt, der macht unter dem jubelnden Gelächter der Kameraden ein paar Aufzüge am Trapez. Ich habe es selbst versucht, mit dem Kopf nach unten schaukelte ich in den Ringen und las in seltsam verzerrter Optik auf der hellen Zementwand den Spruch „Proletarier aller Länder, vereinigt euch!"

Wenn ich Lesages hinkender Teufel wäre, ich würde nicht die Dächer von Häusern abdecken, um ins Menschenleben zu schauen, ich würde die Deckel von den Töpfen nehmen, wenigstens in Paris. In einem Restaurant des Bois de Boulogne wird ein Dejeuner für die Herren vom Stahlkartell gekocht. Vor dem Pavillon stehen die mächtigen Autos in der Sonne, die Gäste sitzen auf der Rasenfläche unter den Bäumen und streiten sich in gedämpfter Umgangssprache um die Quote, bis sie die Meldung unterbricht, daß serviert sei. In St. Cloud schmort das Frühstück für ein Liebespaar. Sie haben sich in ein Kabinett eingeschlossen, das Fenster ist weit geöffnet, unten fließt die Seine. Sie hat schon längst darauf verzichtet, das Lippenrot immer wieder zu erneuern, und übrigens wird gleich sowieso gegessen. Auf der Avenue de Wagram tritt Germaine in ein kleines Restaurant. Sie ist die Geliebte eines Automobilhändlers, der heute nach Lyon gereist ist. Sie muß allein frühstücken, verschlafen wie sie ist, und ist der Gegenstand zartester Aufmerksamkeiten von seiten des gesamten Personals. Gedankenlos löffelt sie ihre Suppe, bis die athletische Erscheinung eines Gastes, einsam wie sie, ihre Gedanken zu beschäftigen beginnt. Sie nimmt also den Spiegel vor und beginnt die Löckchen zu ordnen, die unter dem Hut hervordringen.

O Atemholen dieser großen Stadt! O Mittag in La Villette, in Montrouge, am Etoile, im lateinischen Viertel, o kleine Stunde der Besinnung, o Frühstück von Paris. Für eine Weile ist der Mensch der Masse enthoben, für eine Weile huldigt er sich selbst. Denkt nicht gering von dieser Stunde des Essens, denn mit unserem Leben ist kein Staat mehr zu machen. So laßt denn wenigstens noch Essen und Trinken als eine menschliche Verrichtung gelten. Unter der Seinebrücke sitzt ein alter Mann in Lumpen, der Brükkenbogen ist sein Haus, seine Heimat. Die Sonne scheint, es hat zwölf geschlagen. Er rückt aus dem Schatten der steinernen Wölbung ins warme Licht und entfaltet sein Zeitungspapier. Eine Brotkruste ist darin, die, in Rotwein aufgeweicht, die Elemente Frankreichs bildet. Er ißt. Es ist Mittag und Leben. Breit strömt die Seine vorbei an seinem Dasein.

DIE SUCHE NACH DEM VERLORENEN KRIEG

(B. R. gewidmet)

Immer wenn es Herbst wird, wenn die Wälder hoch über der ruhig fließenden Marne sich röten, wenn die Hügel zwischen dem Ourcq-Flusse und dem kleinen Morin vergilben, machen wir uns auf die Suche nach dem verlorenen Krieg. Es handelt sich nicht darum, jenen, den die Generale verloren haben, wiederzugewinnen, wir wollen nicht einmal den, der seinen Anstiftern und Helfern aus dem Gedächtnis geglitten ist, in seiner scheußlichen Wirklichkeit wieder heraufholen, – diesmal nicht! Nein, wir suchen die Stunde wieder, wo zwischen Arras und Loos ein Regennachtwind uns feucht, schnobernd und traurig ins Herz drang, wo zwischen Ripont und Tahure unser Fuß auf faulenden Blumen dunklen Geruchs ausglitt, wo an der Somme oder an der Aisne unser Gesicht sich schutzsuchend ins Gras duckte und dessen sanfte Bitternis mit allen Poren aufnahm. Damals brach uns fast das Herz unter dem Schlage dieses trostlosen Glückes und wir schworen, diese vorübereilende Sekunde nie, nie, nie zu vergessen. Wir haben sie vergessen, freilich nicht ganz. Sie liegt tief in unserer Seele begraben bei anderen toten Schätzen jener toten Zeit, wir fühlen sie unbestimmt sich regen, sie will empor, will beim Namen genannt werden. Unruhig sinnen wir über ihre Bedeutung nach, wir glauben sie wiederzuerkennen, wir wollen schon zu ihr sprechen: „Da bist du wieder, unendliche Herbstsekunde, mit all deinem Glück, deinem Schmerz, deiner Unendlichkeit!“, – und schon ist sie entglitten.

Es muß Herbst sein. In seinen verfallenden Tagen suchen wir den verlorenen Krieg, der für uns im Herbst begann und im Herbst endete. Wir können einen ganzen Sommer lang leben, ohne uns darüber klar zu werden, daß es der Krieg ist, der uns zu jeder Stunde überschattet. Aber plötzlich, an einem Septembertage, finden wir uns auf einer französischen Landstraße wieder, die schnurgerade, von Pappeln treu begleitet, über das Hochland läuft. Über den Wäldern liegt leichter Rost, die Flächen sind abgemäht, die Flüsse wiederholen regungslos das dünne Blau des Himmels, ein gelber Weg geht sanft den Hang hinab ins graue Dorf, dessen Kamine rauchen. So war es damals. Wir waren zu Tausenden, aber doch allein. Es gab nichts mehr auf der Welt, nicht Heimat noch Beruf. Vergeblich suchte ich mich des eben gewesenen Julimorgens zu erinnern, wo ich mit dem Lehrer auf einem Turmsims des Freiburger Münsters stand, um Kleinplastiken zu betrachten. Und plötzlich, während der Blick fast schläfrig wurde von so viel Weite und Landschaft, begriff man, daß man zum ersten Male mit tiefstem Auge zu sehen begann, daß man mit einem Schlage sehend wurde, und zwar gerade in dem Augenblicke, wo die blindeste aller Nächte sich über Europa herabsenkte. Man begriff, daß man zu leben anhub, wo man doch den ersten Schritt ins Reich des Todes tat, daß die Sinne und das Herz sich zu ungeahnter Tiefe öffneten, um jede Regung dieser Welt einzusaugen und festzuhalten, daß man die Landschaft jäh und unverlierbar erfaßte, – ehe man sich daran machte, sie zu zerstören. Jene ungeheure und stumme Weite des Herzens setzte ein, die uns während vier langer Jahre nicht verließ. Aber wir vergaßen, sie zu erklären, sie zu formen, aus ihr eine Erkenntnis zu gestalten. Und als eines Tages alles vorbei war, da schloß auch das Herz sich wieder. Unter dem polternden Sturz der Lügen wurde alles begraben.

Wer eines Tages begreift, daß er zu falschen Göttern gebetet hat, dem bleibt vielleicht noch die Erinnerung an die Andacht. Uns blieb nichts mehr als lange Finsternis. Aber heute nach vielen Jahren zeigt sich, daß der Herbst heute so tief und golden atmet wie damals, nur fühlten wir es damals besser. Und wenn wir heute auf der Suche nach dem verlorenen Krieg durch den September wandern, so geschieht es, um jene rätselvolle Verbundenheit mit der Landschaft wiederzufinden. Aber ach, die Wege, die kleinen Flüsse und die Alleen sind flüchtig wie die Jahre selbst.

Zwei Wege schneiden sich im Stoppelfeld, ein Birnbaum steht ruhig dabei. Ein Stein ist halb versunken und grün vor Vergessenheit. Der Rain ist schräg und mit trockenem Gras überwachsen. Ich grabe in meiner Erinnerung nach: einmal stand ich wie heute an solch einer Kreuzung, der Baum rührte sich fein, die Luft wartete. Ich war traurig, aber doch getröstet. Ich war fertig, zu Ende, darum ewig, – ein Mensch. Große Stunde! Ich finde sie nicht wieder. Wie war es doch? Heute bin ich mit tausend Dingen verbunden, drüben steht mein Wagen, dahinten liegt Paris, heute abend um neun Uhr kommt mich mein Freund besuchen. Ewigkeit von damals, ich finde dich nicht mehr.

Das größte Hindernis auf dieser Suche ist nicht die Wirklichkeit von heute, sondern die von damals. Noch ist das Auge krank. Fürchterlich ist das Bedürfnis, die Landschaft militärisch zu bewerten. Man kommt davon nicht los. Man geht über eine hölzerne Brücke und entdeckt plötzlich, daß man sich mit der Frage beschäftigt, ob diese Brücke wohl für schwere Artillerie tragfähig sei. Die Landstraße steigt bergan: hier rechts in dieser Mulde könnte man sehr gut zwei Steilfeuergeschütze aufstellen, sie wären durch das Buschwerk einigermaßen gegen Fliegersicht gedeckt und könnten die große Straße von Moreuil nach Lizy unter Feuer halten. An den Waldrand würde ich einen

Zug Dragoner legen. Die Pferde könnten in dem Gehöft unten im Tal untergebracht werden. Oder plötzlich, während ich durchs hohe Gras über die Höhe stiefle, fällt mir siedeheiß ein, daß ich ja „eingesehen“ bin! Ich bin nicht etwa begriffen – von wem auch? – aber ich bin eingesehen, der Feind, der seit zehn, seit vierzehn Jahren nicht mehr da ist, kann von jenem Kirchturm aus meine Schritte beobachten. Der Kirchturm, aus grauem Silber, hat vier Fenster nach mir zu, vier schwarze Fenster. Sind sie von Augen bewohnt, von Feldstechern, von Richtkreisen, von Scherenfernrohren? Das ist die Angst, die durch einen einfachen Denkakt aus der Welt geschafft, zum Teufel gejagt wird. Aber was hindert mich, auf dieser Wiese eine Schwadron biwakieren zu lassen, zumal da sie von einem kleinen Wasserlauf durchzogen ist? Und daß ich verflucht bin, am fernen Horizont auf der winzigen Allee Kolonnen ziehen zu sehen und jeden Berg darauf zu prüfen, ob er für Feldkanonen zu überschießen ist, das wird in aller Ewigkeit kein Ende nehmen. Es gab eben eine Lebensepoche, wo man nicht sah, sondern beobachtete, wo man sich nicht niederwarf, sondern in Stellung ging. Man ging nicht fort, man rückte ab, man ging nicht, man marschierte. Die Füße, der Körper haben schnell gelernt, wieder friedlich zu sein, aber das Auge ist immer noch ein wenig vergiftet.

Und doch hat uns diese Vergiftung damals nicht gehindert, inniger und rückhaltloser als je sonst in das Erlebnis der Luft, der Ferne, der Erde zu versinken. Eine Wiese mit ganz kleinen Apfelbäumen lag im Spätjahrnebel, der so dicht war, daß der Gegner uns nicht sehen konnte. Wir gingen über diese Wiese und bückten uns unter den Ästen der Bäumchen. Wenn wir sie berührten, troff ihre Feuchtigkeit auf uns herab. Die Früchte lagen abgefallen kreisförmig um jedes Stämmchen, sie waren alt, krank und faul. Ich betrachtete sie lange, sie rührten mich so. Wie lange hatten sie nicht schon jede Erinnerung an ihren Baum verloren! Ich hob ein krankes Äpfelchen auf und betrachtete es lange wie im Schlaf. Eine Gewehrkugel peitschte die Luft, ich stellte fest „Lewisgewehr“, ohne den Gedanken von dem Äpfelchen abzuwenden. Die anderen waren schon fort, im Nebel verschwunden, sie riefen „Sieburg, Sieburg“, ich sah sie nicht mehr. Mein Name hing in der dicken Luft, er fand den Weg nicht mehr zu mir, denn ich war nicht mehr ich. Darum, ja darum nahm ich das Äpfelchen und warf es weg, in die Richtung meiner Kameraden, die gerufen hatten. Erst sehr spät fand ich mich wieder, mit dem Bewußtsein, ein unendliches Glück genossen zu haben. Ich sehnte mich nach diesem Glück, ich suchte es oft, ich fand es nicht wieder. Ich hoffte eine solche Wiese wieder zu treffen, aber vielleicht sind die Äpfel eingeerntet, ins Haus getragen. Die Leute sind heutzutage so ordentlich, und Krieg ist auch nicht mehr. Auf der Suche...

Bei Nauroy erschien ein weißes Schrapnellwölkchen am blauen Himmel über mir, ein Volk Rebhühner flog rasselnd auf, ich warf mich angstvoll zu Boden. Die Kugeln klatschten ins Feld. Ich lag im hohen Gras und roch die Erde, es war Mittag, im fernen, fernen Dorf schlug eine Glocke oder eine Uhr. Die Mutter wird mich suchen, wenn ich nicht heimkomme, sie wird erschrocken sein, wenn sie mich nicht findet. Vielleicht wird sie weinen, dann werde ich sehen, ob sie mich liebt. Ich hörte von weitem den schwachen Ruf der Mutter, fester drückte ich mein Gesicht ins Gras, ich wagte nicht aufzustehen, denn dann wäre ich plötzlich wieder groß und erwachsen und müßte alles selber tun im Leben. Du schönes Gras, du schöner Erdboden. Später, als Friede war und keine

Schrapnelle mehr kamen, habe ich mich oft ins Gras geworfen und gelauscht. Nie rief die Mutter mehr. Auf der Suche...

Herbst, dessen Geruch mir entgeht. Herbst, dessen Traurigkeit nicht wiederkehren will. Es gab Gärten in Frankreich, die ganz vergessen waren. Da war es schon Oktober. An den verwachsenen Wegen lagen regenschwere Astern und faulten. Das braune Laub verging in der trüben Feuchtigkeit, die Luft war schwer und bitter, von so viel Pflanzentod. Am Teich stand der alte Wald in Scharlach und rotem Fieber. Auf der fernen Straße lärmte die Kolonne, ich hörte das ungeduldige Signal meines Wagens und rührte mich nicht. Ich wünschte nicht mehr zu leben. Plötzlich wußte ich, daß ich eines Tages gesund und heil nach Hause kommen würde und daß ich den herzzerbrechenden Geruch dieser verwelkten Beete immer suchen würde, ohne ihn je in seiner ganzen Vollendung wiederzufinden, und daß ich mich nach dieser Traurigkeit immer sehnen würde.

Der Krieg ist aus, aber für uns ist nicht eher Friede, als bis wir das wiedergefunden haben, was damals im weiten Raum der Verwesung unser trostloses Glück war. Das Leben ist wiedergekommen, aber nicht ganz. Immer lauschen wir in die Ferne, ob unsere eigene Stimme uns nicht ruft. Denn nicht eher ist der verlorene Krieg wiedergefunden und zu den anderen Toten begraben, als bis das Leben uns die gleichen Erkenntnisse schenkt, die uns einst der nahe Tod gab.

Über eine französische Landstraße gehen wir still im September. Himmel, Wald und früher Stern warten auf uns. Ein Schritt noch, ein Atemzug noch, und die Frucht, die sich damals vom Aste löste, erreicht in ihrem Fall endlich die Erde.

IV.

FRANKREICH ALS WIDERSTAND

FRANKREICH-DEUTSCHLAND

Als Cortez in Mexiko landete, waren die Indianer weniger entrüstet als erstaunt. Ihre Sitten waren so gut, ihre Tempel so schön und ihr Staat so vollkommen, daß sie annehmen durften, die einzigen Bewohner der Welt zu sein. Als ihnen auf jene von dem Spanier geübte, tadelnswerte Weise klargemacht wurde, daß sie sich zwar in keinem logischen, aber einem realen Irrtum befänden, verwandelte ihr Staunen sich bald in Verdruß, schließlich in Abneigung. Die folgenden Ereignisse schienen ihnen übrigens recht zu geben. Wenn man den Kosmos betrachtet hat, den Frankreich bildet, wenn man die Menschlichkeit seiner Sitten, den Reichtum seiner Geistäußerungen und vor allem den ausschließenden Charakter seiner Zivilisationsidee, die von anderen Völkern und Ordnungen nichts enthält, studiert hat, so kann man sich des Eindrucks nicht erwehren, daß die Welt hinreichend ausgefüllt ist und aller Geist, den es überhaupt geben kann, sich in Frankreich verleibt hat. Dem von der französischen Nationalidee geblendeten Blick erscheint die übrige Menschheit für einen Augenblick nur als „ethnographisches Material", wie Dostojewski sagt, und jeder Zusammenstoß Frankreichs mit diesem Material muß in ersterem jenes mit Abneigung gemischte Staunen hervorrufen, das Cortez auf eine so drastische Weise zu zerstreuen verstand. Ohne diesen Vergleich zu weit zu treiben, können wir doch sagen, daß Frankreich sich immer, wenn es entdeckt wurde, angegriffen glaubte. Es fühlte seine Schätze bedroht, seinen Glauben erschüttert, die Unfehlbarkeit seiner Ideologie in Frage gestellt, und da es sich aus guten Gründen nicht entschließen konnte, in dem Entdecker einen weißen Gott zu sehen, mußte es ihn für einen

Barbaren halten. Die Geschichte seiner Berührungen mit anderen Völkern ist lange Zeit ein einziger Sieg gewesen. Was auch immer geschah, seine Idee wurde in ihrer Monopolstellung bestätigt, die Regungen außerfranzösischer Kräfte waren nur Stoff, in dem es sich immer wieder glanzvoll zum Ausdruck brachte, – bis Napoleon den durch die Revolution neugeschaffenen Nationalismus mißbrauchte. Das Erwachen der Nationen war, wenn auch nicht die innere, so doch die zeitliche Folge, und hätte Frankreich nicht seitdem zwei blutige Kriege mit Deutschland führen müssen, so wäre die Krisis seines Verhältnisses zur übrigen Welt schon seit damals aktuell. Sie ist es seit 1918.

Wenn man das Wesen Frankreichs in vereinfachten Linien aufzeichnet, wie wir dies auf den vorangegangenen Seiten versucht haben, so findet man kaum ein Element, das es mit dem der Umwelt verbände, dafür aber um so mehr trennende Kräfte. Es ist die Tragik dieses Landes, daß alle seine Tugenden und Werte, von denen wir ein wenn auch unvollständiges, so doch aufrichtiges und mit verwandtschaftlicher Sympathie gezeichnetes Bild gegeben haben, eine die Umwelt ausschließende Kraft in sich tragen. So wie Johanna den König des Himmels vollständig für den König von Frankreich in Anspruch nahm, beschlagnahmen ihre heutigen Nachfahren die Zivilisation für sich und lassen nur die Wahl, entweder ihrem Geist verpflichtet zu sein oder dem Ungeist anheimzufallen. An der Spitze der Zivilisation zu marschieren oder, deutlicher gesagt, diese mit der in Frankreich heimischen Gesittung gleichzusetzen, ist die bescheidenste Forderung der Franzosen. Daß Frankreich und die Menschheit zwei sich deckende Begriffe sind, wird schon in der Volksschule gelehrt und Michelet empfand es als selbstverständlich, seine Einführung in die Universalgeschichte mit der vorweggenommenen Schlußfolgerung zu beginnen, daß sein ruhmreiches Vaterland von nun an der Pilot des Menschheitsschiffes sei. Niemals ist ein Geschichtsschreiber auf den Gedanken gekommen, die übrige Besatzung des Schiffes zu fragen, ob sie diesen Steuermann haben wolle. Denn immer war es die Vernunft, die zu dieser Bestallung führte; sich ihr zu widersetzen, wäre, wie wir schon festgestellt haben, unvernünftig oder verbrecherisch gewesen. Ihr lag und liegt die Überzeugung von der Normalität des Menschen und der Gesetzlichkeit des geschichtlichen Ablaufs zugrunde. Beide Doktrinen sind richtig, weil sie französisch sind, sie sind französisch, weil sie richtig sind:

das ist der denkerische Extrakt der Suprematie Frankreichs. Historisch gesehen setzt diese Argumentierung nicht mit einer Tatsache, sondern mit einer Behauptung oder, freundlicher ausgedrückt, mit einer Überzeugung ein, daß nämlich die Menschheitsentwicklung an der antiken Idee zu messen sei, deren einzig berechtigter Erbe und Bewahrer Frankreich sei. Diese Inanspruchnahme der Rom-Idee schuf den Gallikanismus, den Staat und Stil des Sonnenkönigs, die erste Republik und ihre Fortsetzung, das Kaiserreich; sie schuf die nationale Missionsidee und das Monopol für Gesittung, sie schuf nicht zuletzt den Antagonismus Frankreich–Deutschland.

Dieser Gegensatz bestimmt den Zustand und das Schicksal Europas. Nicht etwa, daß mit der Einigung dieser beiden Nationen alle Fragen gelöst sein würden, aber Frankreichs Stellung in der Welt läßt sich vorläufig nur aus seiner Stellung zu Deutschland völlig erkennen, weil es sich nur unserem Lande gegenüber so abgegrenzt hat, wie dies seinem Wesen entspricht. Uns gegenüber hat es – oft notgedrungen, oft freiwillig – alle die Konsequenzen gezogen, die sich aus seiner Selbstauffassung ergeben, und die Formulierungen gefunden, die diesen Gegensatz in so tragischer Weise popularisiert haben. Der Kampfruf gegen den Germanismus darf nicht zu der Auffassung verleiten, daß nur wir gemeint seien. Es soll den gesamten Widerstand gegen das antike Erbe treffen, ob er nun im Protestantismus, im Bolschewismus, in der Industrialisierung, in der Organisation, ja im Fascismus gewittert wird. Er richtet sich gegen jede Lebensform, die der französischen widerspricht, und ist in seinen Oberflächenerscheinungen zu einem wahren System der Diskreditierung geworden, das die schwachen und kleinen Völker oft gegen ihren primitivsten Instinkt gezwungen hat, allem „Germanischen" abzuschwören.

Die geistige Versandung Skandinaviens ist dafür ein beredtes Zeichen, nicht minder das kulturelle Tasten der Schweiz, das diesem starken Lande viel von jenem tiefen Reiz geraubt hat, der gerade in der spannungsvollen Ausgewogenheit der gegensätzlichen Kulturen lag. Für Länder, die sich außerhalb der europäischen Zerfleischung zu halten wußten, ist die zivilisatorische Forderung Frankreichs zu einer so scharfen Fragestellung geworden, daß der Sieg der Alliierten die Antwort einfach erzwang. Der Weltkrieg wurde als ein Kreuzzug geführt, sein Ausgang mußte den Augen aller, die daran glaubten, als ein Sieg der Zivilisationsidee gelten. Ein Land wie Dänemark, das eben noch ein starkes eigenes Geistesleben gehabt hatte, warf jedes Selbstbewußtsein entschlossen über Bord, obwohl es sich darüber klar war, daß Frankreich ihm weder wirtschaftlich noch geistig – nicht einmal politisch – ein Hinterland werden konnte. Es verzichtete lieber auf kulturellen Ausdruck, zu dem es seiner Tradition und seinem Wesen nach Deutschlands als des natürlichen Reliefs bedurft hätte, als sich auch nur noch einen Tag durch seine Beziehungen zum „Germanismus" diskreditieren zu lassen. Über Nacht war es in diesen Ländern kompromittierend geworden, sich auf Deutschland zu beziehen. Wer etwas gelten wollte, mußte abschwören und Reue zeigen. Freilich hätte sich dieser Abfall nicht so rasch und radikal vollziehen können, wenn nicht der Snobismus als Helfer hinzugetreten wäre. Das Abrücken vom Deutschtum wurde eine Obliegenheit der Oberklasse, die ihrer geistigen Unsicherheit auf diese Weise Festigkeit zu geben hoffte. Da die Frauen den Sieger lieben, entstand eine Begeisterung für Frankreich, die sich nicht etwa im tätigen Genuß der neuen Kulturgüter ausdrückte – dazu fehlten die Voraussetzungen –, sondern im geselligen Gedränge an den

Türen der alliierten Gesandtschaften. Man möge über diesen Randerscheinungen nicht vergessen, daß die überscharfe Fragestellung Frankreich–Deutschland geblieben ist und die Tatsache, daß es sich in Wirklichkeit ja um die Antithese Frankreich–Welt handelt, bedenklich überschattet.

Der Kampf, den Frankreich um die Behauptung seines Bildungsmonopols führt, richtet sich in allen Schattierungen dieser Bildung gegen uns. Wenn der Franzose den goût für sich in Anspruch nimmt, so meint er damit zugleich, daß wir ihn nicht haben, und sucht es an unseren Denkmälern, Bahnhöfen, philosophischen Schlüssen, Theaterstücken und Ministerreden zu beweisen. Seine Stellung zur Natur ist im weitesten Sinne dadurch bestimmt, daß der Deutsche nicht genug Form habe, um dem Unendlichen und dem Rohen zu widerstehen. Eduard Wechsler zitiert aus einer während des Krieges erschienenen Propagandaschrift den Satz: „Ils (les Allemands) sont dans la vérité de la nature et ne sont pas encore dans la vérité humaine.“ Diese Feststellung könnte in jeder Betrachtung über Deutschland stehen und als Einwand gegen die Schellingsche Philosophie oder die Schumannsche Musik oder gegen Hölderlins Hymnik auftreten. André Gides Kritik: „Parce qu'en France tout ce qui vit prend aussitôt contour, l'absence de profil des masses d'outre-Rhin nous a fait croire à de l'incohésion... N'étant jamais particulier lui-même, l'Allemand ne sent pas la particularité d'aucun être ni d'aucune chose“ enthält eigentlich genau denselben Einwand. Ja, es ist überflüssig, weitere Belege zu nennen, denn alles, was drüben über uns geschrieben wurde, ist nur eine Variation dieser Formulierung und läuft im Grunde auf Selbstdarstellung hinaus. Ob es sich nun um unser Verhältnis zum Schicksal oder zum Essen und Trinken handelt, unser Verhalten wird unter allen Umständen an der französischen Norm gemessen – und verurteilt. Uns erscheint es im Zusammenhang dieser Darstellung unnötig, auf den „wissenschaftlichen“ Deutschenhaß, den Frankreich erfunden hat, einzugehen. Leicht wäre es, die Polemiker zu zitieren, die – nicht erst seit dem Kriege – bestrebt sind, Deutschlands Wesen als Gefahr für die Menschheit hinzustellen, da es nicht in den französischen Zivilisationsbegriff hineinpaßt. Aber einmal wollen wir die Erregung blinder Leidenschaft, die eine natürliche Folge dieses Themas wäre, denen überlassen, die sich schwach fühlen, obwohl der rasende Hochmut, den der traditionalistische Franzose seinem Publikum einzuflößen bestrebt ist, sich mehr und mehr zu einer internationalen Gefahr auswächst. (Léon Bloy ließ im Jahre 1893 folgende Sätze drucken: „Frankreich ist so sehr das erste der Völker, daß alle anderen, wer sie auch seien, sich ehrenvoll bedacht schätzen müssen, wenn sie das Brot seiner Hunde essen dürfen. Ist es glücklich, so ist auch die übrige Welt hinreichend glücklich, selbst wenn sie dies Glück mit Knechtschaft oder Ausrottung bezahlen müßte.“) Und zum andern wissen wir zu gut, daß dieser Haß, der als humanistisches System auftritt, im Grunde nichts weiter ist als eine böse Form der Selbstbehauptung, ein kränklicher Widerstand gegen den täglich wachsenden Zwang, entweder an Europa mitzuarbeiten oder auszuscheiden, der sich nur deshalb gegen Deutschland richtet, weil dieses Land nicht nur das einzige in Europa ist, das sich in einer ebensolchen Vollständigkeit wie Frankreich geistig manifestiert hat, sondern auch weil es in seinem Wesen, Fühlen, Denken, in seinem Schicksal und seiner Geschichte das vollkommene Widerspiel Frankreichs darstellt. Man braucht sich nur die Hegelsche Geschichtsauffassung oder die Kantsche Moral zu vergegenwärtigen, um diese Spiegelung zu begreifen. Wie leicht müssen sich dem französischen Polemiker die Linien der Betrachtung zu einem Deutschland verurteilenden System zusammenschließen! Es ist ja nicht nur Kriegspropaganda, sondern beste französische Geschichtsauffassung, in Deutschland den Herd des Ungeistes, der Formlosigkeit, der rohen Gewalt zu sehen, die sich sowohl in der deutschen Mystik und in Luther als auch in der klassischen Philosophie und in Bismarck Bahn gebrochen hat. Von wo könnte der französischen Idee, die sich zur Hütung des römischen Erbes berufen fühlt und sich als richtunggebend für die Menschheit begreift, Gefahr drohen, wenn nicht von den Barbaren! Und ist diese Gefahr für Frankreich, das doch kongruent mit der Menschheit ist, nicht auch eine Gefahr für alle? Da es für den Franzosen nun einmal feststeht, daß nur sein Geist berechtigt ist, aktiv zu sein und auf andere Völker zu wirken, so bleibt ihm nichts anderes übrig, als die deutsche Aktivität, das deutsche Wachstum mit dem Worte Pangermanismus abzutun. Dies Wort, das wir täglich in den französischen Zeitungen lesen können, ist im Grunde nichts weiter als ein Protest gegen jede außerfranzösische Aktivität überhaupt. Hierin liegt die Bedeutung des deutsch-französischen Gegensatzes.

EUROPA

Im Augenblick, wo die Völker beginnen, die Notwendigkeit einer Zusammengehörigkeit zu begreifen, fühlt sich Frankreich in seiner Monopolstellung erschüttert. Sinnlos wäre es, ihm diese Monopolidee vorzuwerfen, denn es ist organisch zu ihr gelangt und hat sie jahrhundertelang mit Fug und Würde verwaltet und ihren Glanz über die Welt leuchten lassen. Aber was einst seine große Tugend war, ist heute seine Gefahr: das Bewußtsein der Kontinuität. Die Hegelsche Geschichtsauffassung ist ihm immer barbarisch erschienen; es kann nicht begreifen, daß seine Kontinuität im Begriff ist, durch schöpferische Ereignisse, die auf zerstörende folgen, unterbrochen zu werden. Ebensowenig wie es die Wesensverschiedenheit der menschlichen Typen je verstanden und geduldet hat, kann es heute den Durchbruch einer neuen Kraft in der Menschheitsentwicklung bejahen. Diese Kraft heißt Solidarität, heißt Zusammenarbeit. Frankreich wehrt sich mit allen Mitteln gegen diese neue Kraft, es ist heute das größte Hindernis für deren Entfaltung und es scheint nicht zu ahnen, daß es die Ruhe Europas aufs Spiel setzt, um zu verhindern, daß diese Kraft ihm seine Suprematie raubt und es zur Preisgabe seiner zivilisatorischen Führerrolle zwingt.

Wahrlich, es gilt milde zu denken von den Störungen, die Frankreich aussendet. Denn dies Land steht vor einer schmerzlichen Entscheidung. Es heißt Abschied nehmen von der prunkvollen Ideologie, die seinen Ruhm und seine Größe geschaffen hat, deren tausendfältige Werte über jeden von uns gekommen sind. Nicht daß die Forderung der Zukunft auch nur einen einzigen dieser Werte leugnen oder gar vernichten möchte. O nein, die Welt würde verarmen, wenn sie des Lichtes verlustig ginge, das Frankreich ausstrahlt. Aber es geht um seinen Anspruch, daß dieses Licht die Sonne sei, daß die übrige Menschheit ihm entweder folgen oder in die Irre gehen müsse. Solange Frankreich auf seiner Ideologie besteht, bleibt die Welt in jenem bejammernswerten Zustand der Zerrissenheit, der seit dem Kriege doppelt unerträglich geworden ist. Solange es mit allen feinen und groben Mitteln seines Geistes wie seiner Politik die übrige Welt zwingen will, jede Strömung entweder als französisch aufzufassen oder abzulehnen, solange es jede Lebensregung in der Welt, die nicht mit ihm identisch ist, als Bedrohung der allgemeinen Ordnung proklamiert, solange es alles, was sich an Kraft, Jugend und Wachstum außerhalb seiner Grenzen rührt, als Attentat auf die Menschheit verfemt, solange es jede Gesetzmäßigkeit leugnet, die nicht von ihm bezogen ist, solange es mit einem Worte an seiner Nationalidee von gestern und heute festhält, – ist es ein Hindernis für die Änderung der Welt.

Wir begreifen jetzt, warum Frankreich seinen völligen, ja überwältigenden Sieg im Weltkriege nicht als einen Triumph, sondern als eine tiefe Enttäuschung auffaßte. Es ist in Wahrheit so, daß die Menschheit des Selbstmordes bedurfte, um mit dem Wunsch nach Harmonie wieder zu erwachen. Der Sieg, dessen Notwendigkeit vier unendliche Jahre lang mit allen Argumenten der französischen Zivilisationsidee bewiesen worden war, wurde zur Wurzel einer neuen Weltordnung. Zum letzten Male hatten sich die Völker dem Anspruch Frankreichs, die menschliche Gesittung zu verkörpern, unterworfen. Sie waren ausgezogen, um die Menschheit zu erlösen, und hatten schließlich nichts als Frankreich gerettet. Für eine Sekunde genoß Frankreich die Genugtuung, in seiner Rolle als Pilot des

Menschheitsschiffes anerkannt und gerechtfertigt zu sein. Für eine Sekunde nur, denn kaum war Deutschland zugrunde gerichtet, kaum war die Gefahr endgültig beseitigt, als auch schon aus der Dämmerung aller Werte die tiefe Sehnsucht nach Änderung der Welt sich hob. Denn dieser Sieg war keine Umwandlung, er war eine Bestätigung der alten Ordnung. Ein Teil des Erdballs war in die schwarzen Farben des Untergangs gehüllt, und wie eine Taube stieg die Ahnung auf, daß niemand des anderen künftig entraten könne. Gab es nicht eine Menschheit, auf die Frankreichs Nationalgedanke nicht anwendbar war, und war sie nicht ebenso lebendig, ebenso wachsend und zukünftig?

Da die Wirkungen der allgemeinen Umwälzung sich zunächst in einer völligen Zerrüttung der Weltwirtschaft äußerten, brach das Bedürfnis nach Solidarität zuerst auf wirtschaftlichem Gebiete durch. Natürlich, denn mußten nicht alle Staaten das tiefste Mißtrauen gegen jede nationale, ja politische Idee empfinden? Und doch war die unmittelbare Wirkung des Dranges nach Neuordnung ein beispielloser Nationalismus auf allen Gebieten – unter der Führung Frankreichs. Die Friedensverträge erlangten den Geruch der Heiligkeit. Sie überschütteten die Welt nicht nur mit neuen nationalen Minderheiten, sie schufen auch Tausende von Meilen neuer Grenzen, neue Handelshemmnisse, Dutzende von „nationalen" Wirtschaften, neue Zollmauern, neue Überwachungs- und Absperrungsschikanen. Kurzum, das Zeitalter der Grenzgendarmen und Zöllner schien gekommen zu sein. Und jeder dieser Wächter fühlte sich als einen Wächter der höchsten Güter, der nationalen Ehre, der eigenen Zivilisation. Der Andrang der Nationen, die auf dem Vorposten der Menschheit stehen wollten, war fürchterlich. Die Saat Frankreichs ging auf. Nicht nur die Währungen fielen auseinander, auch die

Europäer lösten sich in Bestandteile auf, die sogleich als heilig angebetet wurden. Nicht genug damit, daß die selbständig gewordenen Nationen im Rausch der wiedergewonnenen Freiheit stolz darauf waren, die kulturellen und wirtschaftlichen Bande, die sie mit den Nachbarn verknüpften, zu durchschneiden, auch die von den Ereignissen unberührten Völker hielten den Augenblick für gekommen, sich mit Nationalismus vollzusaugen und ihre Überlegenheit über den Nachbar zu proklamieren. Selbst im fernen Atlant besann sich ein winziges und armes Fischervölkchen, das die siebzehn nackten Felsklippen der Fär-Inseln bewohnte, auf seine völkische Sonderart und erfüllte sich mit Nationalismus und dem Anspruch auf eine Gesandtschaft in London. So sah und sieht die „Autarkie" aus, die dem Evangelium des Friedensvertrages auf dem Fuß folgte. Die Wirkungen spüren wir nicht als politisches Mißtrauen und eine Fülle neuer Feindschaften, sondern ebenso stark als Warenverteuerung, Zersplitterung und Verschlechterung der Produktion, Arbeitslosigkeit und Verarmung.

Aber noch ehe diese Bewegung ihren Tiefpunkt erreichte, erwuchs ihr der Widerstand im Lebenswillen Europas. Zwar ging schon die Pflugschar über die zerfetzte Erde, aber diese Erde war immer noch ein Schlachtfeld, sie war mit den verstümmelten Gliedern des zerstückten Europa bedeckt. Die Wesen, die auf diesem Gefilde ihre traurige Lese hielten, waren keine Engel, sondern Menschen von heute. In die Furchen warfen sie Utopie und Hoffnung. Die Idee der allgemeinen, jede kulturelle und politische Vorherrschaft eines einzelnen Staates ausschließenden Solidarität war ein Akt der reinen Notwehr. Selten ist ein Zeitalter härter zur Produktivität gezwungen worden als das unsere. Die Erzeugung des neuen Gedankens

„Zusammenarbeit“ erfolgte nicht in der Umarmung mit dem Geiste, sondern im Zusammenprall mit der Zweckmäßigkeit. Man schuf als Perspektive die Weite Europas, aber zunächst nur, um in diese Weite fliehen zu können. Die Völker haben nicht auf den Nationalismus verzichtet, aber sie wollen ihn in eine andere, in die kulturelle Sphäre drängen. Je stärker sie geistig unabhängig werden, um so leidenschaftlicher wird ihr Bedürfnis, sich wirtschaftlich, politisch und sozial auszugleichen, ja anzugleichen. Hier formt sich das Ideal einer Menschheit, deren größter Reichtum die Arbeit ist, einer Generation, die erkannt hat, daß eine demokratische Kultur sich nur in einer Welt entfalten kann, die sich gegen Verarmung und soziale Zerrüttung ebenso zu sichern weiß wie gegen Krieg.

Der Anspruch Frankreichs, an der Spitze der Menschheit zu marschieren, ist heute ebenso unmöglich wie die Hoffnung der Utopisten, eine internationale Kultur schaffen zu können. Die Gefahr beruht nicht in dem Willen der einzelnen Völker, ihre nationale Kultur beizubehalten, sondern in der Forderung einer einzelnen Nation, die kulturelle Vorherrschaft auszuüben. Diese Forderung wurde durch die französische Revolution erschüttert, durch den Weltkrieg endgültig gestürzt. Was uns – und Frankreich – zu tun übrigbleibt, ist die Organisierung der internationalen Vorbedingungen für die einzelnen Leben, also der Politik, der Arbeit und der Wirtschaft.

Die Gefahr solchen Strebens liegt auf der Hand. Gesetzt, diese Organisierung gelänge dem vereinigten Bemühen Europas, wer garantiert uns, daß die Völker sich in diesem Bemühen nicht erschöpfen? Daß sie nicht schließlich ihre Kraft, eine nationale Kultur zu bewahren, verlieren und sich in einen mechanisierten Brei, in pure Arbeitskraft, in eine unterschiedslose Horde von Konsumenten auflösen? Diese Frage ist beängstigend. Wie gern möchte man in dieser Angst die Blicke zu den Glaubensbekenntnissen erheben und von ihnen die zusammenfassende Kraft erhoffen. Aber ach, die Rolle, die die Kirchen während des Krieges gespielt haben, der Mangel an Menschlichkeit, den sie während dieser Qualjahre an den Tag gelegt haben, die Stützung, die sie weniger der nationalen Widerstandskraft – für die Frontsoldaten gab es keinen Trost! – als den führenden Mächten geliehen haben, das alles hat uns gelehrt, mit der Kraft der Glaubensbekenntnisse vorläufig nicht zu rechnen. Freilich, je mehr der Staat die sozialen Aufgaben übernimmt, je deutlicher sich die Unfähigkeit sowohl des Katholizismus als auch des Protestantismus zur Schaffung einer politischen Form erweist – was kein Mangel zu sein braucht –, um so mehr Seelenkräfte werden für die inneren Aufgaben der Religionen frei. Allein es will uns scheinen, als habe die nationale Gemeinschaft als solche nicht die Möglichkeit, sich dieser Kräfte zu bedienen. Denn eines ist sicher: wir leben nicht mehr in einer Epoche, wo gemeinschaftliches Gebet die Menschen zusammenschließt.

Wir sehen die Gefahr, aber wir sehen nicht mit genügender Klarheit die Mittel, die sie beschwören könnten. Deutschland ist ihr mehr als andere große Nationen ausgesetzt. Mit seiner schnellen Auffassung, seiner geradezu fabelhaften Anpassungsfähigkeit, seiner Leidenschaft für Organisation, seiner Lust, über den eigenen Horizont hinauszublicken, und schließlich mit seiner besonderen wirtschaftlichen Struktur, deren wichtigster Rohstoff die menschliche Energie ist, läuft es Gefahr, die internationale Solidarität bis zum Selbstmord durchzuführen. Seine an Zauber grenzende Kraft, alles in ein System umzusetzen, verführt es leicht dazu, aus der Organisation des internationalen Zusammenarbeitens eine Art von Weltanschauung zu machen, die sich unter Umständen an die Stelle eines nationalen Gedankens drängen kann. Diese Gefahr wächst in dem Maße, wie der einzelne nutzlos wird und auf tätige Teilnahme an der Politik verzichtet. Ein solches Beiseitestehen wird nicht durch den Wahn derer entschuldigt, die da glauben, eine internationale Kultur schaffen zu können. Denn es gilt, sich zu organisieren, aber nicht, sich zu mischen. Nicht um Deutschland und Frankreich handelt es sich, sondern um die Menschheit, deren vielfältige Geistformen bewahrt sein wollen. Verständigung ist nicht Auflösung, sondern Auseinandersetzung, ist Klärung, ohne die eine internationale Zusammenarbeit nicht möglich ist.

Frankreich versteht die Zeichen der Zeit nicht. Es fühlt seine zivilisatorische Suprematie schwanken, es sieht, daß die Völker ihm längst entglitten sind, und glaubt, seine nationale Form stehe auf dem Spiele. Es bleibt sich selbst treu in der Überzeugung, daß diese Form für alle gelten müsse. Was seit 1918 geschehen ist, was sich zögernd aber eindeutig als Zukunft losringt, das bedeutet ihm nur das eine: Bedrohung. Armes Frankreich, das sich mit dem Schild der Friedensverträge gegen die Zukunft schützen will! Wir haben seine Zivilisationsauffassung nur dargestellt, um zu erklären, warum es glaubt, diese Zukunft fürchten zu müssen. Ihm ist der Glaube verschlossen, daß die Neuordnung der Welt auf ein horizontal verlaufendes Zusammenwirken aller Völker abzielt. Ein Jahrtausend lang hat es sich von der Speise genährt, die da heißt Vorrang. Den Vorrang hat es erkämpft, vom Himmel heruntergeholt, behauptet und durchdacht. Seine Führer haben es unermüdlich gelehrt, daß dieser Vorrang keine Anmaßung, sondern die logische Frucht der Menschheitsentwicklung sei. Der Sinn seines Lebens war: vorherrschen. Soll dieser Sinn falsch sein? Haben seine „Stimmen“ gelogen? Das kann nicht sein, denkt es, und darum kann es sich die Zukunft, falls diese von seiner Führung nichts mehr wissen will, nur als Unterdrückung seines Lebens vorstellen. Noch immer verläuft vor seinen Augen die Weltordnung in vertikaler Flucht: wenn Frankreich nicht mehr führen soll, wird doch ein anderer führen. Also Unterwerfung? Niemals! Seit Jahren lauschen wir in den Widerstreit der Stimmen, in die raunende Gegenwart eines Volkes, das sich selber befragt. Aber niemals haben wir diese Stimmen sich zum Chor formen hören, der erlöst und erlösend bekennt: niemand soll führen, niemand soll unterworfen sein, es gilt, nebeneinander und miteinander zu wirken!

WACHSET UND MEHRET EUCH

Von außen her flutet die Aufforderung, sich zu ändern, an Frankreich heran. Aber auch von innen! In Deutschland, der Heimat der geräuschvollen Autoritätskonflikte, der gewitterhaften Auseinandersetzungen zwischen Vater und Sohn, überhört man allzuleicht die Generationskrise des Nachbarlandes, dessen konservatives Gefüge lückenlos zu sein scheint und das Drängen des jungen Frankreich auf Umgestaltung der Lebensordnung nicht an die Oberfläche treten läßt. Aber dies Drängen ist da. Seine deutlichste Formulierung ist eine ökonomische und lautet auf Erhöhung des wirtschaftlichen Ertrages. Diesem Ruf hat das offizielle Frankreich vorläufig nur die alten Rezepte entgegenzusetzen, deren nationalstes die Bevölkerungspropaganda ist. Gewiß ist auch die wirtschaftliche Initiative der modernen Generation, die jung ist, ohne sich auf die Jugend zu beschränken, auf Hebung der Bevölkerungszahl gerichtet, denn wie sollte eine Industrialisierung sowohl als Arbeits- wie auch als Verbrauchsproblem sich in einer abnehmenden Bevölkerung entwickeln können! Aber das ist nicht ihr Ausgangspunkt, höchstens eines der vielen erhofften Resultate. Der alte Staat hingegen huldigt dem Kult des Kinderreichtums wie einer Gottheit und ist infolgedessen von allen Ängsten geplagt, die ein Land mit geringem Fortpflanzungswillen den Hausvätern des Staates nur einflößen kann. Der Zustand der Furcht, in dem Frankreich heute lebt, das Gefühl, mit andern Ländern nicht Schritt halten zu können, die Besorgnis, fremder Massenhaftigkeit hilflos preisgegeben zu sein, ist die natürliche Folge des vielberedeten Geburtenrückganges, auf den die schadenfrohen praeceptores Germaniae der Vorkriegszeit so gern mit moralisch gestrecktem Zeigefinger hingewiesen haben. In der Tat, seit dem Beginn des 19. Jahrhunderts, wo Frankreich – abgesehen von Rußland – der volkreichste Staat Europas war, ist es in seiner Bevölkerungsziffer dauernd zurückgegangen und hat, seitdem diese Abwärtsbewegung vor etwa fünfzig Jahren aufhörte, trotz aller amtlichen Bemühungen keine Zunahme mehr zu erreichen vermocht.

Voreilige Patrioten haben bei uns daraus den sie selbst ermunternden Schluß gezogen, daß Frankreich ein kränkliches und degeneriertes Land geworden sei, das sich in Wohlleben und Lastern erschöpft habe und nun am Ende seines natürlichen Wachstums angelangt sei. Schon längst ist dieses Märchen vom Verfall Frankreichs widerlegt worden und widerlegt sich täglich durch den flüchtigsten Blick auf sein Leben. Die französische Rasse ist kerngesund, was schon daraus hervorgeht, daß sie den völligen Mangel an Hygiene, an dem sie wie an einer Tugend festhält, spielend erträgt. Das Volk lebt mäßig, ist nüchtern, nicht im geringsten vergnügungssüchtig und erfreut sich seit Menschengedenken eines durch nichts zu erschütternden Wohlbefindens, das es um so leichter bewahren konnte, als die Industrialisierung auf sein Leben bisher noch keinen wesentlichen Einfluß ausgeübt hat und jeder einzelne sein provinzielles Dasein mit Erfolg gegen großstädtische Tendenzen hat verteidigen können. Obgleich in ganz Frankreich nachts die Schlafzimmerfenster dicht verschlossen bleiben – Heiligkeit des Privatlebens! –, bringt das Land doch immer wieder Höchstleistungen des Sportes hervor, an dem es nur den Drill verabscheut. Trotzdem will die Kurve der Geburten nicht steigen. Sollte auch hier die Nationalidee als Niederschlag zahlreicher, sich kreuzender Gründe zurückbleiben? Das Land hat nie ein Gefühl für den Wert des Massenhaften gehabt. Sein Ideal war immer die gegliederte, die überschaubare Gesellschaft dergestalt, daß es von dem Vorurteil nicht loskommen kann, ein Land mit hemmungsloser Fruchtbarkeit – als solches hat vor allem Deutschland lange gegolten – sei kein richtiges Volk, sondern nur eine Horde. Die Fruchtbarkeit ist eine Funktion der Natur, deren blindes Walten auch in der Zeugung hervorbricht, wenn der gesittete Mensch nicht seine Vernunft einsetzt. Die Entstehung eines menschlichen Lebens dem Schicksal überlassen heißt ohne Freiheit sein: diese Anschauung muß der Franzose aus der Norm ablesen, nach der er lebt und auf die er stolz ist.

Und gab sein zivilisatorisches Selbstbewußtsein ihm nicht auch die Rechtfertigung der wirtschaftlichen Mentalität, die er an das Fortpflanzungsproblem herantrug? Gewiß, es erscheint zunächst paradox, daß er, der fanatische Pfleger des häuslichen Lebens, seine Familie so klein wie möglich hält. Aber hat der Mensch nicht zuerst die Pflicht, seinen Nachkommen einen gesicherten Lebensrahmen zu schaffen, muß das Leben nicht durchdacht werden, ehe man es hervorruft? Niemals könnte es ihm in den Sinn kommen, dem Schicksal diese Sorge zu überlassen und den daseinskämpferischen Kräften in seinem Sprößling zu vertrauen. Ein Kind, so scheint es ihm, ist kein Abenteuer, sondern eine Verpflichtung, die mit einer guten Erziehung nicht erschöpft ist. Da er nicht imstande ist, sich selbst ein anderes Dasein als das der verdienten Muße zu erträumen, will er auch seinen Nachkommen das Risiko der eigenen Lebensgestaltung nicht zumuten. Vielleicht versagt vor der Zukunft seine Phantasie. Nur sich und Frankreich kennt er und kann er als Muster benutzen, und auf beide kann er sich verlassen. Was würde geschehen, wenn seine Familie sich jährlich um einen Erben vermehrte! Einmal würde die Intimität und Behaglichkeit des häuslichen Kreises darunter leiden, die Mutter, die auch Frau ist, würde an ihrer Gesundheit und Jugend Schaden nehmen, und vor allem würde das mühsam gesparte kleine Vermögen sich in Nichts zersplittern, es würde in Aufwendungen für Haushalt und Erziehung zerfließen, um dann schließlich durch Erbteilung völlig verlorenzugehen. Das Sparen ist ein organischer Trieb der Franzosen, die Erhaltung und Sicherung des Kapitals liegt ihm ebenso im Blute wie das Gefühl von der Dauer seiner Nation. „Das Ersparte sollte heilig sein wie ein Kind, denn es ist gebrechlich wie ein Neugeborenes und trägt die gleiche Zukunftshoffnung in sich", schreibt der alles andere als kleinbürgerliche Bainville.

Die Regierungen, wie sie auch parteilich bestimmt sein mögen, tun alles, um dieser Gesinnung entgegenzuwirken, und haben für ihr Predigen immer eine starke öffentliche Meinung zur Verfügung. Denn sonderbarerweise ist das ganze Land sich darüber einig, daß die Regierung recht hat. Hunderte von Gesetzen sind im Laufe der Zeit geschaffen worden, um die kinderreichen Familien zu fördern, ihre staatlichen Pflichten zu erleichtern und einen gewissen Ausgleich für die aus der erhöhten Kinderzahl entstehenden wirtschaftlichen Lasten zu schaffen. Ja man kann sagen, daß der Staat sich um die Glorifizierung des Gebärens mit immer neuen Mitteln bemüht, daß er die völlige erotische Freiheit, die in Frankreich als eine der feinsten Blüten der Menschlichkeit herrscht, gegen Muckertum und Schnüffelei verteidigt und dem unehelichen Kinde samt der Mutter eine hervorragende, ja geradezu bevorzugte bürgerliche Rechtsstellung einräumt. Diese der Nation eingeborene Liberalität hindert die Behörden allerdings, den Klerus mit Erfolg für den Kampf gegen Geburtenunterdrückung einzuspannen. Wahrscheinlich würde es auch nicht viel nützen.

Zwar hat die fromme Bretagne eine aktive Fortpflanzungsbilanz, aber der Bretone gehört einer eigenen Rasse an und teilt die französische Gesinnung nur stückweise, und andererseits vermehrt die Bevölkerung sich im industriellen Nordosten, wo der Klerus nicht den mindesten Einfluß hat und die Bewohner durchweg ungläubig sind.

Das Bewußtsein des Staates, gegenüber diesen Erscheinungen ohnmächtig zu sein, hat im Laufe der Jahrzehnte einen amtlichen biologischen Angstzustand geschaffen und dadurch das Märchen von Frankreichs schwindender Kraft genährt. Diese Angst wurde durch die unermüdlich angestellten Vergleiche mit Deutschland gefördert, obgleich die deutsche Geburtenrate seit dem Kriege dauernd sinkt und die französische fast schon berührt. Die berühmte Antithese von dem alten, edlen und ausruhenden Frankreich und dem blind wachsenden, jugendlich barbarischen Deutschland entstand. Wie riesige Freskogemälde erhoben sich die Visionen von der blonden, durch keine Vernunft und Sitte in ihrem Vermehrungstrieb gebändigten Horde, die keine jahrtausendalten Güter aufs Spiel zu setzen hat und nun krabbelnd, wimmelnd, flutend gegen die Insel der Menschheitsgesittung, gegen Frankreich anschäumt. Ganz bewußt wurde jene römische Stimmung geschaffen, die den Senatoren ihre todbereite Würde gab, als die tosenden Barbaren eindrangen. Tatsächlich hat diese Antithese ja auch einen sinnvollen Kern, wenn man ihr die Wertbezogenheit nimmt. Frankreich muß sich alt erscheinen, wenn es seine Zivilisationsidee ernst nimmt. Es muß jedes Wachstum als einen Gegensatz zu seiner Kontinuität empfinden und den Versuch unternehmen, diese jugendlichen Impulse, die es in anderen Ländern spürt, als barbarisch zu entwerten. Die Bevölkerungspropaganda benutzt diesen Geisteszustand, indem sie die öffentliche Meinung dazu verführt, das zivilisatorische Problem für ein biologisches zu halten. Diese Vermischung vollzieht sich am typischsten in jener Politik, die für die Aufrüstung und die Beibehaltung der Armee im alten, ungeheuren Umfange eintritt, was ja bekanntlich nicht ohne Beschwörung der angeblichen deutschen Gefahr möglich ist. Frankreichs Ruf nach Sicherheit ist auch hier nur eine natürliche Folge seiner nationalen Selbstauffassung.

Verwandelt die Form eures Besitzes und ihr braucht nicht mehr seine Zersplitterung durch zu viel Nachkommen zu fürchten; erhöht den Ertrag eurer Arbeit und ihr könnt euch die Vermehrung der Rasse leisten: so ruft das junge oder vielmehr das wirtschaftlich denkende Frankreich den Bürgern und Arbeitern zu, – ohne daß diese ihm sonderlich Gehör schenkten. Und wo man auf den Ruf dieser kleinen, aber ideologisch gut ausgerüsteten Gruppe europäisierter Franzosen hört, da bricht sich nicht neue Erkenntnis, sondern Unruhe Bahn. Frankreich empfängt als Gesamtheit die neue Botschaft von der Notwendigkeit schöpferischer Initiative im Bereich der Wirtschaft mit Mißtrauen, ja mit Verdruß. Es wittert Veränderung, will sagen Störung seines Lebensideals, ihm schwant, daß diese neue Energie seinem Eudämonismus zu Leibe gehen und es in den Weltstrom des wirtschaftlichen Zusammenwirkens einspannen will. Das Land wird sich sehr langsam, sehr widerwillig bewußt, daß die Industrialisierung, zu der es schrittweise gedrängt wird, in seinen bisher so unvergleichlich stabilen Entwicklungsprozeß eingreifen, ja es zur Europäisierung zwingen wird. Seine kleinbürgerliche Struktur, die so viel Harmonie und Gesittung, aber auch nicht weniger Erstarrungsgefahr und sterile Selbstzufriedenheit in sich schließt, empfängt die ersten Stöße; sein Rentenkapitalismus, der ihm freie Entfaltung und Bewahrung seiner Persönlichkeit sichert, es vor der Proletarisierung und der Standardisierung seines Daseins schützt, es gleichzeitig aber rückständig macht, zeigt die ersten feinen Risse im Fundament. Wird man sich verwandeln müssen? Wird man so viel aufhören müssen Franzose von gestern zu sein, als nötig ist, um einen guten Europäer von morgen abzugeben? Die

Antworten auf diese Schicksalsfragen kann nur die wirtschaftliche Entwicklung Frankreichs geben.

Diese Entwicklung geht von wesentlich anderen Voraussetzungen aus als die in Deutschland. Dieses hat außer Kohle und Kali keine Reichtumsquellen, es sei denn seine nationale Energie und die unermüdliche Arbeitskraft seiner Bevölkerung. Seine Gefahr ist die Verarmung der Massen. Frankreich dagegen ist – und das muß der Ausgangspunkt aller Betrachtungen bleiben – ein reiches Land mit einem bisher unerschütterten landwirtschaftlichen Unterbau und einer beispiellosen Kapitalthesaurierung. Für uns ist die Industrialisierung heute mehr denn je ein unentrinnbarer Zwang, die kollektive Form des Kampfes ums Dasein, der kein Nachlassen duldende Widerstand gegen Verelendung und sozialen Zerfall, für uns ist sie eine Not und dies um so mehr, als wir Reparationslasten zu tragen haben. Für Frankreich hingegen ist der Zwang zur Industrialisierung bei weitem nicht so einleuchtend, er erweist sich in seinem augenblicklichen Zustande der Wünsche, Tendenzen und Vorbereitungen als ein Hebel zur Umschichtung des Reichtums, aber auch zu seiner Erhöhung, als eine Möglichkeit zur Vergrößerung der Macht, also als ein Produkt der Fülle und nicht wie bei uns als ein nackter Zwang. Es ist bezeichnend, daß neben der Weiterführung der im Kriege zur Wahrung der Unabhängigkeit und unter dem Druck der Abschließung entstandenen oder vergrößerten Industrien hauptsächlich der Zuwachs an neuen Gebieten, also Lothringens mit seinem Eisenerz und des Elsaß mit seinem Kali und seinen Textilbetrieben, den Impuls zur wirtschaftlichen Aktivierung gegeben hat, der sich dank der Erneuerung der zerstörten Nordbetriebe und der zur Ausnutzung zwingenden Inflationskonjunktur dann erheblich verstärkte. Die Regierung wurde sich dieser neuen Produktionsquelle überhaupt erst richtig bewußt, als es galt, die Staatsfinanzen in Ordnung zu bringen und die Zahlungsbilanz zu bessern. Seit einigen Jahren nun macht Frankreich tatsächlich Miene, ein Exportland zu werden und neben England und Deutschland als europäische Industriemacht aufzutreten. Die Kali- und Kohlenförderung ist in fühlbarem Steigen begriffen, der Petroleumverbrauch nimmt zu, die Ausfuhr von Seidenstoffen und Kraft wagen wird von Jahr zu Jahr bedeutender, und die Erzeugung von chemischen und mechanischen Artikeln hat sich in Fortsetzung der Kriegsaktivität soweit gehoben, daß mindestens die ersteren der Deckung des inneren Bedarfs nahekommen.

Diesem Anziehen des Produktionsmotors folgt der Drang nach Expansion auf dem Fuße, denn es gilt, nicht nur einen gesicherten Anteil an billigen Rohstoffen zu erlangen, sondern auch in die ausländischen Absatzmärkte einzudringen. Dazu reichen die Kolonien und Schutzgebiete keineswegs aus, selbst wenn sie stärker als bisher ausgebeutet werden. Die Wirtschaft muß sich also auf das einlassen, was das Volk seit Jahrhunderten „Abenteuer“ zu nennen liebt, besonders wenn die Mitwirkung der Politik gefordert wird. Aber selbst wenn die Entwicklung, die sich ja auch in Frankreich seit dem Kriege erheblich verflüssigt hat, die öffentliche Meinung zur Sympathie, ja zur Förderung mitrisse, so blieben doch noch die besondere Art des französischen Kapitalismus und die Grenzen des inneren Verbrauchs eine große und um so tiefer sitzende Schwierigkeit, als sie im nationalen Charakter wurzelt. Wird das Publikum an seiner Vorliebe für Staatspapiere und risikofreie Obligationen, die seinem Sicherheitsbedürfnis entspricht, festhalten oder wird es den Riesenschritt zum Aktienerwerb tun? Wird die Bevölkerung geneigt und imstande sein, sich einer Lohnmoral zuzuwenden und die Steigerung ihrer Bedürfnisse mitzumachen, um gewissen Industrien jenen elastischen und ausdehnungsfähigen inneren Markt zu sichern, ohne den sie nicht wachsen können? Beide Fragen rühren an die Ideologie Frankreichs, deren wirtschaftliche Vorbedingungen gesicherter Besitz und Unabhängigkeit sind. Wird der französische Kapitalmarkt, wenn sein Apparat wieder normal arbeitet, zu seiner alten, machtspendenden Politik der großen internationalen Ausleihungen zurückkehren oder wird er den gestauten Strom ins eigene Wirtschaftsleben lenken? Jede dieser Fragen rührt an die Grundfesten der französischen Denk- und Lebensreformen. Man darf sagen, daß die Industrialisierung Frankreichs, die zweifellos ein Mittel zu seiner Europäisierung wäre, nur unter gleichzeitiger Änderung des nationalen Lebensideals, ja der nationalen Idee möglich ist.

Die wirtschaftliche Führerschicht, die zwar zum geringeren Teil aus jungen Leuten besteht, aber trotzdem den Generationskampf gegen die Tradition zu führen unternommen hat, baut auf den unbestreitbaren Symptomen einer ökonomischen Umschichtung auf, um die von ihr geahnte und gewünschte Entwicklung zu beschleunigen. Ob sie nun den „Realismus" dem sogenannten liberalen Götzentum entgegensetzt oder ob sie die nationale Energie, den élan de la production für sich als Parole in Anspruch nimmt – „par toute la France, c'est aujourd'hui une véritable ruée vers la création, une production continue" sagt, die Zukunft vorwegnehmend, einer ihrer clercs –, sie ist in ihrer ganzen blendenden Argumentationskraft auf Erziehung gerichtet, ja es ist nicht allzu kühn, zu behaupten, daß diese Strömung, deren beste Kraft der Meister der französischen Kohle, de Peyerimhoff, ist, einen revolutionären Charakter hat, was bei einer großkapitalistischen und politisch eher rechtsgerichteten als indifferenten Schicht, die so seltsam gemischt ist, daß sie sowohl von Caillaux als auch von Marschall Lyautey Ideen empfangen hat, zunächst überraschen mag. Aber es ist ja unbestreitbar, daß ihr Programm auf eine völlige Umwälzung Frankreichs abzielt und, was noch mehr ist, schließlich auf den Eintritt Frankreichs in die Weltsolidarität hinauslaufen muß. Ob diese Nötigung zum internationalen Denken im bewußten Plan der „créateurs" liegt oder nur als Folge hingenommen wird, ist noch nicht klar ausgedrückt worden.

FORTSCHRITT

Einer der beunruhigendsten Widersprüche des bürgerlichen Zeitalters liegt in der Tatsache, daß das rationalistische Frankreich, dem das zivilisatorische Gesetz vom Befreiungsprozeß des Menschen im Blute steckt, heute den Fortschritt zu fürchten beginnt, während das romantische Deutschland mit seinem Schicksalsglauben den Fortschritt im weitesten Sinne zu seiner Religion macht. Frankreich, das vom Funken des Prometheus bis zur Dampfturbine den geraden Weg des sich gegen die rohe Natur behauptenden gesitteten Menschen sieht, steht heute in der fließenden und sich rastlos organisierenden Welt als ein inselhaftes Gebilde da, das sich an sein kleinbürgerliches, von der Tradition bestimmtes Privatideal anklammert. Deutschland, das ganze Strecken der Menschheitsbahn unbelichtet sieht und von den ruckweisen Bewußtwerdungen des Geistes in der Geschichte auf die Unberechenbarkeit des Schicksals zu schließen gelernt hat, das sich nie ganz vom unbestellten Mutterboden der Natur gelöst hat, nimmt heute sein Schicksal in die Hand, ordnet sich bewußt in den großen Kreislauf des wirtschaftlichen Geschehens ein und erhofft seine Freiheit, sein Glück von der Vervollkommnung des Apparates, der Verdichtung seiner Arbeit, von der Kollektivität, dem Fortschritt.

Nicht etwa als ob Frankreichs zivilisatorischer Sinn die Gewinne der Technik ausschlösse. Zuviel Erfindungen werden in seinen Werkstätten und Laboratorien gemacht, zuviel glänzende Konstrukteure und Wissenschaftler zieren das Bild seiner Gesellschaft, um eine solche naheliegende theoretische Vereinfachung zu rechtfertigen. Aber – und darin liegt vielleicht von einer solchen Warte aus gesehen ein Segen – es kann in dieser technischen Seite des Fortschritts keine Bereicherung seines persönlichen Daseins, keinen Zuwachs an Glück sehen. Sein Entwicklungsglaube ist jahrhundertelang zu menschlich geprägt gewesen, um nicht von der Maschine eine Beeinträchtigung seiner Individualität zu befürchten, ebenso wie es von der Industrialisierung eine Schädigung seines „Privatlebens“ erwartet. Seine Rückständigkeit auf allen Gebieten des Komforts, der Hygiene, der praktischen Einrichtungen ist ja sprichwörtlich, aber sie ist zu bewußt, um dem Außenstehenden überhebliche Vergleiche mit den gut funktionierenden Zuständen seines eigenen Landes zu erlauben. Daß es in allen jenen kleinen und großen Tricks, die zur Zeitersparnis und zur Bequemlichkeit dienen, so vollständig und grandios versagt, muß den Fortschrittsfanatiker nachdenklich stimmen und ihn zu der Ahnung nötigen, daß Frankreich dem reibungslosen Spiel der technischen Vervollkommnungen nicht jenen zentralen Wert beilegt wie andere, meist jüngere Länder. Wer die Technik nachlässig, herrisch und von oben herab behandelt, will damit vielleicht ausdrücken, daß er entschlossen ist, der Herr zu bleiben, und keine Lust hat, sein rückständiges Menschenglück für einen tadellosen Klappenschrank zu verkaufen. Man koste doch einmal die faszinierende Tatsache aus, daß eines der größten Kulturvölker der Erde, dessen Leistungen auf allen Gebieten – auch auf den technischen – durchaus ersten Ranges sind, in seiner Gesamtheit der technischen Vervollkommnung seines äußeren Daseins einen bewußten Widerstand entgegensetzt, daß es lieber unordentlich und unpraktisch als mechanisch leben will! Welch ein Lebenswille, welch ein Widerstand!

Ja, ein Widerstand, mit dem Europa ebensosehr rechnen muß wie die französischen Realisten, die diesem Ruf nach Leben schlechthin ihren Ruf nach Schaffen entgegenschleudern und sogar – wie Lucien Romier – den Mut haben, die Erweiterung des nationalen Zivilisationsgedankens zu einem europäischen zu fordern. Aber genügt eine bloße Erweiterung? Bedarf es nicht vielmehr einer durchgreifenden Veränderung, ja einer Revolution? Im Grunde hat Frankreich ja nie eine Revolution im wörtlichen Sinne gehabt. Es hat mehr oder weniger gewaltsame Veränderungen in seiner Einrichtung vorgenommen, aber es hat sein inneres Gesetz nicht vertauscht. Im Gegenteil, die sogenannte große Revolution war die leidenschaftlichste Konsolidierung seines nationalen Gedankens, ja seine Wiedergeburt, die, wenn Napoleon nicht wie ein Meteorstein aus dem Universum in die Geschichte dieses Landes gestürzt wäre, einer Verewigung gleichgekommen wäre. Eine Umwälzung war sie nur für Europa, ja für die Menschheit. Aber wenn die „créateurs" recht behalten wollen, bleibt Frankreich nichts anderes übrig, als endlich einmal eine Revolution für sich und nur für sich zu machen. Wir sehen dies Land von mächtigen Kräften berührt, wir sehen es im Innern bewegt von der Tendenz zur Industrialisierung, die auf eine Europäisierung hinausläuft, – und von außen rührt mit schweren Stößen der Wille Europas zur Solidarität, zur wirtschaftlichen, politischen und sozialen Zusammenarbeit an seine Grenze. Es steht unter einem ungeheuren Druck, gegen den es alle seine Widerstandskräfte mobilisiert.

Wieder einmal fühlt sich Frankreich als Vorposten der Menschheit. Auch Don Quichotte, der im Besitze einer eigenen, übrigens wundervollen Wirklichkeit war, empfing seine Bestallung aus der Hand einer uns unbekannten Macht und wappnete sich für seinen heroischen Zug mit dem Gefühl, der letzte und einzige Verteidiger einer Welt zu sein, deren Herrlichkeiten nicht verlorengehen durften.

Obgleich nicht leicht zu ersehen ist, wer in diesem Vergleich als friedliche Schafherde auftreten könnte – für die Windmühlen ließen sich in der internationalen Welt schon eher Gegenstücke finden –, so sind die verhängnisvollen Verwechslungen doch leicht zu gewahren. Wenn Frankreich sich von der modernen Welt bedroht fühlt, so fragt es nicht lange, wer zu dieser Welt gehört, sondern verläßt sich auf seine Vorurteile, die ihm in allen großen Konflikten so treulich zur Seite gestanden haben. Es mischt, manchmal mit Recht, manchmal mit Unrecht, jedoch immer ohne sicheres Gefühl für die Unterschiede, Amerika und Europa zusammen und glaubt, daß unser alter Erdteil samt dem schönen Frankreich in eine Art von amerikanischer Kolonie oder, was noch schlimmer ist, in eine Nachahmung Amerikas verwandelt werden solle. Hüben wie drüben gewahrt es den gleichen Drang zur Rationalisierung, zur Vereinfachung nicht nur der Herstellung und Waren, sondern auch des Alltags, ohne sich an dem fundamentalen Unterschied zwischen amerikanischer Weite und Prosperität und europäischer Enge und Kärglichkeit zu trösten. Anstatt aus dem gemeinsamen europäischen Schicksal gerade der amerikanischen Welt gegenüber – die uns durch ihre Gläubigerforderungen und ihre rücksichtslose Zollpolitik zum gemeinsamen Kampf gegen alle Zollschranken geradezu zwingt – Lust zur Solidarität zu schöpfen, tut es das ganze Zukunftsstreben der kriegsmüden, der traditionsmüden Welt als blinde Entgleisung und kopflose Unterwerfung unter den zermalmenden Gang der Maschine ab und glaubt ein gutes Werk zu tun oder seine Vorpostenpflicht zu erfüllen, wenn es sich der Entwicklung in den Weg wirft. Die verhängnisvolle Doppelseitigkeit seiner Haltung liegt eben darin, daß in den zahllosen Formen und Formulierungen, in die sein Widerstand gekleidet ist, weniger die Abwehr des gefürchteten Materialismus zutage tritt als die Furcht vor der elementaren Kraft, vor der Jugendlichkeit dieser Zukunftstendenzen und der Unbedingtheit, mit der sie von der Vergangenheit um jeden Preis loskommen wollen.

DIE INNERE POLITIK

Das stärkste Bollwerk der französischen Tradition ist die Politik. Die Wirtschaftsenthusiasten stellen mit einer Naivität, vor deren Folgen man sie gerne warnen möchte, dem Politiker den Fachmann gegenüber, ohne sich klar zu machen, wie unfranzösisch und wie aussichtslos infolgedessen es ist, dieser unauflösbaren Einheit, die Frankreich nun einmal ist, den Spezialisten als Herrscher auferlegen zu wollen. Daß Frankreich nicht an den Fachmann, sondern nur an den Menschen schlechthin glaubt, hat zwar die Gebrechlichkeit aller seiner praktischen Einrichtungen, aber auch das Leibhafte seiner Zivilisation zur Folge. Wenn Romier sie die „civilisation libérale" nennt und zwar mit einer absprechenden Betonung, weil sie vor lauter Individualismus das Massenphänomen übersehe, so vertauscht er Ursache und Wirkung. Denn die Masse kann auf Frankreichs Form aus dem einfachen Grunde nicht bestimmend wirken, weil es noch keine Masse gibt und zwar weder im guten Sinne einer organisierten Arbeit und eines organisierten Verbrauchs noch im schlechten Sinne eines wurzellosen Proletariats. Der Begriff der Masse kann nicht am Anfang einer Argumentation für die Modernisierung Frankreichs stehen, sondern nur am Ende als Schlußfolgerung. Die „civilisation libérale" kann freilich mit dem Fachmann an Stelle des politischen Führers nichts anfangen. „La politique est un ordre autonome," – wenn heute in einigen intellektuellen Zirkeln Frankreichs die mit Snobismus gemischte Lust sich regt, das Parlament als eine Horde von Opportunisten abzutun, die den Zusammenhang mit der Bevölkerung verloren habe, so ist das nur eine Entartung der Erkenntnis, daß dieser Zusammenhang der inneren Politik ihre unzerstörbare Bedeutung gibt. In der Tat, das

Parlament ist die Provinz, und die Provinz ist die politische Macht.

Paris hat heute nur noch jenes Dreiundachtzigstel an politischem Einfluß, das die Girondisten ihm zugedacht hatten. Paris ist der Ort der glanzvollen Formulierung, der intellektuellen Zubereitung, der augenfälligen Außenseiter, die allzuleicht mit Führern verwechselt werden, Paris ist die Verwaltung, die Exekutive, – aber die Provinz mit ihrer gewaltigen, im Auslande unbekannten Presse, mit ihren örtlichen Komitees und ihren dem täglichen Leben dienenden Intellektuellen, vor allem den Lehrern, die um so unscheinbarer wirken, je sicherer sie mit dem Volke verwachsen sind – die Provinz ist das Land. Nicht als ob der einzelne Franzose politisch übermäßig aktiv wäre, aber die Macht der lokalen Ausschüsse reicht ohne Umwege und Abschwächungen ins Parlament. Frankreich wird immer seine Jakobiner haben, im Grunde wird es auch heute noch von den Klubs regiert. So täuschend ist die Oberfläche des politischen Lebens in Frankreich: die Provinz, die niemand kennt, deren Alltagsschlaf von niemandem durchschaut wird, hat die ganze Macht, – Paris, das mindestens den Mittelpunkt der Menschheit, aber doch auch den Frankreichs bildet, zählt gerade so weit mit, als er zum Departement Seine gehört. Die Provinz hat keinen Herrn außer sich selbst, ihre Abgeordneten sind nur ihre Delegierten, die es als Diener der Bevölkerung wahrlich nicht leicht haben und nur deshalb so viel Leichtigkeit ausströmen, weil sie von jener mächtigen, amorphen Welle getragen werden, die vom unbekannten Franzosen in seiner Eigenschaft als Wähler und Demokrat ausgeht.

Niemand wird bestreiten, daß Kammer und Senat schwerfällig arbeiten, daß ihre geringe Sachkenntnis auf allgemeinwirtschaftlichem Gebiet die großen Körperschaften der Industrie, des Handels und der Finanz mitunter zur Verzweiflung treiben kann, ja daß ihnen die Bedeutung, die ein organisiertes Wirtschaftsleben eines Tages für Frankreich haben kann, noch nicht völlig aufgegangen ist. Man muß den paradoxen Zustand feststellen, daß die Abgeordneten, die sich in der Vertretung kleinster Wählerinteressen bisweilen erschöpfen, auf die Verteidigung großer Interessengruppen überhaupt nicht eingerichtet sind. Sie bleiben immer Vertreter eines Kreises und sind nur selten auch gleichzeitig Sprecher für einen bestimmten Erwerbszweig. Auf diesen Widerspruch deuten die „syndicalistes" hin, die an ihm das Versagen der Volksvertretung messen und sie durch Berufsparlamente oder Ständekammern ergänzen wollen. Aber alle diese Strömungen verkennen die Widerstandsfähigkeit der Tatsache, daß der Franzose sich zuerst als Bürger und zuletzt als Ausüber eines Berufes fühlt. In diesem Sinne läßt er sich politisch repräsentieren, – er geht der Fahne einer Idee, nicht einem Interesse nach. Der Satz Thibaudets ist sehr wahr: „Rien à faire pour un parti qui met sur son drapeau: Intérêts." Interessengemeinschaften sind in der Kammer so wenig zusammengeschlossen, daß bei der Behandlung von landwirtschaftlichen Fragen aus allen Parteien die gleichen Reden gehalten werden.

Wenn man überhaupt von Interessen sprechen will – und das ist nötig, um den Irrtum auszuschließen, daß das politische Frankreich aus lauter Idealismus bestehe –, so muß man drei Kategorien zusammenfassen, die an keine einzelne Partei gebunden sind, sondern sich vom rechten bis zum linken Flügel der Kammer erstrecken: den Steuerzahler, den Rentner, den Bauer. Diese drei Schichten bilden die Dominante jeder Parteimusik, in welcher Tonart sie auch erklingen mag. Die Interessen dieser drei

Schichten sind so wenig an eine Parteidoktrin gebunden und so allgemein für die ganze Bevölkerung gültig, daß man leicht dazu gelangt, den Klassencharakter der Sozialistenbewegung zu übersehen. Die mächtige sozialistische Gruppe, mächtig durch ihre Zahl, mächtig durch ihren Führer, den einzigartigen Léon Blum, ist, zumal sie sich ja nicht ausschließlich auf die Industriearbeiter stützt, in diesem Sinne nur der linke Flügel der bürgerlichen Radikalen, der schwächer an Rentnern, aber stark an Bauern und stärker an Steuerzahlern ist. Er weist mehr eine Verschiebung der Akzente als einen Unterschied der Art auf und kommt infolgedessen für die Anhänger des industriellen Elan nicht stärker in Frage als die sonstigen politischen Zusammenschlüsse. Der Sozialismus ist für die Modernisierung des Landes weder ein größeres Hindernis noch eine bessere Triebkraft als die übrigen Parteien.

Die große, wahrhaft französische Partei sind die Radikalsozialisten, denen es gelungen ist, aus der Provinz so etwas wie einen Mythos zu machen. Sie sind eine Partei der geistigen Anonymität, denn während der politisch machtlose Royalismus, der parlamentarisch überhaupt nicht existiert, über ein Dutzend der glanzvollsten Federn und Ideologen verfügt, während die Rechte den größten Teil der anerkannten Literatur hinter sich fühlt und die Academie Française zum Hintergrund hat, haben die Radikalsozialisten kaum einen literarischen Ausdeuter ihrer Doktrin, wenn man von Alain absieht. Denn Herriot ist zu sehr Allah, um gleichzeitig auch sein Prophet zu sein, er ist Mitschöpfer der Lehre und kann sie infolgedessen nicht auslegen, so tief seine schriftstellerische Leidenschaft auch sein mag. Der Verfasser des Buches über Madame Récamier würde auch dann Bücher schreiben, wenn es keinen Radikalsozialismus gäbe, und diese Bücher würden genau so aussehen wie heute, während Maurras und der integrale Nationalismus untrennbar sind. Je volkstümlicher eine politische Doktrin ist, um so weniger bedarf sie einer literarischen Interpretation. Sie versteht sich so sehr von selbst, daß niemand über sie nachdenkt.

Der Radikalsozialismus wird noch auf Menschenalter hinaus die politische Fühlform der französischen Provinz bleiben, mag seine in Wählerstimmen ausgedrückte Stärke auch schwanken, denn er umschließt am vollständigsten das, was der mittlere Franzose von einer Politik verlangt: eine Idee, die der Interessenvertretung nicht im Wege steht, eine Interessenvertretung, die der Idee nicht hinderlich ist. Daß letztere sich von der Revolution, den Menschenrechten und dem Laizismus nährt, gibt ihr jenen umfassenden Charakter, der zunächst zu einer Haltung und dann erst zu einer Handlung verpflichtet. Die radikalsozialen Führer sind die geborenen Bürgermeister von Lyon und sind auch für das Innenministerium wie geschaffen, das der moderne Tardieu ihnen seit Menschenaltern zum ersten Male entrissen hat. Aber sie sind gleichzeitig auch berufen, von Zeit zu Zeit niederschmetternd zu unterliegen, um auf diese Weise den Kampf um die Idee wachzuhalten. Sie sind wie Pelikane: mit dem Blut, das aus ihren politischen Wunden strömt, führen sie den lokalen Ausschüssen neues Leben zu und verschaffen der Provinz jenen neuen Auftrieb, dessen diese so dringend bedarf, wenn alle ihre Wünsche irdischer Art befriedigt worden sind. Da sie die Parlamentsmaschine bis ins Innere des Getriebes kennen, sind sie jederzeit imstande, ihren Ideen jene Sichtbarkeit zu geben, die nicht nur bis in die entferntesten Winkel der Provinz, sondern auch bis in die Marseiller, Lyoner, Pariser Büros der Wirtschaftler reicht, von denen sie zwar respektiert, aber auch als das größte aller Hindernisse gegen die Verjüngung Frankreichs durch Industrie begriffen werden. Im Radikalsozialismus steckt keine Spur von jenem bornierten Chauvinismus, der die Rechte auszeichnet, sobald sie die Fühlung mit der Literatur – oder mit der Wirtschaft! – verliert, und doch drückt er die französische Zivilisationsidee mit all ihrem Beharrungsvermögen vielleicht am stärksten aus, obwohl sein Programm fortschrittlich und sein Pathos liberal ist. Daran kann auch seine unbestreitbare Aufgeklärtheit in außenpolitischen Fragen nichts ändern, die zwar wesentlich zur Besserung der internationalen Umgangsformen Frankreichs beigetragen, die Liquidierung des Krieges aber nicht über jenen Rhythmus hinausgetrieben hat, den die vorwärtsstoßende europäische Entwicklung ihm aufzwang. Die Versöhnung mit Deutschland – um nur eines von vielen Momenten zu nennen – wird von der Linken mit der größten Aufrichtigkeit, ja mit einem schönen persönlichen Mut betrieben. Aber mit der Verständigung geht es der Linken ähnlich, wie es den Revisionisten mit Dreyfus erging: sie hätten sich schön gewundert, wenn Dreyfus plötzlich den Mund aufgetan und mitgesprochen hätte.

CONSERVER!

Nicht umsonst hat Raymond Poincaré diese Partei immer umworben. Denn sie entspricht sowohl seinem unerschütterlichen Republikanertum als auch seinem Sinn für Konsolidierung. Er wollte Frankreich in seinem gestrigen und heutigen Zustande bestätigen und gleichzeitig an der Triebkraft der Ideen teilnehmen. Diese Verbindung gelang ihm im berühmten Kabinett der Nationalen Einigkeit so gut, daß die Radikalsozialisten schließlich um ihr Monopol für die Idee zu bangen anfingen und ihn allein ließen, – aber erst nachdem er seine große Leistung, die Stabilisierung der Währung, vollbracht hatte. Poincaré ist ein großer Franzose, ja er ist der größte oder sagen wir lieber der bedeutsamste Politiker dieses Landes – er, nicht Aristide Briand! Denn er hat Frankreich noch einmal zusammengefaßt, er hat es wieder zu jener Einheit gefügt, die seine Kraft ist, aber auch seine zukünftige Schwierigkeit. Er hat Frankreich noch einmal zu Frankreich gemacht – bevor Europa seine Frage nach Solidarität stellt.

Warum ist er so volkstümlich? Warum ist er für das Land, soweit es aus Geführten besteht, ein Hort der Ordnung, des ruhigen Wohlstandes, kurz, des bürgerlichen Glückes? Weil seine Stellung ihre Wurzeln in der kräftigsten Institution des Landes hat, in der Familie. Weil die Hausväter, die mit Eifer ihr Geld vermehren, ihr Haus schuldenfrei machen, ihre Söhne etwas Ordentliches lernen lassen und in strenger Liebe den ganzen Tag vom Keller bis zum Dach durchs Anwesen rumoren, nach seiner Fasson regieren und weil er seine Moral aus ihrem Bereich schöpft. Denn er hat nicht die mindeste Phantasie, was seinen Landsleuten eine große Beruhigung ist. Der weißbärtige Franzose ist der Abgott der französischen

Familie, besonders wenn der Vater Staatsrenten besitzt. Aber nicht alle Götter werden geliebt, mancher muß sich mit angstvoller Verehrung begnügen. Poincarés Stellung in Frankreich ist einzigartig, er selbst hat auf ihrem Geheimnis seine ganze Politik aufgebaut. Seine große Idee war das „Vertrauen".

Das „Vertrauen" konnte darum so ungestört wirken, weil es den unpolitischen Trieben, die in jeder Bevölkerung stecken, schmeichelte, weil es an ihre Abneigung gegen die Verantwortung appellierte und die natürliche Bequemlichkeit, die der Franzose mit allen Erdbewohnern teilt, sozusagen legitimierte. Was sonst ein Laster gewesen wäre, nämlich die Teilnahmslosigkeit gegenüber der Politik, wurde unter der Herrschaft Poincarés eine Tugend. Jeder Bürger, der sich plötzlich einen blinden Glauben an die Vollkommenheit der Regierung erlaubte, wurde dadurch zum passiven Mitarbeiter des Ministerpräsidenten. Das Bestreben, den großen Lothringer nicht bei seiner Arbeit zu stören, war zugleich bequem und nützlich.

Sein Leben ist voller tragischer Ironien. Das Schicksal zwingt ihn immer wieder, Dinge zu tun, die seinem Wesen entgegengesetzt sind. Für andere Führer ist die Ministerpräsidentschaft der höchste Ausdruck ihrer Traditionen, ihres Charakters. Für ihn ist sie fast immer ein Opfer. Durchtränkt vom parlamentarischen Geiste, aufgewachsen im Glauben an die Heiligkeit der Volksvertretung, wurde es ihm beschieden, die französische Kammer an den Abgrund der Unpopularität zu führen. Die Kammer wurde in den Augen der Bevölkerung zum Störenfried, er selbst erfand Aussprüche, die das Haus ebenso gefügig wie lächerlich machten. Er verabschiedete drei Budgets mit der Drohung, demissionieren und das Land der finanziellen Verwirrung preisgeben zu wollen. Kein Wunder, daß die

Bürger aufhorchten und die Gewählten des Volkes leise zu verfluchen begannen. Poincaré, der noch heute keine Rede über die Lippen bringt, ohne die Souveränität des Volkes aus aufrichtigem Herzen zu feiern, hat in Frankreich jene moderne und gänzlich unfranzösische Zwangsvorstellung ermöglicht, daß die parlamentarische Rede und die politische Tat zwei Dinge seien, die sich ausschlössen und sich feindlich seien. Er hat den für sein Land durchaus gefährlichen Gegensatz des Politikers und des Fachmannes anklingen lassen, ja vorbereitet. Der Sinn der Poincaréschen Existenz ist damit vom Schicksal auf den Kopf gestellt worden.

Denn es wäre sein Traum gewesen, ein großer Erzieher seines Volkes zu werden. Auch der biederste Hausvater will einmal dem Genius, den er von Zeit zu Zeit, besonders bei patriotischen Festlichkeiten, in sich rumoren fühlt, die Zügel schießen lassen. Stärker als die Herrlichkeiten Frankreichs fühlt er manchmal die Mächte des Lebens, die ihn verlocken, sich nach so viel Vollkommenheiten aufgegangener Rechnungen und ausgeführter Urteile einmal dem Unvollkommenen hinzugeben, das nach Gestaltung drängt, dem Geiste. Poincaré fühlt manchmal den Zauber seiner Muttersprache auf sich eindringen wie einen Sehnsuchtsschrei. Was gäbe er nicht darum, einmal für die Formulierung eines Gedankens gepriesen zu werden, der kein politischer ist. Dieser Mann der klarsten Beredsamkeit, des feinsten Stils, der ausgeprägtesten Ethik hätte gern an den französischen Geist die schöpferische Hand gelegt. Er hätte gern die Klarheit der französischen Idee gesteigert, den Gerechtigkeitssinn, das Maß und die Selbständigkeit des Franzosen gehoben. Seine zahllosen Reden, die er alle in schlaflosen Nächten mit eigener Hand niederschreibt, lassen durch die winzigen Spalten ihres gläsernen

Gefüges diesen nie ausgesprochenen Wunsch entströmen, dessen Erfüllung ihm bisher versagt wurde. Selbst Herriot, viel jünger als er, halb so reich an Verdienst und schwächeren Charakters, darf dem Geiste dienen und ihn so weiter bilden. Er darf neue Losungsworte schaffen, Zola zurückerobern und Beethoven hinzugewinnen. Ah, dieser Herriot, mit seinem farbigen Stil, seinen feurigen Improvisationen in vier rednerischen Sätzen, allegro, adagio, scherzo und andante maestoso, – wie beneidet Poincaré ihn stumm von der Höhe seines Akademikertums, seiner bürgerlichen Vornehmheit herab! Wie wenig ist ihm selbst beschieden gewesen! Zwar hat er den lothringischen Mirabellenbaum in das Wörterbuch der Akademie gebracht, aber sonst mußte ihm alles zur Waffe dienen. Goethe wurde zu einem Argument gegen die deutsche Auffassung von Straßburg und im übrigen schrieb er die Geschichte zerstörter Städte und angesehener Jägerbataillone ins Manuskript. Ein stummes Leben im Grunde.

Nur eine Mission hat Poincaré ganz und gar erfüllen können, er hat die Heiligkeit der kleinen Vermögen wiederhergestellt. Er glaubt an das Kapital, nicht an das Großkapital, das zur Anlage, zur Verwandlung in industrielle Werte, in Arbeit, in Ware drängt, sondern an das aufgesparte der kleineren Leute. Von diesem Aufgesparten geht kein allgemeines, sondern nur persönliches Leben aus. Sein Wirken erschöpft sich in der Familie. Für die französische Familie hat Poincaré den besten Teil seiner Arbeit verrichtet. Darum ist er populär. Und sein unversöhnlicher Gegenspieler Caillaux ist nur deshalb in den Abgrund der Unpopularität zurückgesunken, weil er im Juli 1925 Maßnahmen traf, die den kleinen Vermögen schließlich verhängnisvoll wurden. Poincaré stieg im August 1926 in das finanzielle Chaos, wie St. Christophorus in den Fluß stieg. Auf seinen Schultern trug er die Angst Frankreichs, die Angst von Millionen sparsamer, bescheidener und grau gewordener Familienväter, die den kleinen Ertrag ihres Lebens zerrinnen fühlten – in Staatspapieren! Er fühlte die Inflation als ein nationales Leid, er sah im Geiste mehr als nur Vermögen vernichtet, er fürchtete den Zerfall der bürgerlichen Schicht und damit das Ende des alten Frankreich, dessen gute und schlechte Eigenschaften auf einem Boden gewachsen waren, der sozusagen mit Ersparnissen gedüngt war. Wer den Lothringer damals an der Arbeit sah, dem wurde klar, daß er nicht imstande war, in eine Zukunft zu blicken, in der die Inflation vielleicht nur eine Etappe wäre. Sein mit dem Wesen Frankreichs so tief verwachsener Geist vermochte nicht, einen sozialen Umbau ins Auge zu fassen, wie er sich aus der Vernichtung oder Entwertung des Kleinkapitals hätte ergeben können. Solange er einen tatsächlichen Einfluß auf die Wirtschaft und Finanzen Frankreichs hat, wird seine Auffassung ein Hindernis für die Industrialisierung seines Landes bilden. Das fühlt die Bevölkerung und sie dankt ihm dafür. Das fühlt auch die junge Führergeneration, die sich in Verehrung der von ihm selbst heraufbeschworenen Fachleute ergeht, und befehdet ihn heimlich dafür. Wir lassen hier das Motiv des Hausvaters wieder anklingen, der in den Kindern den Glauben an die Autorität erhält und von den Aufgeklärten in seinem legendären Ansehen untergraben wird.

Als er im Sommer 1926 die Regierung der Nationalen Einigkeit bildete, da zog er aus, um der Befreier der Rente zu werden, so wie Thiers der „Libérateur du Territoire" geworden war. Wenn ihn je ein Ruhm gelockt hatte, so war es dieser. Er wußte nämlich, daß er Frankreich seinem alten Leben zurückgibt, wenn er ihm die

Unverletzbarkeit der Staatsrente und die heilige Sicherheit für die Anlage des Ersparten wiederschenkt. Er fühlte in dieser Idee keine Begrenztheit, denn eine andere Wirtschaftsform, die über diese Art des Kapitalismus hinausgeht, hat für ihn, wie gesagt, keine Realität. Indem er die Rente befreite und von dem Abgrunde der Inflation fortriß, konsolidierte er auch die Lebensform Frankreichs wieder, den Besitz, der die Schwächen und Stärken Frankreichs erzeugt, vor allem das Mißtrauen, die Prahlerei, die tiefe Friedlichkeit und den unbegrenzten Wunsch nach Sicherheit. In seinen Augen lag und liegt Frankreichs Zukunft in der Verewigung des Bestehenden und darum war er sicher, für die Zukunft zu arbeiten, als er daranging, die Rente zu befreien.

Für ihn ist jeder gute Franzose Kandidat für eine Rente. Wer niemals eine solche haben kann und will, gerät bei ihm infolgedessen leicht in den Verdacht, ein schlechter Franzose zu sein. Sein blinder Haß gegen proletarische Politik stammt daher, aber auch seine Unfähigkeit, sozial zu denken. Daß die Arbeiter auf den Gedanken kommen können, sich auf ihre Klasse zurückzuziehen, anstatt Anschluß an die nächsthöhere Schicht zu suchen, ist ihm unvorstellbar. Die proletarische Kampfidee ist für ihn einfach Propaganda aus Moskau. Man erinnert sich auch seines erbitterten Widerstandes gegen die Gewerkschaftsbewegung in der Beamtenschaft. Er hat sich in diesem Punkte nicht belehren lassen und die bescheidensten Anträge auf Verleihung des Koalitionsrechtes für die Staatsbeamten schroff abgelehnt, und zwar mit der Begründung, daß er einen Staat im Staate nicht dulden könne.

Es ist aber wohl nicht so sehr Eingeschworenheit auf den Staatsgedanken, was ihn dabei bewegt, als das Mißtrauen gegen eine untere Berufsklasse, die aus Mangel an

Besitz den schrankenlosen Individualismus der übrigen französischen Bürger verläßt und sich nun „zusammenrotten" möchte. Und hält Poincaré nicht in seinem Innern den Schrei nach sozialen Reformen für eine Diskreditierung des Besitzes? Eine soziale Gesetzgebung, für deren Schaffung er keine Zeit gefunden hat, erscheint ihm vom Standpunkte der Humanität aus wünschenswert, aber nicht politisch gesehen. Er glaubt seine Pflicht getan zu haben, wenn er dem Lande finanzielle und politische Sicherheit gegeben hat. Wozu die Verständigungspolitik ebenso gehört wie die Stabilisierung und die Lösung der Reparationsfrage. Sozialreformen gehen über diesen Pflichtkreis hinaus und ragen in das Herrschaftsgebiet des Gespenstes Kollektivismus.

Als Finanzpolitiker allein hat Poincaré sich immer treu bleiben können. Die Stabilisierung und die dabei von ihm angewandten Methoden lagen in der geraden Linie seiner Politik und seines Charakters. Im übrigen aber hat er allzuoft über seinen eigenen Schatten springen müssen, um den Titel eines Glücklichen zu verdienen. Er hat es ertragen, jahrelang mit dem tiefen Wunsch nach Ruhe für sein Volk im Herzen die Rolle des europäischen Friedensstörers spielen zu müssen. Und er hat sie gut gespielt. Er hat, glühender Demokrat, das Ansehen des Parlamentarismus geschwächt, er hat es mit ansehen müssen, daß die Rechte, von der er sich seit langem ferne weiß, mit seinem Namen ihre Wahlerfolge machte, er mußte die heimlich geliebten Radikalsozialisten trockenen Auges ziehen lassen und schließlich eine Regierung ohne tatsächliche Sympathie der Linken bilden, obwohl es sein Ideal ist, Chef einer „anständigen" Linksregierung zu werden. Und da er ein alter Mann ist, der nicht mehr schlafen kann, schreibt er nachts seine Memoiren. Denn es quält ihn tief, daß viele

Leute ihn für einen der Mitschuldigen am Ausbruch des Weltkrieges halten. Und da er Arbeiter schwersten Kalibers ist und rastlose Tätigkeit und härteste Verantwortung sucht, wird er wohl eines Tages in die leere und zu nichts verpflichtende Herrlichkeit des Elysée einziehen. Oh, er wird diesem Wunsch nicht widerstehen können. Denn im Grunde seines Herzens begehrt er nur eines: geliebt zu werden.

Ist es nicht, als ob man mit diesem Worte ein rührendes, fast beschämendes Geheimnis preisgäbe? Der kleine alte Mann, dessen Stimme niemals zittert, dessen Auge sich niemals trübt, möchte also keine Feinde haben, nicht umstritten sein, nicht als eine Last empfunden werden, möchte also mit einem Worte geliebt werden! Welch ein Nachtgedanke, und doch die natürliche Kehrseite einer großen Existenz, deren Sinn hauptsächlich darin bestand, für die Nation eine nützliche, aber freudlose Arbeit zu leisten. Frankreich verdankt ihm alles, aber er ist so streng! Und Frankreich wartet nur darauf, voll frischer Undankbarkeit den alten Mann stehen zu lassen und einem neuen Verführer nachzulaufen, vorausgesetzt, daß er eines hat, das dem großen Lothringer fehlte: Ideen –

Strenge Hausväter werden eben zunächst einmal gefürchtet, dann gebraucht, dann verehrt. Und vielleicht werden sie eines Tages auch geliebt. Wenn sie müde sind.

DAS HINDERNIS

Kein stärkeres Mittel gegen die Änderung der Welt gibt es als den Friedensvertrag von Versailles und seine kleineren Geschwister, deren Namen ebenfalls den milden Zauber sommerlicher Schloßterrassen und königlicher Gärten anklingen lassen. Was Poincaré innerpolitisch durch seine Herrschaft des Vertrauens leistete, das hatten die Verträge außenpolitisch schon besorgt. Sie hatten Frankreich da stabilisiert, wo es nach Sieg und Niederlage angelangt war, nämlich in der Hochkonjunktur der großen und kleinen Nationalismen, der Kultur der Grenzen, besonders soweit sie neu waren, vor allem aber in dem Bewußtsein, seine zivilisatorische Mission, die es von alters her beanspruchte, vor Gott und den Menschen mit einem erdrückenden Beweismaterial gerechtfertigt zu haben. Ja, je verwirrender das Bild war, das die Verhandlungen der Alliierten von der Rolle Frankreichs ergaben, um so wesentlicher war es für letzteres, sich an den Geist und Text der neuen Magna Charta anzuklammern. Es sah in der ungeschmälerten Inkrafthaltung dieser Verträge die höchste Bestätigung seiner nationalen Idee. Der Kriegsschuldartikel mußte ihm um so unerläßlicher erscheinen, als er die einzige freiwillige und ausdrückliche Anerkennung seiner angeblichen Menschheitsmission war, deren Verteidigung und Triumph Sinn des Krieges gewesen sein sollte. Frankreich hat seitdem schreckliche, ja gemeingefährliche Beweise seiner Hartnäckigkeit abgelegt und Tag für Tag bestätigt, daß Wilson sich damals als einziger Europäer erwiesen hat. Aber hat man dem Lande Clemenceaus dabei genügend zugute gehalten, daß es in einem von der Außenwelt nicht zu begreifenden Maße um seine geistige Existenz zu kämpfen glaubte? Mehr als Macht stand auf dem Spiel, ja mehr als Geltung, denn es fürchtete mit der Geltung sein Wesen zerstört zu sehen, von dem jene ein Teil ist.

Seit dem Tage, an dem an der Westfront der letzte Schuß fiel, stemmt es sich gegen den Drang der Umwelt, die Zersplitterung Europas zu beheben, und es glaubt diese Aufgabe am besten durch die blinde Verteidigung des Friedensvertrages zu erfüllen. Vielleicht wäre es ihm möglich gewesen, die Pflicht zur Solidarität, die ja auch die Besiegten einschließt, ja den Unterschied zwischen ihnen und den Siegern aufhebt, mit dem Vertrage in Einklang zu bringen, wenn es nicht gerade in der Verewigung des Sieges – und damit der Niederlage – das Wesen des Vertrages gesehen hätte. So ist es denn geschehen, daß Frankreich jene Politik erzwang, in deren Verlauf die Selbstbesinnung Europas wie eine Begünstigung der Besiegten wirken mußte, obgleich wahrlich keine von jenen Siegermächten, die sich langsam auf die Zukunft orientierten, von einer solchen Absicht ausgegangen war. Hätte Frankreich rechtzeitig darauf verzichten können, im Ausgange des Weltkrieges einen Triumph der heiligen Johanna zu erblicken, so hätte seine Bereitschaft, neben den Nachbarn, also auch neben Deutschland als europäisches Element zu wirken, nicht so verzweifelt lange auf sich warten lassen. Vielleicht wäre es dann überhaupt nicht auf den Weg geraten, alle internationalen Tendenzen entweder für den Friedensvertrag auszunützen oder zu bekämpfen.

Denn so steht es heute tatsächlich Europa, ja der Welt gegenüber, zweideutig und schwankend. Was sich auch aus der geistigen, politischen und wirtschaftlichen Zerrissenheit der Völker an Bemühungen um Frieden und Zusammenarbeit losringt, Frankreich möchte entweder diese Bemühungen dirigieren, um sie in die Bahn der Verträge zu lenken, oder sie verneinen. Es führt im Völkerbund, es führt in der Schiedsbarkeitsbewegung, es führt in den Abrüstungskommissionen, es führt im Genfer Arbeitsamt, es führt in den Weltwirtschaftskonferenzen, es führt mit einem Wort überall da, wo die Ordnung von morgen, die nicht die des Friedensvertrages ist, mag sie ihn auch unberührt lassen, sich vorbereitet. Aber seine Führung ist nicht auf morgen gerichtet, sondern auf gestern. Sie hat den Sinn, diese Bewegungen an der Erschütterung des status quo zu hindern, das heißt, sie unschädlich zu machen. Tausendmal ist – nicht nur in Deutschland – die pure Wahrheit gesagt worden, daß Frankreich an den Völkerbund nur insoweit glaubt, als dieser ihm dank seinem Sanktionskrieg einen Teil der Aufgabe, die bestehende Ordnung zu erhalten, abnimmt. Genf soll nicht etwa die traditionelle Politik Frankreichs ersetzen, sondern ergänzen. Diese Politik ist aus einem Guß, ob ihr Verwalter nun Richelieu oder Vergennes oder Briand heißt. Sie schließt ihre mehr oder weniger durchsichtigen Bündnisverträge mit allen denjenigen Staaten, die an der Erhaltung Europas in seinem jetzigen Zustande ebenso interessiert sind wie sie selbst, und benutzt Genf nur als eine Verdoppelung seiner Sicherheit.

Ja, in diesem Wort Sicherheit ist ganz Frankreich enthalten, nicht nur die Geschichte seiner Prüfungen und Leiden, sondern auch sein Unglauben und seine Abneigung gegen die internationale Solidarität. Der Sicherheitsbegriff, der sich wie eine Krankheit durch das politische Leben der ganzen Welt frißt, geht von der Voraussetzung aus, daß nur denjenigen Einrichtungen Schutz zukommt, die durch die Friedensverträge geschaffen wurden, daß nur solche Völker auf Sicherheit Anspruch haben, die diese Verträge bejahen. Die in diesem Sinne verstandene Sicherheit soll zur überstaatlichen Pflicht erhoben werden. Aber nicht einmal darin wird Folgerichtigkeit gewahrt, denn gleichzeitig soll es den einzelnen Völkern überlassen bleiben, inwieweit sie diese Pflichtleistungen durch eigene Maßnahmen ergänzen wollen. In diesem System fällt Frankreich ganz von selbst der erste Platz zu, denn es ist ja nicht nur der faktische, sondern auch der geistige Urheber der neuen Ordnung, welche die französische Idee in klassischer Weise fortsetzt. Wenn Paul-Boncour den polnischen Soldaten als den Vorposten der Menschheit an der Weichsel feierte, so war dies logisch. Denn Frankreich glaubt durch den Sieg bewiesen zu haben, wer zur Menschheit gehört und wer außerhalb ihrer steht. Die Schwierigkeiten für Frankreich kommen eben daher, daß die Welt diese Zweiteilung nicht mehr mitmachen will, ja in ihr die Wurzel alles Übels sieht.

Nicht als ob nun alle Welt außer Frankreich aus vorbildlichen Europäern, aus fanatischen Friedensfreunden und internationalen Altruisten bestände, aber kein Land ist so sehr es selbst wie Frankreich, wenn es sich gegen die modernen Mittel der Politik sträubt und sie aus einer Gefühlswelt heraus, die uns aus guten Gründen katholisch anmutet, als puritanisch ablehnt. Niemand, am wenigsten Deutschland, darf Überhebung aus der Tatsache schöpfen, das Frankreich das größte Hindernis in der Abrüstungsfrage bildet. Unglücklicherweise aber bezieht letzteres diesen Widerstand nicht zum wenigsten aus seiner Überheblichkeit. Die Anträge Frankreichs in den zahllosen Konferenzen und Kommissionen formulieren den festen Entschluß, alles beim alten zu lassen, gleichzeitig mit dem Anspruch, in der gerade zur Erörterung stehenden Frage das Höchste für den Frieden getan zu haben. Aus dieser Notwendigkeit, zugleich die Sache bejahen und im Einzelfall versagen zu müssen, hat sich jener offizielle Stil entwickelt, den die Franzosen in ihre Zeitungsartikel, ihre Reden und Entschließungen legen. Dieser Stil ist eine Plage der internationalen Politik, denn er bietet sich der äffischen Nachahmung dar und ist der Trost aller Sprecher, die ihre Mitarbeit verweigern und doch als geschmackvoll gelten wollen. Seine geläufigen Sätze sagen im ersten Teil ja und im zweiten Teil nein, ohne daß sie auseinanderfielen. Wenn Raymond Poincaré beweisen will, daß er im Jahre 1911 für den Frieden gekämpft habe, so führt er einfach eine seiner Reden aus dieser Zeit an, in der er sagt, daß er dem Frieden mit ganzem Herzen zugetan sei. In einer Sprache, die Tat und Formulierung so nahe zusammenschiebt wie die französische, kann es nicht ausbleiben, daß schließlich die eine an die Stelle der anderen tritt. Daß diese Vermischung in Genf ihren Höhepunkt erreicht und von da auf alle, die ihrer bedürfen, zurückgewirkt hat, kann ohne Übertreibung als ein historisches Unglück bezeichnet werden.

Wenn es wahr ist, daß die Sprache dem Diplomaten dazu dient, seine Gedanken zu verbergen, so scheint das nur auf schädliche Gedanken Bezug zu haben, und auch dann nicht immer, denn wir haben uns daran gewöhnt, aus dem internationalen Französisch nur das Nein herauszuhören. „Frankreich erklärt sich bereit, das Äußerste zu tun, jedoch unter Wahrung seiner gerechten Ansprüche aus dem Friedensvertrag" – aus dieser klassischen Wendung, die täglich ertönt, geht lediglich hervor, daß Frankreich nichts tun will. Noch deutlicher ist die nicht minder ehrwürdige Phrase: „In dem hohen Bewußtsein, in der Arbeit für Frieden und der internationalen Zusammenarbeit der Welt ein Beispiel zu geben..." Niemand wird diese Einleitung mehr hören wollen, denn alle Welt, ob sie nun an das Beispiel glaubt oder nicht, weiß, daß die Fortsetzung ein Nein ist. Man bietet uns Herzenstöne, wo wir auf Vorschläge rechnen. Am Ende ist der Jammer groß, wenn irgendein ungeschickter oder im Friedensjargon noch nicht genügend bewanderter Mann aufsteht und behauptet, daß dieser Stil die pure Heuchelei sei. Daß dieses Urteil zu hart ist, erhellt allein schon aus der Fähigkeit der Franzosen, ein Arbeitsergebnis zu vereiteln und doch eine sowohl gerührte als auch mondäne Stimmung zu hinterlassen. Wir haben hier mit jener moralischen Eleganz zu tun, von der nur Bolschewisten behaupten können, daß sie nicht in die Moral, sondern in die Literatur oder höchstens noch in gesellige Veranstaltungen gehöre. Als ob diese Kategorisierung von Anlässen zur Rede überhaupt zulässig wäre! Der Zwang, die auf Mitarbeit gespannten Europäer dauernd mit Monologen über die eigene gute Gesinnung entschädigen zu müssen, stammt, wofern er nicht in Virtuosentum ausartet, weniger aus einem heuchlerischen Nationalcharakter als aus der Furcht, bei einem internationalen Anlaß zu fehlen. Denn wir glauben deutlich gesagt zu haben, daß Frankreich die neuen Mittel der Politik fürchtet und sie deshalb kontrolliert. Diese Furcht kann dem französischen Politiker geradezu Initiative verleihen, wenn es gilt, einer sich ankündigenden gefährlichen Strömung dadurch vorzubeugen, daß er sie kurz entschlossen hervorruft, um auf diese Weise wenigstens die Sicherheit für ihren unschädlichen Verlauf zu haben.

Die Geschichte des Paktes zur Ächtung des Krieges ist ein geradezu erschütterndes Beispiel für die Zweideutigkeit, zu der Frankreich immer wieder durch sein Streben, keine Idee aufkommen zu lassen, die nicht ihm gehört, gedrängt wird.

Alles, was am Vertrage stark, optimistisch, vorbehaltlos und gläubig ist, stammt aus dem protestantischen Lande Washingtons, alles, was ihn schwächt, einschränkt, verflacht und spezialisiert, stammt aus dem katholischen Lande Talleyrands und Vergennes', dessen Tintenfaß 1783 zur

Unterzeichnung des ersten amerikanisch-französischen Vertrages diente und das im August 1928 wiederum auf der feierlichen Tafel stand.

Es ist tragisch, daß Frankreich, ein friedliebendes, bürgerliches und abendlich beschauliches Land, nicht mehr imstande ist, politische Formen zu erzeugen, die dem Humanitätsideal der neuen Zeit entsprechen. Es bleibt an die alten Formen gebunden, weil es zu schwach ist, an die neuen zu glauben, und es ist mehr als ein Zufall, daß die alten Formen dem Kriege als politischem Mittel näherstehen denn dem ewigen Frieden, wie er den amerikanischen Philantropen vorschwebt. Diese alten Formen haben durch den Kellogg-Pakt einen schweren Stoß erhalten. Die bunten Fahnen, die diplomatischen Festessen, die rauschenden Empfänge in Frack, Federhut und Ordensstern, die Musik der Truppen, das Läuten der Glocken und der Champagnerschaum der zur Huldigung erhobenen Gläser jenes schönen Pariser Herbsttages täuschten nicht darüber hinweg, daß der alten Welt, die Frankreich so schön und würdig repräsentiert, eine tiefe Wunde geschlagen worden war. Der Sanktionskrieg, der Inbegriff der französischen Sicherheitspolitik, wurde in Frage gestellt. Die Sanktionsartikel des Völkerbundpaktes bekamen Risse, die Bündnisverträge, die Frankreich im alten Stil mit den kleinen Staaten geschlossen hatte, wankten in ihren Grundfesten, da ihr Hauptwert, der Unterstützungskrieg, angezweifelt wurde, ja sogar die Verträge von Locarno wurden gewissen Interpretationen zugänglich. Gerade das, was Frankreich am Kellogg-Pakt vermißt, nämlich die Sanktionen, das heißt die juristischen Möglichkeiten, den Brecher des Vertrages militärisch zu belangen, ist die Stärke des Paktes; denn wenn die amerikanische Idee selbst in der verkümmerten Form des vorliegenden Vertrages überhaupt irgendeinen Sinn haben soll, so ist es der, daß der Krieg, welcher Art auch immer, schlecht, verwerflich und verurteilenswert ist; alle Einschränkungen, die wohl oder übel, das heißt aus Überzeugung oder unter dem Druck von Verträgen, dem Kriege doch noch gute oder auch nur nützliche Seiten abgewinnen wollen, stehen nicht im Vertrage, sondern an seinem Rande.

Die Geschichte der Unterhandlungen, die zu dem Abschluß führten, ist auch die Geschichte der französischen Gewissensnöte. In seiner Botschaft an das amerikanische Volk im April 1927 warf Briand zum ersten Male die Idee des Vertrages auf. Aber welch eines Vertrages! Er dachte ganz ausschließlich an ein platonisches Abkommen zwischen seinem Lande und den Vereinigten Staaten. Die Idee war gut; denn sie verpflichtete zu nichts, da kriegerische Verwicklungen zwischen Frankreich und den Vereinigten Staaten schwer denkbar sind. Andererseits hätte ein solcher Vertrag einen gewissen Demonstrationswert gewinnen können, da er zwischen zwei Ländern abgeschlossen worden wäre, die durch die Frage der Kriegsschulden voneinander getrennt waren.

Wenn es wahr ist, daß der Vertrag aus einer Woge der Auflehnung gegen den Krieg und aus dem Gefühl entstanden ist, daß nur die Völker selbst im einmütigen Impuls diesen schrecklichen, blutbesudelten Gott entthronen können, so nahm Frankreich an dieser Idee nicht teil. Briand, der in seiner Seele einen geradezu produktiven Abscheu gegen den Krieg bewahrt, war auch in diesem Fall, wie französische Führer dies oft sind, Sklave der großen französischen Tradition. Er schlug ein Instrument reiner Machtpolitik vor, das allerdings von friedlichem Geiste erfüllt war, während ein Gefühlssturm im amerikanischen Volke dieses Instrument um und um wandelte und schließlich zum Ausdruck einer universellen Verabscheuung des Krieges machte, – und zwar unter dem schrittweise zu besiegenden Widerstand Frankreichs. Gibt es eine tragische Ironie, so liegt sie hier. Paul Claudel, der als französischer Botschafter in Washington manchen Brief in dieser Angelegenheit hin und her getragen hat, schreibt, daß es die Ehre Briands sei, eine Initiative ergriffen zu haben, die einem fundamentalen Bedürfnis der ganzen Menschheit entspreche. Bei Gott, nein! Die Menschheit, die Frankreich alles Gute wünscht, hat wahrlich andere Bedürfnisse als die, daß Frankreich und Amerika auf Kriege verzichten, die sie doch nie miteinander führen.

Die Etappen, die Frankreich und die Vereinigten Staaten durchliefen, bis Kellogg seinen Fuß auf französischen Boden setzen konnte, sind bekannt. Dem französischen Vorschlage, einen Vertrag zwischen den zwei Ländern abzuschließen, setzte der Amerikaner den Willen entgegen, diesen Vertrag auf die Großmächte der Welt, das heißt auf die Mächte, die in Wirklichkeit Herr über Krieg und Frieden sind, auszudehnen. Briand erwiderte, daß die meisten Mächte schon durch Verträge gebunden seien, nämlich den Völkerbundspakt, die Locarner Verträge und gewisse Bündnisse. Der Begriff des zu ächtenden Krieges müsse also auf den Angriffskrieg beschränkt werden. Kellogg widersprach: diese Einschränkung würde die Tragweite des Vertrages erheblich vermindern. Der Ausdruck „Krieg als Instrument der nationalen Politik“ setzte sich schließlich durch. Es folgte nun ein langes, manchmal erbittertes Ringen um die französischen Reserven, nämlich um das Recht der legitimen Verteidigung, um die Möglichkeit, den Pflichten aus den verschiedenen früheren Verträgen treu bleiben zu können, und um den französischen Wunsch, den Kreis der Großmächte auf alle Unterzeichner der Locarner Verträge zu erweitern. Frankreich fühlte mit Schrecken, wie Amerika ihm seine Interpretation Schritt für Schritt entwand, ohne daß ein Widerspruch möglich gewesen wäre. Der Wortführer der Vereinigten Staaten gab ganz offen zu, daß seiner Nation die Sanktionsverpflichtungen der Alten Welt, wie sie aus den verschiedenen Verträgen resultierten, unsympathisch seien. Man kann nicht sagen, daß mit geschlossenem Visier gekämpft worden wäre. Kellogg versetzte seinen französischen Kollegen schonungslos in die Zwangslage, bestimmte Formen des Krieges für nützlich und wünschenswert zu erklären oder die Grundpfeiler seiner europäischen Position, nämlich die zahlreichen mit den Sanktionskriegen verbundenen Sicherheitsgarantien selbst zu zerstückeln. Der sich in diplomatischen Noten austobende Kampf zwischen der Alten und der Neuen Welt war das wichtigste Stück des ganzen Kriegsächtungspaktes, der heute bis zur Unkenntlichkeit in Interpretationen und Reserven eingewickelt ist. Es gab Stunden, wo Frankreich sich wie von einem millionenkerzigen Scheinwerfer bis in die feinsten Furchen seines Antlitzes durchleuchtet fühlte, wo es unter den vergeblichen Versuchen, die sich hinter Bündnistreue verschanzen, zugeben mußte, daß es den Krieg noch nicht entbehren könne, daß es auf der Stufenleiter des Glaubens noch nicht so weit gelangt sei, um auf diese Greuel zu verzichten.

Der Völkerbund samt allen mit ihm mehr oder weniger eng verknüpften Einrichtungen und Vorkehrungen hat ein doppeltes Gesicht. Einmal stellt er eine Verkörperung der im Friedensvertrag angedeuteten Sicherungsideen dar und ist somit die Exekutive des Vertragsgeistes, auf der anderen Seite sind in ihn alle jene Tendenzen und Wünsche hineingelegt, die der Zersplitterung Europas steuern und ein Zusammenwirken vorbereiten sollen. Er ist also auch der Rahmen für Kräfte, die nicht aus dem Vertrage von Versailles stammen, ohne daß sie ihn ausdrücklich zu verneinen brauchten. Seine Zukunft liegt in dieser letzteren Rolle, um ihretwillen strömen alljährlich die Vertreter von fünfzig Nationen in der Schweiz zusammen, um ihretwillen nehmen auch solche Führer den Bund ernst, die lediglich kulturell, moralisch und erzieherisch wirken wollen. Für Frankreich hat bisher nur die erstgenannte Seite der Genfer Einrichtung Bedeutung gewinnen können, es schätzt an ihr die machtpolitischen und mißtraut ihren – um einen französischen Begriff zu gebrauchen – zivilisatorischen Funktionen. An den ersteren nimmt es im fördernden, an den letzteren in vorbeugendem Sinne teil. Im Grunde ist seine Genfer Politik nichts weiter als Überwachung des internationalen Geistes.

Weniger sein guter Wille als seine Produktivität versagt hier, denn niemand wird Frankreich tadeln können, daß es die Früchte seines Sieges nicht verlieren will. Aber man muß ihm vorwerfen, daß es ihm nicht gelungen ist, von der Denktypik der Verträge loszukommen, die jede diese Verträge nicht ausführende Bewegung als Unordnung auffaßt. Wieder einmal steht es an dem Punkt, wo Bewahrung gleich Stillstand ist. Und zwar bedarf es nicht unserer Kritik, um diese Stagnation festzustellen, denn das besorgt es selber, indem es das Gegenteil des Stillstandes auch als das Gegenteil der Bewahrung auffaßt. Daß diesem einzigartigen und an geistigen Formen so unerschöpflichen Lande nicht ein Geist ersteht, der es durch eine positive Formulierung des europäischen Denkens von seinem geradezu mörderischen Mißtrauen befreit, ist einer der stärksten Beweise dafür, daß es aus dem Kern seiner Ordnung heraus geniale Führer, will sagen, nicht bestätigende, sondern umwälzende Führer ablehnt. Gerade das, was wir als Drang der Welt nach Solidarität bezeichnen, erscheint Frankreich als die schrittweise Auflösung der Solidarität, wie es sie versteht, daß heißt die Abkehr der Völker, selbst der siegreichen, vom Siegeszustand. Es hat unter Solidarität immer nur den Zusammenhalt der früheren Alliierten – die es die „Völker guten Willens" nennt – gegen den aufrührerischen Geist der niedergeworfenen Gegner verstanden und diese Auffassung am zehnten Jahrestage der Unterzeichnung des Versailler Vertrages in zahllosen Zeitungsartikeln und sonstigen öffentlichen Verlautbarungen aufs nachdrücklichste bestätigt. Die Legende von dem reinen Toren Frankreich, der seit dem hauptsächlich mit seinen Opfern bezahlten Siege ein Stück nach dem anderen von seinen Illusionen hat opfern müssen und heute mit seiner Treue zum alten Ideal allein und von der ganzen Welt verlassen dasteht, – diese Legende ist der Lieblingsstoff des gestrigen, tränenseligen Frankreich, das den jungen Willen zur universellen Eintracht als eine Ermordung seiner Hoffnungen empfindet.

Welche Wehmut waltet hier, welche rückwärtsgewandte Sehnsucht nach Ruhe, die mit dem Wunsche nach Frieden gleichzusetzen wäre, wenn nicht zum Frieden mindestens zwei, am besten sogar alle gehörten! Aber die Welt ist im Begriffe, den Glauben an diese Art von Frieden zu verlieren, und macht Miene, ihn durch systematische Entfernung aller nur erdenklichen Kriegsursachen zu ersetzen. Frankreich ist gewiß das friedliebendste Land der Welt – vorausgesetzt, daß diese Welt sein Ausgewähltsein vor Gott und Menschen anerkennt, – in dem Charakter seiner Bevölkerung sind alle jene Züge enthalten, die den Frieden zu einem tief empfundenen Privatideal machen, die Liebe zum Boden, das Gefühl für Besitz, die Verehrung der Muße, die der Sinn des Fleißes ist, und vor allem ein tiefer Instinkt gegen die rohe Gewalt, gegen das disziplinierte Marschieren, gegen die Unterwerfung unter jeden nicht völlig verstandenen Willen, gegen die Waffe, gegen die Uniform. Und trotzdem ist Frankreich heute das größte Hindernis für den Frieden, wie die Welt ihn versteht.

Seine Armee ist die stärkste der Welt und sitzt der gesamten Abrüstungspolitik wie ein Pfahl im Fleische, die unter ihm doppelt leidet, weil Frankreich in der Abrüstungsdebatte die Führung beansprucht und sich in ihr immer wieder mit jenem rednerischen Stil durchzusetzen weiß, den wir früher gekennzeichnet haben. Daß die Aufrechterhaltung dieser Rüstungspolitik ganz bewußt aus Mißtrauen gegen die neuen Mittel der Politik geschieht, wird von niemandem geleugnet, am wenigsten von dem Kriegsminister Painlevé, der als Politiker, als Gelehrter und Mensch auf dem äußersten linken Flügel der bürgerlichen Politik zu stehen beansprucht. Im November 1928 sagte er in der Kammer, ohne Böses zu ahnen, die Worte: „Glauben Sie, daß der Herr Außenminister in Genf mit der gleichen Autorität, wie sie ihm allgemein zugebilligt wird, sprechen könnte, wenn er sich nicht auf eine zwar friedliche, aber als solide bekannte Kraft (force) stützen könnte, wenn er der Vertreter einer schwachen und unverteidigten Nation wäre?“ In diesem Satze ist der ganze Konflikt der französischen Politik und gleichzeitig seine elegante Lösung enthalten: die Rüstungen dienen dazu, Frankreich zu einem nützlichen Mitglied des Völkerbundes zu machen.

Nicht als ob Frankreich mit seinen Rüstungen eine Ausnahme machte! Kein einziger Staat hat seit dem Krieg freiwillig eine nennenswerte Einschränkung seiner Rüstungen vorgenommen, und manche haben sich kaum die intellektuelle Mühe Frankreichs gemacht, die Bewaffnung mit dem

Rufe nach Abrüstung in Einklang zu bringen. Aber Frankreich hat das Unglück, mehr Männer unter den Fahnen und mehr Budgetmittel für militärische Zwecke eingespannt zu haben als irgendein anderes Land der zivilisierten Welt. Es führt in einer zweifelhaften Sache und kommt immer wieder in die Lage, seine Rüstungen in Politik umzusetzen. Das heißt, seine Militärpolitik wird nach außen hin fühlbar. Es begnügt sich nicht damit, ein Viertel seiner Ausgaben für Heer und Marine zu verwenden, sondern versucht auch dauernd, dies in diplomatischer, historischer oder literarischer Form zu rechtfertigen. Es unterliegt einem bedrükkenden Zwang, nicht nur sich selbst, sondern auch die Verbündeten zu bewaffnen, und empfindet obendrein ein schlechtes Gewissen dabei.

Hier waltet die Schwäche eines Staates, der den Glauben an die Solidarität der Völker verloren oder nie besessen hat und aus dieser moralischen Vereinsamung fortwährend politische Schlüsse zieht. Frankreich ist stark genug, um mit dieser seiner Schwäche die ganze Welt zu beschäftigen, ja um für sie zu werben und sie als positives Gut zu proklamieren. Die französische Politik ist ein Klagelied geworden, das immerhin noch genug Rhythmus hat, anderen das Marschieren beizubringen.

Der Ruf nach Sicherheit ist so elementar, daß er als der einzige produktive Gedanke der französischen Außenpolitik bezeichnet werden muß. Er stammt keineswegs von den Generalen – die wohl auf Einzelheiten der Ausführung, aber niemals auf das Wesen der Politik Einfluß gewinnen können, was selbst dem Marschall Foch nicht gelungen ist – sondern von der Gesamtheit und wird von der öffentlichen Meinung ohne wesentliche Einschränkung unterstützt. Locarno ist Sicherheit, seine über diesen Begriff hinausgehenden Auswirkungen, die zu einer Entspannung der europäischen Verhältnisse hätten beitragen sollen, blieben in den entscheidenden Augenblicken aus. Um sie Frankreich zum letzten überhaupt möglichen Termin zu entreißen, bedurfte es einer Umwälzung der öffentlichen Meinung in fast der ganzen Welt und vor allem des wirtschaftlichen Druckes, der von der Reparationsfrage ausging. Man würde diese Haltung nicht als so widerspruchsvoll empfinden, wenn Frankreich nicht immer noch, ja stärker denn je die Forderung stellte, die Völker der endgültigen Versöhnung entgegenzuführen, und wenn es darauf verzichten wollte, jeden Staat und jede Person, die sich dieser Führung nicht unterwerfen will, als Störenfried zu ächten. Was in Frankreich an Verdächtigungen und Angriffen gegen die Vereinigten Staaten vorgebracht wurde, als diese es wagten, die Verhandlungen für den Kriegsächtungsvertrag auf den richtigen, für alle Völker gangbaren Weg zu führen, legte ein peinlich beredtes Zeugnis für die Ungeneigtheit ab, die Modernisierung und Vermenschlichung der Politik anders als im französischen Sinne zu verstehen. Was hat man von einer europäischen Föderation zu erwarten, die Frankreich nur darum angeregt zu haben scheint, um sich die Wirkungen einer solchen Idee durch rechtzeitige Kontrolle und Verflachung zu ersparen! Der Griff, mit dem Frankreich das Schlagwort von den Vereinigten Staaten Europas aufnahm, war ein Prankenhieb. Unter dem Vorwande, die Einheit vermeiden zu wollen – die in der Tat niemand, und am wenigsten Frankreich wünschen kann – widerstrebt es der Einigkeit und ist fest entschlossen, die Bewegung am Zügel zu halten, damit aus ihr keine Naturgewalt werde.

Und in wirtschaftlichen Fragen, die sich dem auf Wirklichkeit bedachten Sinn als dringendste Aufgabe im Bereich der allgemeinen Zusammenarbeit darstellen, ist es nicht anders. Die wirtschaftlichen Funktionen Genfs werden von Frankreich genau in dem gleichen Sinne benutzt wie die politischen: sie sollen der Erhaltung der französischen Position dienen. Auch hier ist Bewahrung gleich Unbeweglichkeit. Die Wirtschaftskonferenzen haben für Frankreich in erster Linie die Bedeutung, daß sie ihm eine Kontrolle über solche Tendenzen verleihen, die den status quo gefährden können. Ein französischer Schriftsteller schildert die Genfer Konferenz von 1927 und stellt fest, daß im Kreise der versammelten Nationen nur die Vertreter Frankreichs wie Ausländer wirkten. Das klingt recht glaublich, denn mußten an ihnen gemessen nicht die anderen als eine festgefügte und einheitliche Masse von Europäern erscheinen! Derselbe Schriftsteller – es ist Pierre Lyautey – entwirft in seinem vielbeachteten Buche „La bataille économique“ ein Bild vom wirtschaftlichen élan Frankreichs, dessen Produktionskraft und Ausdehnungsmöglichkeiten er im Geiste jener créateurs schildert, die das Land zu seiner industriellen Energie erwecken und erneuern wollen. Aber auch seine klugen und lebendigen Darlegungen münden in dem Anspruch Frankreichs, als Schiedsrichter und Vermittler in die Weltwirtschaft einzugreifen. Wenn schon die faktische Vorherrschaft eines Volkes nicht mehr möglich ist, so soll Frankreich wenigstens die höchste moralische Instanz sein – auch auf dem „Schlachtfelde“ der Wirtschaft. Das ist – im Munde der vom Erneuerungswillen beseelten Generation – die zivilisatorische Rolle Frankreichs.

– Wie, und Aristide Briand? Ist er nicht seit Jahren der weise Verwalter der französischen Außenpolitik? Ist es nicht er, der Frankreichs Verhältnis zu Europa formuliert? Erhebt er nicht mit all seiner Bescheidenheit, die den großen Reiz seiner Person ausmacht, den Anspruch, in Genf europäisch gesprochen zu haben? O gewiß, er hat seine ergreifende vox humana erklingen lassen: „O Freunde, nicht diese Töne!“ Diese europäische Stimme richtet sich an Frankreich, das aufgefordert wird, europäisch zu handeln. Aristide Briand hat die traditionelle Außenpolitik seines Landes nicht abgebrochen und eine neue begonnen. Er hat sie höchstens vermenschlicht. Was diesem bezaubernd einfachen und unmittelbaren Mann seinen großen, mehr als politischen Einfluß in der Welt verschafft hat und erhält, das ist die Tatsache seiner Menschlichkeit. Briand ist ein guter Mensch und, was mehr ist, er versteht immer als solcher zu wirken. Durch jede seiner Handlungen und Gesten leuchtet diese persönliche und – der alte Antiklerikale möge mir verzeihen – christliche Güte, die für die Politik als eine technische Angelegenheit gewöhnlich nicht in Betracht kommt. Er hebt überall da, wo er unter Staatsmänner tritt, die Politik aus ihrer technischen Sphäre und scheint schlicht lächelnd zu sagen: „Wollen wir uns nicht vertragen?“ Wer könnte einem solchen Lächeln widerstehen! Sein Gefühlsimpuls stammt aus dem Kriege, den er nicht nur als führender Franzose, sondern auch als leidendes Gewissen miterlebt hat. In schwarzen, sternenlosen Weltnächten wurde Briand das, was er heute ist, in den Nächten der Verdunschlacht rang er als Ministerpräsident in geheimen Sitzungen mit der Kammer, das Herz voll Angst um sein Vaterland. Und in dieses angstgeschwellte

Herz brach plötzlich der Schmerz um die Menschheit, die sich in dem stählernen Bogen vom Caurewald bis zur Woewre-Ebene blind zerfleischte und schuldlos-schuldig zugrunde ging. Später, nach Jahren, hat er die Erinnerung an diese Nächte beschworen, als er sich, zum zehntenmal Ministerpräsident, am Abgrund der Inflation, in endlosen Kämpfen um winzige Mehrheiten erschöpfte. Da fiel ihn wieder jene Weltangst an, die sonst den Franzosen so fremd ist, und er rief mit einer Stimme, die aus einer geheimnisvollen Tiefe kam: „Moi, j'en ai assez, assez, assez!"

Sonst ist diese Angst immer stumm geblieben und hat die klug blinkenden Augen nicht überschattet. Aber sie hat ihm auf dem internationalen Plan jenen Unterton des wahren Mitgefühls mit der gepeinigten Menschheit verliehen, der nie reiner erklang als in seiner berühmten Kammerrede vom Februar 1926. Sein Herz schlägt immer um einen Takt schneller als die Politik, deren getreuer Verwalter er ist. Er bleibt im Rahmen dieser Politik und Frankreich kann sich über ihn ebensowenig beklagen, wie wir Ursachen haben, ihm eine befreiende Tat zuzuschreiben. Niemand hat die Taktik der doppelten Sicherung besser betrieben als er, niemand hat besser als er die internationalen Strömungen und Einrichtungen für sein Land zu benutzen verstanden. Aber Frankreich verdankt es ihm, daß diese doppelte Politik bisher noch nicht zu einer eklatanten moralischen Niederlage geführt hat, denn er hat es immer verstanden, den Zwang, unter dem sein Land denkt, glaubhaft zu machen und ihm den Geruch der Zweideutigkeit zu nehmen. Ja, bis zu einem gewissen Grade hat er auch seiner Beredsamkeit, die im Grunde den traditionellen Sophismus des Führungsanspruches und der gleichzeitigen Ungeneigtheit zur Mitarbeit beibehält, den Klang der Aufrichtigkeit zu geben vermocht. Denn überall da, wo die

Zweideutigkeit schonungslos auszubrechen drohte, erinnerte er sich seiner Weltangst, seiner dunklen Verbundenheit mit dem Schicksal und zwang den Zuhörern immer wieder ein „Ecce homo“ ab.

Dieser Zug seines Wesens ist es vielleicht, der ihn in die Außenpolitik gedrängt hat. Denn sein politischer Weg führte ihn, der durch seine Berichterstattung über das Gesetz zur Trennung von Staat und Kirche berühmt wurde, zwanglos und ein wenig wahllos durch verschiedene Ämter, ehe er anfing, europäisch zu reden. Seinem politischen Wesen nach ist er der geborene Ministerpräsident, denn keine Partei kann ihn völlig für sich in Anspruch nehmen, ja seine Stärke liegt in der Mischung und Benutzung der Parteien. Aber es ist wichtig, sich zu erinnern, daß Briand sich wenig um die Literatur gekümmert und seine großen Formeln weniger aus dem Schrifttum als aus der Atmosphäre geschöpft hat. Er hat nie nach einem Platz in der Académie gestrebt noch je ein literarisches Buch geschrieben; beides wäre von Barthou oder auch nur von Poincaré ganz undenkbar. Während Poincaré sich für seine großen Leistungen immer außerhalb der Doktrinen und Parteien stellen mußte, stand Briand in den entscheidenden Augenblicken immer über ihnen und bewahrte seine facilité, ob er nun mit der Rechten oder mit der Linken regierte. Niemals hat er sich dem Einfluß einer Person, etwa Poincarés, gebeugt, für ihn waren und sind nur die Strömungen maßgebend. Man erklärt deshalb auch nichts damit, daß man in bestimmten Stadien seines Wirkens das Übergewicht Poincarés oder gar des Generalstabes feststellen will. Denn Briand hat nie die Absicht gehabt, die Außenpolitik seines Landes der durch den Friedensvertrag erhärteten Tradition zu entreißen. Aber da er keinen juristischen Sinn hat, da er die Arbeit mit Akten nicht liebt, da er ein Instinktmensch ist, ja da über seiner reizvollen Person ein holder Schein von Unbürgerlichkeit und einer verfehlten Anarchistenlaufbahn liegt, war er der Herr der Stunde, als Poincarés enge Juristerei die Geschäfte in die Sackgasse geführt hatte. Nachdem das hartnäckige Bestehen auf der wörtlichen Ausführung versagt hatte, wurde Interpretation nötig, der elastische Ausdruck mußte heran. Die öffentliche Meinung hatte diesem genialen, als unstabil empfundenen Mann gegenüber immer Lust gehabt, ihn aufs europäische Feld abzuschieben. Es wurde für ihn ein Feld der Ehre, – aber ein unblutiges.

Was Frankreich unter Sicherheit versteht, wissen wir. Sicherheit für den politischen status quo, Sicherheit für Ordnung von Versailles, Sicherheit für den Absatz und Rohstoffbezug, Sicherheit für das Kapital, Sicherheit für den Geist, auch Sicherheit gegen die Natur, Sicherheit gegen das Schicksal, Sicherheit gegen die Mechanisierung, Sicherheit gegen den Fortschritt, Sicherheit gegen fremdes Wachstum, das jugendlich gegen die uralte Ordnung drängt, Sicherheit gegen Poesie, Sicherheit gegen die Zukunft, Sicherheit gegen Europa, das sich verbinden und zusammenwirken will, Sicherheit gegen alles, was nicht Frankreich ist. Briand schwankt keinen Augenblick unter dem Gewicht dieses ungeheuren Blockes an Beharrung. Er behält von allem nur dies eine: technische Sicherheit. Als Sehnsucht wacht in ihm das andere: daß die Welt Frankreich wieder lieben möge. Weiß er, wonach er sich da sehnt? Weiß er, daß diese Liebe mit der Bereitwilligkeit zur Europäisierung erkauft werden muß? Wünscht er es noch zu erleben? Vielleicht fühlt er es. Vielleicht träumt er von dem Tag, wo seine Weltangst sich als Weltgefühl seines Volkes erweist. Briands Herz ist Frankreichs Tür zu Europa.

V.

DEUTSCHLAND

Pris d'une pitié jalouse
Et navré d'un tardif remords
J'assume ma part de tes torts
Et ta misère, je l'épouse.
(Sully Prudhomme.)

Manchmal will es mir scheinen, als seien tausend Jahre Frankreich nur wie ein Tag, ein Gerichtstag über Deutschland. Ja, der Jammer unserer „Erbfeindschaft" gipfelte immer wieder darin, daß seit einigen Menschenaltern jedes Urteil, mit dem Frankreich sich betätigte, eine Verurteilung Deutschlands wurde, die durch den Ausgang des Weltkrieges verewigt schien. Alles, was die Erbin Roms im Laufe ihres ruhmvollen Daseins an Erschütterungen, Gefährdungen und Zweifeln erfahren hat, faßte sie schließlich in dem einen Wort zusammen: Deutschland. Von dort kam der Protestantismus und der kategorische Imperativ, von dort die Hegelsche Philosophie, von dort die Romantik und die Hingabe an die Natur, von dort die Musik, von dort der blonde Aufmarsch junger „Barbaren", von dort endlich die Armeen, die dreimal in einem Jahrhundert die Gärten, Äcker und Weinberge des süßen Frankreich überfluteten. Was Wunder, daß schließlich alles der französischen Selbstauffassung Entgegengesetzte als deutsch empfunden wurde? Denn war Deutschland nicht das einzige Land, das neben Frankreich Formeln von universaler Geltung erzeugt hatte? Und waren diese Formeln nicht einem völlig eigenen, dem französischen abgewandten Lebensgefühl entsprungen? Ja, es entspricht ihnen, daß wir heute, durch Blut und Leiden hellsichtig geworden, den Blick in die Zukunft wenden und von dem gemeinschaftlichen Streben der Völker eine Änderung der Welt erhoffen. Denn unser Wesen erlaubt die Änderung, ja es bedingt sie. Nicht das Sein, sondern das Werden ist der deutsche Zustand, in dem zu unserem größten Unglück früher einmal auch die Gewalt

Platz hatte. Schweigen wir nicht davon! Wer die Beharrung liebt, läuft Gefahr, zu erstarren. Wer aber die Bewegung, das schöpferische Werden im Ursprung seines Wesens weiß, der kann auch der Versuchung erliegen, diesem Werden einen bösen Sinn zu geben und es durch Gewalt vorwärtszustoßen. Diese Gefahr erkannt zu haben, ist das Verdienst der Generation, deren Trümmer aus der Götterdämmerung des Krieges an den Strand der Zukunft geworfen wurden. Es gilt nun, sich verantwortlich zu fühlen. Keine Lehre sei geduldet, die ihrem Erfinder erlaubt, sich aus dem deutschen Schicksal hinauszulisten. Jeder soll den Mut haben, zu Deutschland zu sagen: „J'assume ma part de tes torts."

Zur Erkenntnis von Frankreichs Ideologie beitragen heißt nicht, die Gegensätze zwischen ihm und uns forterklären. Denn das ist unmöglich. Bitterkeit würde der Rest eines solchen intellektuellen Spieles sein. Frankreich denkt und handelt organisch, wenn es Deutschland ablehnt oder milder gesagt als fremd empfindet. Dieses organische Gesetz habe ich zu erkennen und darzustellen gestrebt. Die Schlußfolgerung kann nur auf gegenseitiges Verständnis lauten. Es ist unmöglich, eine deutsch-französische Synthese in Aussicht zu stellen. Die Frage, wie Frankreichs Einordnung in die neue Welt, die erst entstehen will, erfolgen, ja möglich sein soll, muß offen bleiben. Ein Rezept dafür zu geben, wäre pure Quacksalberei und würde zu der leidvollen Frage Frankreich-Deutschland nur Redensarten beitragen. Denn diese Frage ist eine universale Angelegenheit und kann nur von allen Völkern gemeinsam gelöst werden. Frankreichs Stellung zu Deutschland ist gleichzeitig auch seine Stellung zur Zukunft, zur kommenden Ordnung, die auf größere wirtschaftliche und politische Zusammenhänge abzielt, als sie 1918 festgelegt wurden. Wir beiden Nationen sind weder zu ewiger

Freundschaft noch zu ewiger Feindschaft bestimmt, wir sind nur die abgekürzte Formel für die Lawine von Problemen, die uns allen über dem Haupte hängt. In Frankreichs Augen sind wir ein Symbol für jenes Europa, das keine Hierarchie der Völker mehr verträgt. Wenn es Deutschland nicht gäbe, würde Frankreich es erfinden; so sehr verlangt dieses geformte Land nach Formeln. Wenn man sich entschließt, Frankreich nicht als Feind zu empfinden, sondern als ehrwürdiges und leuchtendes Zeichen einer vergehenden Welt, so kann eine solche Betrachtung unsere Gefühle – noch ist es nicht zu spät – in Liebe verwandeln, denn Frankreich ist der Inbegriff alles dessen, was das Menschenleben schön und würdig macht. Soll diese alte Ordnung verschwinden? Es wäre schmerzlich zu denken, daß wir die Europäisierung Frankreichs mit dem Verlust seiner Güter bezahlen sollten. Aber muß man nicht hoffen, daß es ihm gelingen möge, aus seiner Typik das zu entfernen, was der Zukunft und dem internationalen Geist widerstrebt, um dafür jene Schätze zu bewahren, ohne die ein geistiges Wesen nicht leben kann! Man darf nicht zweifeln, daß eine solche Bewahrung möglich ist, denn die aufsteigende Solidarität soll niemanden ärmer, soll alle reicher machen.

Wäre es doch möglich, alles so zu sagen, wie man es fühlt! Könnte man doch Frankreich zurufen: rette dein Bild in unserer Seele. Das junge Deutschland hat sich von Frankreich abgewandt, ja, hat es vielleicht nie besessen. Das ist verständlich, denn der alle anderen Werte ausschließende Charakter der französischen Geistesgüter hat sich von einer breiteren Schicht nur mit dem Gefühl der Abneigung erfassen lassen. Frankreichs Geist hat immer zu sehr französisch sein wollen, um eine Jugend zu befriedigen, die ihre stürmische Seele bis ins All zu weiten liebte. Frankreich wollte für die Menschheit Geltung haben, ohne deren Sprache zu sprechen. Die deutsche Jugend hat zu allen Zeiten lieber ins Unendliche gegriffen als nach dem Fertigen gelangt. Sie will werden, nicht leben, will schaffen, nicht genießen, will lösen, nicht anschauen, Frankreich ist fertig.

Wir sind immer geneigt gewesen, in unserer Ablehnung des Fertigen bis zur Selbstauflösung zu gehen, – im Guten wie im Bösen. Wenn Frankreich uns seine Mitarbeit versagt hat, so kann es uns doch nicht die Anschauung entziehen, die uns seine Zivilisation gibt. Sollten die kommenden Generationen uns Langsamkeit bei der Durchführung der neuen Weltordnung vorwerfen, so müssen sie wissen, warum es so schwer war, Europa zu einigen, von dem Frankreich ein edler Teil ist. Sie sollen wissen, daß wir nichts unversucht gelassen haben, um Frankreich hinüberzuretten in die neue Zeit. Denn es ruht in seinem Widerstand ein Element, das niemand entbehren kann, wenn er nicht dem seelenlosen Zug in der Organisation, der auflösenden und verwischenden Gefahr in der Technisierung des gemeinschaftlichen Glückes erliegen will. Diese Gefahr ist leibhaftig in allen, die Europäisierung mit Amerikanisierung verwechseln, die von der Vereinfachung der neuen Ordnung nur das Mechanische aufnehmen wollen, die in der Rationalisierung nur Rechenhaftigkeit sehen. Wahrlich, wenn wir die Solidarität der Völker mit unserem farbigen Eigenleben, mit dem Sieg der Maschine über den Menschen bezahlen wollten, so hätte Frankreich recht, so wäre es besser, wir blieben in unserer alten Zerrissenheit, um wenigstens die Kraft des Leidens für uns zu haben.

„Suche im Leid dein Glück und arbeite unermüdlich!“ lehrt Dostojewski und zieht damit den Schlußstrich unter die alte Welt. Diese tödliche Weisheit ist nie die Frankreichs gewesen, aber es wäre besser, wir behielten sie, anstatt das Glück zu standardisieren und die Arbeit zu unserer einzigen

Lebensform zu machen. Mehr als einmal feiere ich in diesem Buche den französischen Menschen, der abends nach vollbrachtem Tagewerk vor seiner Haustür sitzt und die Welt betrachtet wie der Herr am letzten Schöpfungstag. Wir wären arm, wenn wir aus diesem geruhsamen Bilde nur Verachtung für die selbstgenügsame Muße und nichts weiter als das überlegene Bewußtsein unserer tätigen Geschäftigkeit ziehen wollten. Seine Lehre ist eine andere: daß der Mensch in seinem Glücksstreben keinen größeren Feind als den Fortschritt hat, – wenn er aufhört, Mensch zu sein.

Es gab eine Zeit, da wußte man noch nicht, daß es Feinde gab. Der Mai 1914 war wie der Morgen der Welt. In der duftenden Stadt füllten sich die blütenweißen Bäume mit dem schweren Licht der langen Abende. Um den rötlichen Münsterturm segelten die Tauben und sogen sich mit jener Müdigkeit voll, die eitel Freude auf den kommenden Tag ist. Hinter dem Wald hielten sich die Sterne bereit, um die Nacht mit ihrer stummen Fruchtbarkeit zu überschwemmen. Wir standen am Fenster, ein französischer Student namens B. und ich, zwei Zwanzigjährige. Wir hatten die Dichter der Plejade gelesen und über einem Sonett von Joachim du Bellay einen langen, von leichtem Maigeruch erfüllten Nachmittag verbracht. Das ganze Leben war in vierzehn gereimten Zeilen beschlossen gewesen. Die ganze unbeschwerte Reife eines Daseins, das alles enthält, nur nicht den Tod. Nun, wo wir zu Ende waren, schwiegen wir noch eine Weile, denn wir hatten Zeit, viel Zeit. Die ganze Zukunft lag ja noch vor uns mit vielen solchen Nachmittagen, mit vielen Gedichten gleich Früchten und vielen Abenden, an denen Tauben zur Ruhe gehen und Sterne kommen würden. B. hielt das Buch in der Hand, ich stand neben ihm, in der Ferne pfiff fröhlich ein Zug. Da sagte er, wie um dies Leben zu beenden, das uns mit der Ruhe des leicht erfüllten Tages wiegte: „Bald, spätestens in diesem Jahre beginnt der Krieg!" Und wie um meinen erschrockenen Einwand für immer zu begraben, fügte er hinzu: „Ich weiß es, denn ich fühle es!" Seine Hand zitterte ein wenig, die feinen Finger lösten sich, das Buch glitt zur Erde. Ich sah den leichten Band zu unseren Füßen liegen und bückte mich, um ihn aufzuheben. Er rührte meinen Arm und sagte: „Laß nur, es lohnt sich nicht mehr!"

Das begriff ich erst spät, erst ein Jahr später auf der Lorettohöhe, erst zwei Jahre später in der Champagne, erst drei Jahre später an der Sommefront, erst vier Jahre später in Flandern, erst zehn Jahre später in Paris, erst heute in Europa.

Aber schon beim ersten Male beschloß ich, Frankreich nie wieder zu verlieren.

FRIEDRICH SIEBURG / DAS LITERARISCHE WERK

1920
Die Erlösung der Straße · Gedichte

1922
Oktoberlegende · Erzählungen

1929
Gott in Frankreich? · Ein Versuch

1931
Frankreichs rote Kinder

1931
Vendée

1932
Die rote Arktis
»Malygins« empfindsame Reise

1933
Es werde Deutschland

1934
Polen · Legende und Wirklichkeit

1935
Robespierre

1937
Portugal · Bildnis eines alten Landes

1938
Afrikanischer Frühling · Eine Reise

1939
Blick durchs Fenster
Aus zehn Jahren
Frankreich und England

1939
Die stählerne Blume
Eine Reise nach Japan

1949
Schwarzweiße Magie
Über die Freiheit der Presse

1950
Unsere schönsten Jahre
Ein Leben mit Paris

1951
Was nie verstummt · Begegnungen

1952
Geliebte Ferne
Der schönsten Jahre anderer Teil

1953
Hundertmal Gabriele · Erzählung

1953
Kleine Geschichte Frankreichs

1954
Die Lust am Untergang
Selbstgespräche auf Bundesebene

1955
Nur für Leser · Jahre und Bücher

1956
Napoleon – die hundert Tage

1959
Chateaubriand
Romantik und Politik

1960
Helden und Opfer (Inselbücherei)

1961
Eine Maiwoche in Paris
Lauter letzte Tage

1961
Im Licht und Schatten der Freiheit
Frankreich 1789–1848
Bilder und Texte

CIP-Kurztitelaufnahme der Deutschen Biliothek

Sieburg, Friedrich
Gott in Frankreich? : Ein Versuch. –
10. Aufl., 135.-140. Tsd. –
Frankfurt am Main : Societäts-Verlag, 1978.
ISBN 3-7973-0320-3